KB168169

The Intelligence Paradox

지능의 역설

우 리 가 몰 랐 던 지 능 의 사 생 활

THE INTELLIGENCE PARADOX Copyright © 2012 by Satoshi Kanazawa
Korean Translation Copyright © 2020 by PENCILPRISM, Inc

Korean edition is published by arrangement with Satoshi Kanazawa c/o
The Stuart Agency through Duran Kim Agency.

이 책의 한국어판 저작권은 듀란킴 에이전시를 통한 Fletcher & Co. 와의 독점계약으로 펜슬프
리즘(주)에 있습니다. 저작권법에 의하여 한국 내에서 보호를 받는 저작물이므로 무단전재와 무
단복제를 금합니다.

The Intelligence Paradox

지능의 역설

우 리 가 몰 랐 던 지 능 의 사 생 활

가나자와 사토시 지음

김준 옮김

데이원

카자 페리나(Kaja Perina)에게 이 책을 바친다.
내가 학자로서 멋진 경험을 많이 할 수 있던 것은
모두 그녀 덕분이다.

—————— The Intelligence Paradox ——————

지능의 역설

1 진화심리학이란 무엇인가? 43

보수주의자보다 진보주의자 쪽이 지능이 높은 것은 무엇 때문인가? 137

신을 믿는 사람보다 믿지 않는 사람 쪽이 지능이 높은 것은 무엇 때문인가? 157

감사의 말

내가 '가치의 문제'에 관심을 가지게 된 계기는 학창 시절로 거슬러 올라간다. 그 무렵 나는 미국 애리조나 대학교에서 마이클 헥터(Michael Hechter) 교수님께 가르침을 받고 있었고, 박사 학위 논문 역시 헥터 교수님이 오랜 시간 관심을 가져왔던 '홉스 문제'(모든 인간이 자신의 이익을 추구함에도 어떻게 사회 질서가 유지되는 것일까)라는 고전 이론이 주요 테마였다.

그러나 내가 연구실에 들어간 1989년에는 공교롭게도 교수님 역시 연구 테마를 바꾸는 중이었다. 인간 행동의 배후에 애초부터 존재하는 가치관과 기호는 대체 어디서 오는 것인지를 교수님은 해명하고 싶어 했다. 고전적인 '합리적 선택 이론'을 사용하면 인간의 행동을 쉽게 설명할 수 있지만, 이는 어디까지나 인간이 무엇을 원하고 무엇을 좋아하는지를 알고 있다는 가정하에서 이루어지는 것이라 인간이 가진 기호나 욕구 그 자체의 이유까지는 설명해주지 않는다.

합리적 선택 이론의 대가인 헥터 교수님은 이 이론의 지평을 확산시키기 위해 인간의 가치관과 기호가 어디에서 오는지를 밝혀내고 그것을 이론적으로 설명하려고 했다. 조금 전문적으로 표현하자면 그는 합리적 선택 모델에 가치관을 '내생 변수화'하려고 한 것이다.

헥터 교수님의 가치 연구에 나는 일절 관계하지 않았지만 교수님이 당시 어떤 문제를 풀려고 하는지는 파악하고 있었다. 교수님과 직접 논의한 적은 없지만 도서관에서 책이나 논문을 빌려오는 일을 교수님이 자주 부탁했던 까닭에 그것으로 교수님께서 지금 무엇을 생각하고 어디로 향하고 있는지는 대충 짐작할 수 있었던 것이다. 나는 대학교 중앙도서관에서 사회학부 건물로 이어지는 기나긴 길을 걸으며 교수님이 부탁한 책과 논문을 살피고는 했다. 때로는 몇 시간씩 가지고 있으면서 전부 읽은 뒤 교수님께 가져다주는 일도 있었다.

결국 교수님도 나도 그리고 다른 사람들 모두 '가치의 문제'를 풀어낼 수는 없었지만, 이 문제는 그 뒤에도 중요한 연구 테마로 내 안에 남게 되었다. 그 덕에 몇 년인가 뒤 로버트 라이트(Robert Wright)의 『도덕적 동물(The Moral Animal)』을 통해 진화심리학을 접했을 때 나는 바로 알 수 있었다. 진화심리학이라면 헥터 교수님이 오랜 시간 찾아왔던 해답을 줄 것이라는 것을. 인간의 가치관과 기호가 어디에서 오는지를 설명할 수 있을 터였다. 그 연구의 성과를 정리한 것이 이 책이다.

그런 까닭에 내 학자 인생에서 가장 먼저 감사를 해야 할 사람은 누구보다도 헥터 교수님이라 할 수 있다. 교수님의 의도치 않은 인도 덕분에 나는 '가치의 문제'가 얼마나 중요한지 깨닫게 되었고 그것을 학문적으로 탐구하는 길을 걷게 되었다. 내가 발견한 해답에 교수님이 만족할지는 모르겠지만.

나는 그 뒤 런던으로 이주하게 되었지만 런던과 그 인근에도 마음에 맞는 학자 동료가 적지 않게 있었고 진화심리학과 지능의 연구에 있어 함께 관심을 가질 수 있었다. 그들이 없었다면 그곳에서의 내 생활은 정말 건조했을 것이다.

오랫동안 자극적인 논의를 함께해 준 토머스 차모로프레무지크, 브루스 G. 찰턴, 데이비드 디 메저, 에이드리언 펀햄, 리처드 린, 다이앤 J. 레이니어즈, 외른 로테, 피터 D. 소조 그리고 특히 제이 벨스키(훗날 런던을 떠나 더욱 활발한 연구가 펼쳐지는 미국으로 돌아갔음)에게 감사를 표하고 싶다.

2008년 2월부터 나는 '사이콜로지 투데이' 인터넷판에 '과학적 원리주의자'라는 이름의 블로그를 운영해왔다(http://www.psychologytoday.com/blog/the-scientific-fundamentalist/). 이

책에 적힌 논고 중에는 원래는 블로그에 끄적거렸던 것을 다듬어 발전시킨 것도 있다. 그 과정에서 독자들의 날카롭고 지적인 투고 원고를 참고하는 일도 많았다.

또한 '사이콜로지 투데이'의 일류 편집진은 오랜 시간 동안 나와 내 블로그를 강력하게 지원해 주었다. 카자 페리나, 하라 에스트로프 마라노, 칼린 플로라, 리비 마, 웬디 패리스, '사이콜로지 투데이'의 COO인 찰스 프랭크, 사업개발부 디렉터 바트야 라하브와 CEO인 조 콜먼에게 진심으로 감사드린다. 이들은 모두 지적 호기심이라고 하는 하나의 공통점으로 묶인 가족이라고 생각한다.

'사이콜로지 투데이' 인터넷판에서 내가 블로그를 운영할 수 있었던 것은 편집장 카자 덕분이었다. 그때 당시(2007년 12월) 나는 '블로그' 따위 죽어도 하지 않을 거라고 생각했다. 누구나 할 수 있는(실제로 누구나 하는) 일을 해본들 아무런 의미가 없다고 여겼던 것이다. 그리고 '블로거'만큼 어리석고 자기집착이 강한 인종은 어디에도 없을 것이라는 생각도 가지고 있었다.(3년이 지난 지금도 이 생각은 변함이 없다. 블로거보다 어리석은 인종이 있다면 블로그에 익명으로 글을 써넣는 사람뿐.)

그러나 대서양을 넘어 걸려온 카자의 전화 한 통에 나는 쉽게 설득당하고 말았고 '사이콜로지 투데이'에 블로그를 운영하는 최초의 네 사람 중 하나가 되었다. 그렇지만 일단 시작해보니 놀랍게도 나 같은 사람 또한 블로그를 운영할 수 있었으며 그것도 꽤나 성공적으로 할 수 있었다. 매번 그랬던 것처럼 그때도 카자 쪽이 훨씬 사람 보는 눈이 높았던 것이다.

카자가 편집장이 된 이후 지난 8년간 '사이콜로지 투데이'는 우리 진화심리학자들보다 진화심리학이라고 하는 학문을 일반인들에게 훨씬 더 많이 알리고 대중화시켰다. 진화심리학자들은 모두 카자를 비롯한 '사이콜로지 투데이'의 뛰어난 편집자들에게 많은 빚을 졌으며 감사하지 않을 수 없다.

수많은 친구와 학자 동료들의 도움으로 이 책은 완성될 수 있었다. 각각의 장을 구성하는 학술 논문을 공동으로 집필해준 사람도 있고 그런 논문 초고를 살펴보고 의견을 말해 준 사람도 있다. 제이 벨스키, 토머스 차모로프레무지크, 데이비드 디 메저, 이안 J. 디어리, 파울러 잉글랜드, 아우렐리오 호세 피게레이드, 바버라 L. 핀레이, 제러미 프리즈, 린다 S. 고트프레드슨, 조세핀 E.E.U. 헬버그, 크리스틴 혼, 이블린 콘, 노먼 P. 리, 패트릭 M. 마키, 존 D. 메이어, 앤드류 오스월드, 난도 펠루시, 카자 페리나, 카지 라흐만, 다이앤 J. 레이니어즈, 토드 K. 새클퍼드, 브렌트 T 심프슨 그리고 피에르 L. 반덴베르게에게 감사를 전한다. 제2장에 등장하는 '사이버볼' 이미지를 흔쾌히 사용하게 해 주신(애초에 사이버볼을 발명해 주신 부분에 대해) 키플링 D. 윌리엄스에게도 감사를 표한다.

이 책에 수록된 과학적 연구는 모두 런던 대학교에 소속되어 있었던 덕분에 실현이 가능했다. 유니버시티 칼리지 심리학부에서 특별 연구비를 인정하게끔 해 준 에이드리언 편햄과 데이비드 생크스 및 버벡 칼리지 심리학부를 통해 같은 편의를 봐 준 제이 벨스키와 마이크 옥스퍼드에게 감사를 전한다.

마지막으로 지능 연구에 앞장섰던 선구자들에게도 예를 표한다. 그들은 정치적 압력과 박해에 굴하지 않고 용감하게 진실을 계속 전해 왔다. 그들 대다수는 한 사람의 개인으로서 또 학자로서 많은 희생을 치르며 과학적 진실을 지켜왔다. 그들의 용기 덕분에 나 같은 사람들이 안심하고 연구를 계속할 수 있었으며 진실을 말할 수 있었던 것이다.

선구자들의 용감하고 뛰어난 업적과 관련해 아서 R. 젠슨, 리처드 린, J. 필립 러슈턴, 린다 S. 고트프레드슨, 리처드 J. 헤른슈타인, 찰스 머레이, 헬무트 뉘보르에게 감사한다. 그들 대부분을 개인적으로 또 동료로서 '친구'라 부를 수 있다는 사실이 자랑스럽다.

2001년 10월 15일 워싱턴 DC에 위치한 싱크 탱크 '미국 기업 연구소' 건물 앞에서 정치학자인 찰스 머레이는 온화한 목소리로 내게 이렇게 말했다. "결국 어떤 식으로 일을 할지, 그러니까 세상의 압력에 굴복할 것인지 아니면 아무리 비난받더라도 진실을 추구할 것인지는 자네가 스스로 선택해야 돼." 또 본인 개인의 의견이라면서 "진실을 말하지 않는 인생이나 경력은 아무런 값어치가 없어."라고 덧붙였다.

당시의 나는 아직 어리고, 경험도 없고, 대학에서 계속 일할 수 있을지 없을지도 알 수 없고, 겁이 많아 그가 하는 말을 잘 이해할 수 없었다. 그렇지만 지금은 그의 말이 옳았음을 안다. 갈릴레이는 아니지만 "그래도 지구는 돈다."라고 할까.

머리말

　이 책에서는 지능의 본질에 대해 사람들이 흔히 가지는 오해를 풀어보려고 한다. 즉 지능이란 무엇인가, 무엇 때문에 있는 것인가, 그리고 뭔가 도움이 된다면 그것은 어떤 것인가, 를 이야기하려는 것이다. 지능이라고 하면 바로 인격과 결부시키는 사람이 많다. 지능을 개인의 가치를 측정하는 궁극의 척도라고 믿기 때문이다. 지능이 낮은 인간은 (적어도 특정한 면에서는) 가치가 없다고 말하는 것처럼 어찌 된 연유인지 지능은 인간의 가치와 인격의 표상인 동시에, 일반적으로 인간이 갖춘 가장 중요한 특성으로 인식되고 있다.

　반대로 이런 주장을 하는 사람들도 있다. 인간은 모두 평등하고 가치가 있는 존재이므로 지능이라는 면에서도 모두 평등할 것이다, 하는. 이런 사람들은 특정 집단의 평균 지능이 다른 집단보다 낮다고 하는 연구 결과를 보면 눈살을 찌푸린다.

지능이 낮은 집단은 인간으로서의 가치도 열등한 것처럼 인식되기 때문이다. 그러므로 표준적인 IQ 테스트에서 점수가 낮은 집단이 있다는 사실을 알게 되면 그 사실만으로 IQ 테스트는 그 집단에 불리하게 편향되어 있다고 단정한다. 집단에 따라 IQ 테스트 점수에 차이가 있다는 사실, 그것만으로 차별과 편견의 증거가 된다는 것이다.

이런 사람들은 또한 '다중 지능'[1] 같은 것이 있다고 주장하며 여러 가지 종류의 '지능'을 만들어냈다. 운동을 잘하는 사람에게는 '신체·운동 지능'이, 사교적인 사람에게는 '대인 관계 지능'이 있다는 것이다. 그러니까 그들에게는 운동을 잘하는 사람도 있고 사교적인 사람도 있는 것만으로는 불충분하며 모두가 제각기 무엇인가의 '지능'을 갖추어야만 한다. 인간은 모두 평등하고 가치가 있는 존재이므로 모두가 뭔가 뛰어난 지능을 갖추고 있을 것이 분명하다고 끝까지 주장한다.

이 책에서는 이러한 '지능=인간의 가치'라고 하는 방정식을 깨뜨리고자 한다. 그러기 위해 가장 먼저 지적하고 싶은 것은 지능(과 지능이 높은 사람들)에 대한 세상의 상식이 반드시 옳지만은 않다는 것이다. 지능이 높은 사람일수록 여러 가지 일들을 능숙하고 효율적으로 처리하는 것은 분명하지만 지능이 높은 사람이 잘하지 못하는 일도 많다.

단순히 생물학적 시점에서 보자면 지능이 높은 사람들은 인생에서 가장 중요한 일에서 실패하기 쉽다. 지능이 높은 사람들의 '못하는 일 리스트'를 보면 당신도 틀림없이 놀랄 것이다. 지능이 높은 사람이 잘하는 일은 인류의 진화라는 역사 중에서 비교적 새로운 것들뿐이다. 우리 조상들이 당연한 것처럼 했던 일(배우자를 찾아내 짝이 되거나 부모가 되거나 친구를 만드는 일)을 지능이 높은 사람들은 당연한 것처럼 잘하지 못한다. 지능이 높은 사람은 대체로 인생에서 가장 중요한 일을 잘 처리하지 못하는 것이다.

지능이 긍정적인 형질이라는 것은 틀림없지만 용모나 신장, 건강 역시 마찬가지다. 그렇지만 용모나 신장, 건강을 인간의 가치와 결부시키는 사람은 없다(단 용모에 대해서는 다소 그런 경향이 있으며, 외모가 매력적이지 않은 사람은 '마음이 아름다울 것'이라는 말을 듣곤 한다. 외모의 매력과 '내면의 아름다움'의 관계는 지능과 '다중 지능'의 관계와 마찬가지다.). 어찌 되었건 용모가 뛰어나고 키가 크고 건강한 사람일수록 인간적인 가치가 높다는 생각은 아무도 하지 않는다. 또한 모두가 똑같이 아름답고 키가 크고 건강해야 한다고 주장하는 사람도 없다. 그런데도 사람들은 지능이 높은 사람일수록 가치가 있는 인간이라는 생각을 많이 한다. 혹은 반대로 인간은 모두 평등하게 가치가 있으므로 지능

또한 평등해야 한다고 생각한다.

이 책을 읽는 여러분은 부디 그런 생각들을 버리고 지능과 인간의 가치를 분리해 주길 바란다. 지능이란 신장이나 체중처럼 수치로 표현할 수 있는 인간의 특징 중 하나에 불과한 것이다.

인간은 무엇을 원하는가?

이 책의 또 한 가지 테마는 '인간은 무엇을 원하는가?' 즉 기호와 가치관이다. 인간은 무엇을 원하는가? 왜 그것을 원하는 것일까? 개인의 기호와 가치관은 어디에서 비롯되는 것일까? 이런 물음에 이 책은 답을 한다.

그런 물음은 '가치의 문제'로 불리는 사회과학 및 행동과학의 주요한 문제 중 하나이다. 특히 미시경제학에서 자주 쓰이는 우아한 수학적 모델을 사용하면 인간의 행동을 쉽게 설명할 수 있지만 그러기 위해서는 애초에 사람들이 무엇을 원하는가를 알아야 할 필요가 있다. 즉 미시경제학의 모델이 말하는 것은 쉽게 표현하자면 "행위자로서의 인간은 자신이 원하는 것을 이루기 위해 주어진 제약 조건 안에서 최선의 행동을 한다."는 것으로, 그 제약 조건이 개인의 선택에 어떤 영향을 끼치는가를 수학적 모델을 통해 풀어내는 것이다.

그러나 그런 모델을 아무리 가져와 본들 실제로 인간이 어떤 행동을 하고 어떤 선택을 할지까지는 알 수 없다. '무엇을 하고 싶은가?' 즉 목적과 기호, 가치관을 알지 못하면 아무것도 성립하지 않는 것이다.

개개인의 기호와 가치관을 모르면 한 사람 한 사람이 어떤 선택을 하더라도 미시경제학의 모델을 증명하는 재료는 되지 못하는 것이다.

구체적인 예를 들어보자. 여기 두 사람의 인간이 있고(A와 B라고 하겠다.) 같은 제약 조건을 가지고 있다. 두 사람 모두 동네 슈퍼에 가서 쇼핑을 할 예정이지만 살 수 있는 물품의 선택지는 한정되어 있으며 예산은 딱 10달러. 이 조건에서 A는 사과를 사고 B는 오렌지를 산다면 양쪽의 선택 모두 합리적 행동 모델을 증명하는 소재가 된다. 그렇지만 이는 사전에 A는 사과를 좋아하고 B는 오렌지를 좋아한다고 상정했을 때의 이야기다. 같은 조건에서 다른 C가 아무것도 사지 않는다면 이 역시 이 이론을 뒷받침하는 소재가 된다. 마찬가지로 사전에 C는 저축을 좋아한다고 상정했을 때의 이야기지만.

인간의 행동을 정확하게 설명하기 위해서는 인간의 기호와 가치관을 이론에 도입해야 할 필요가 있다(전문 용어로 '내생 변수화'라고 함). 기호와 가치관을 설명한 뒤가 아니면 왜 그런 행동을 하는지 설명할 수가 없는 것이다. 즉 왜 A는 오렌지가 아닌 사과를 원한 것일까? 왜 B는 사과가 아닌 오렌지를 원한 것일까? 왜 C는 양쪽 모두 아닌 것인가를 설명할 수 없다.

그러나 당사자인 경제학자들은 기호와 가치관을 설명하려는 노력을 포기하고 말았다. 1977년 시카고 대학의 경제학자 조지 J 스티글러와 게리 S 베커(두 사람 모두 훗날 노벨 경제학상을 수상)는 '아메리칸 이코노믹 리뷰'지에 한 유명한 논문을 발표했다. 「De Gustibus Non Est Disputandum」[2](취향은 사람 나름)이라는 라틴어 제목의 논문에서 그들은 기호와 가치관을 설명하는 것은 경제학에서 해야 할 일이 아니며 그보다는 다양한 제약이 개인의 선택에 어떤 영향을 미치는지를 해명해야 한다고 주장했다.

이 말은 기호와 가치관은 경제학 모델의 '내생적 변수'가 아닌 '외생적 변수'로 봐야 한다는 것이다('내생적'이라는 말은 모델을 설명하는 요소에 포함된다는 뜻. '외생적'이란 모델의 요소에서 빠진다는 뜻. 내생적 요소는 모델 안에서 설명이 가능해야 하지만 외생적 요소는 설명하지 않아도 된다.).

이후 경제학자들은 스티글러와 베커의 말을 금언처럼 지켰고 기호와 가치관에 대해서는 설명을 피해 왔다. 경제학에서 연구 대상이 한결같이 '돈'(즉 개인이 어떻게 하면 이익 혹은 부의 극대화를 이룰 수 있을지)인 것은 돈이란 대체가 가능한 존재이기 때문이다.[3] 돈만 있으면 원하는 것은 거의 대부분 살 수 있다는 것이다(물론 사랑은 별개임). 그런 까닭에 경제학자들은 사람들의 기호와 가치관을 알 필요가 없다고 주장한다. 왜냐하면 기호나 가치관은 한 사람 한 사람 모두 다르지만 결국은 모두가 금전적인 이익의 극대화를 지향하기 때문이다.

한 사람 한 사람이 어떤 것을 원하든 돈이 있으면 뭐든 살 수 있기 때문에 돈을 불리려고 한다는 것이다. 돈이 있으면 사과든 오렌지든 모두 살 수 있고 저축도 가능하다. 그러므로 조금전 사례에서 나온 A나 B나 C나 모두들 원하는 것을 살 수 있도록 금전적인 이익의 극대화를 노릴 것이다. 돈이라고 하는 만능 아이템에 초점을 맞추는 것으로 한 사람 한 사람이 실제로는 무엇을 원하는지 알지 못해도 괜찮은 것이다. 이것이 미시경제학의 입장이라고 할 수 있다.

나는 기호와 가치관을 인간의 행동 모델에 내생 변수로 끌어들이려 한다. 그러기 위해 진화심리학의 이론을 이용할 것이다. 인간이 무엇을 원하고 왜 그것을 원하는지를 설명하기 위해서는 진화심리학이 가장 좋은 수단이라 할 수 있기 때문이다. 그런 까닭에 이 책에서는 인간의 기호와 가치관의 기원에 대해서도 설명을 시도하고자 한다.

이 책의 주된 주제는 지능이므로 인간의 기호와 가치관에 대한 지능의 영향에 초점을 맞출 것이다. 지능은 기호와 가치관에 어떤 영향을 미칠 것인가? 지능이 높은 사람은 어떤 것을 원할까? 반대로 지능이 낮은 사람은 어떤 것을 원하는 걸까? 왜 그런 차이가 생기는 걸까?

그런 의미에서 이 책은 진화심리학과 지능 연구라고 하는 두 가지 분야의 교차점에 위치한다. 제1장에서는 먼저 진화심리학의 세계를 간단히 소개한다.

제2장에서는 진화심리학의 중요 테마이기도 한 인간의 뇌 기능과 한계를 설명한다. '사바나 원칙'이라고 하는 주요 이론을 소개하며 인간의 뇌는 무엇을 잘하고 무엇을 잘하지 못하는지를 생각한다.

제3장에서는 지능이란 무엇인가를 논해보고 지능 연구의 현재를 소개한다. 어떤 능력을 지능이라고 하는 것일까? 반대로 지능이 아닌 것은 무엇일까? 지능은 뭔가 도움이 되는 것일까? 아니면 도움이 되지 않는 것일까? 지능에 대해 사람들의 너무 오해가 많으므로 그런 오해 중 많은 것을 제3장에서 해명하고 싶다.

제4장에서는 드디어 이 책의 중심 이론인 '지능의 역설'을 소

개한다. 이 이론을 구사하면 지능이 높은 사람과 낮은 사람 사이에는 기호와 가치관이 얼마나 다른지 알 수 있다. 예상 외의 많은 차이에 분명 놀랄 거라 생각한다.

나머지 5장~12장에서는 지능의 역설의 구체적인 예를 살핀다. 5장에서는 정치적 입장에 관련하여 진보주의와 보수주의의 차이를 살펴본다. 미국에서는 왜 정치적으로 진보주의자들이 보수주의자들보다 지능이 높은 것일까? 그럼에도 불구하고 진보주의자들이 보수주의자보다 어리석은 것은 무슨 이유 때문인가?(아니, 이 부분은 잘못 쓴 것이 아니다. 이의가 있더라도 일단 먼저 읽어보시기 바람).

제6장에서는 종교와 신앙에 대해 언급한다. 종교는 어디에서 왔는가? 그리고 신을 믿는 사람보다 믿지 않는 사람(무신론자) 쪽이 지능이 높은 것은 왜일까? 이는 신을 믿는 것은 바보 같은 일이니까, 신 같은 건 없으니까 하는 문제가 아니다. 종교나 신앙이라는 것이 인간의 본성에 깊이 뿌리 내리고 있기 때문이다. 인간은 진화의 역사를 통해 신을 믿는 쪽으로 만들어졌다. 그러므로 지능이 높은 사람일수록 신을 믿지 않는 것이다.

제7장에서는 '성적 배타성'(특정한 상대하고만 사귀는 일)의 경향에 대해 생각한다. 지능이 높은 남성은 지능이 낮은 남성보다 성적 배타성을 중시하는 경향이 있다. 그러나 지능이 높은

여성은 지능이 낮은 여성과 비교해 특별히 성적 배타성을 중요시하지 않는다. 진화심리학이라고 하는 학문은 남녀의 성차를 중요시하는 학문이라는 이미지가 있지만 본서에서 남녀의 차이를 논하는 것은 이번 장뿐이다. 제7장에서는 이외에도 성적 배타성이 높아야 할 지능이 높은 남성이 한편으로는 지능이 낮은 남성보다 아내나 연인 몰래 바람을 피우기 쉽다는 사실을 지적한다. 이도 잘못 쓴 것이 아니다. 지능이 높은 남성은 성적인 충절을 소중히 여기면서도 바람기도 있기 때문이다.

제8장에서는 '개일 리듬'을 다룬다. 즉 아침형인가 저녁형인가 하는 문제다. 아침형 인간보다 저녁형 인간이 지능이 높은 것은 왜일까? 믿을 것인가 말 것인가는 당신 자유지만 지능이 높은 사람일수록 잠자리에 드는 시간이 늦고 일어나는 시간도 늦다. 밤을 새우는 일은 인간에게 있어 부자연스러운 일이기 때문이다.

제9장의 테마는 성적 지향이다. 동성애자 쪽이 이성애자보다 대체로 지능이 높은 것은 왜일까? 적어도 남성은 태어나기 전에 유전자와 호르몬의 영향으로 성적 지향이 거의 결정된다. 그렇지만 그런 유전적 제약에도 불구하고 지능이 높은 사람일수록 동성애적인 행동을 취하기 쉽다. 물론 유전적인 영향과 개인의 선택이 항상 모순되는 것은 아니다.

제10장에서는 음악에 대한 기호를 다룬다. 일반적으로 지능이 높은 사람일수록 특정한 종류의 음악, 예를 들어 클래식을 좋아한다고 알려져 있다. 그렇지만 그 이유는 왜일까? 왜 지능이 음악에 대한 기호에 영향을 미치는 것일까? 그리고 지능이 높은 사람들은 또 어떤 음악을 좋아할까? 정답을 듣고 놀라지 않기를 바란다. 바로 엘리베이터 뮤직(엘리베이터나 레스토랑 등에서 들려오는 무난한 BGM)이다.

제11장에서는 알코올과 담배, 약물에 대한 습관을 살펴본다. '지능의 역설'이라는 말을 증명하듯 지능이 높은 사람일수록 자주 술을 마시며 담배를 피우고 위법인 약물을 사용하는 증거가 있다. 지능이 높은 사람은 지능이 낮은 사람보다 술을 마시는 양도 횟수도 많으며 또한 폭음하고 주정을 부리는 경향이 있다. 즉 지능이 높은 사람일수록 어리석은 일을 하기 쉽다는 것이다. 그 이유를 11장에서 설명한다.

제12장에서는 지능이 높은 사람은 왜 생명체의 가장 소중한 덕목인 '번식'에 실패하는가를 살펴본다. "지능이 높은 사람은 궁극적으로는 인생의 실패자다."라고 내가 말하는 것은 이러한 이유 때문이다(그렇다. 이 점이 진화의 재미있는 부분이다.). 지능이 높은 사람은 사실 생명체에게 근원적으로 중요한 부분이 그다지 발달되어 있지 않다. 지능이 높은 사람일수록 적어도

지능이 높은 여성일수록 아이를 낳으려 하지 않으며 따라서 부모가 되지 않는 경향이 있다. 또한 그런 사실을 토대로 서구 공업화 사회에서 미래 세대의 평균 지능이 어떻게 변화할 것인지 예상하고 있다.

제13장에서는 지능의 역설이라는 시점 외에 몇 가지 테마를 도입해 그 외 어떤 가치관이 지능의 영향을 받는지 생각한다. 예를 들어 범죄자는 대체로 법을 지키는 시민보다 지능이 낮다는 사실은 잘 알려져 있지만 왜 그런 것일까? 또한 육식을 피하는 사람(채식주의자) 쪽이 고기를 먹는 사람보다 지능이 높은 것은 어떤 이유 때문일까?

여기서 이 책에 사용된 참조 기호를 어떻게 붙였는지 짧게 설명하겠다. 이 방법은 원래 찰스 머레이의 저작물[4]에서 사용된 방식을 내가 개량한 것으로 전작『여자가 남자를 엄격하게 선택하는 이유』[5]에서도 사용한 바 있다. 이번 작품에도 이를 답습한다. 단순히 참조원만 나타내는 경우는 통상적으로 번호를 매겼다=예[1]. 본문에 다 알리지 못한 보충 정보가 있는 경우는 번호에 대괄호를 둘렀다—예[2].

데이터에 대한 짧은 소개

이 책에서 정리한 실증 분석(실증 데이터를 통해 현상을 분석하는 일)은 주로 3종류의 데이터를 이용했다. 미국에서 이루어진 '종합 사회 조사(General Social Survey / 이하 GSS)', 마찬가지로 미국에서 있었던 '청소년-성인 건강 장기 연구(National Longitudinal Study of Adolescent to Adult Health / 이하 Add Health)', 그리고 영국에서 이루어진 '국립 아동 발달 연구(National Child Development Study / 이하 NCDS)'이다.

모두 대규모 조사였으며 전 국민으로부터 모은 질이 높은 샘플이라 할 수 있다. 이 중 두 가지는 계시적 데이터로 오랜 세월 동안 특정 집단을 추적 조사해 왔으며, 응답자의 출생시부터 반세기 이상이나 이어지고 있는 조사도 있다.

여기서 간단하게 각각의 데이터에 대해 소개한다. 이 책의 메인 테마인 지능을 각 조사에서 어떻게 측정하고 있는지도 설명하겠다. 실제로 어떤 실증 분석이 이루어지는지 자세히 알고 싶은 분은 각 장에 표시되어 있는 학술 문헌을 참조하길 바란다.

GSS(종합 사회 조사)

미국의 GSS는 다양한 사회 의식과 사회 경향을 알기 위한 세계에서 가장 좋은 정보원이라 인정받고 있다. 이러한 미국에서의 성공이 계기가 되어 캐나다와 영국, 네덜란드, 독일 등 다른 나라에서도 같은 조사가 시작되었다. 지금은 이들 국가에서도 GSS를 모델로 한 사회 의식에 대한 독자적인 조사를 정기적으로 하고 있다.

시카고 대학의 전국 여론 조사 센터에 의해 GSS는 1972년 이래 매년, 중간부터는 격년으로 바뀌어 지금도 이어지고 있다. 미국 국민으로부터 추출한 18세 이상의 성인(각종 시설 입소자는 제외)에 대해 청취 조사를 행한다. 샘플의 규모는 매년 조사를 했던 무렵은 한 회당 약 1,500명, 격년 조사가 된 뒤부터는 한 회당 약 3,000명에 이른다. 조사의 질문 항목은 매년 바뀐다. 1972~2009년 사이의 데이터 파일에는 누계 5만 3,043명의 응답자와 5,364건의 변수가 포함되어 있다(단, 모든 응답자에 대해 모든 변수를 측정하는 것은 아님).[6]

GSS에서는 응답자의 '언어성 지능'을 측정한다. 이를 위해 합계 10개 항목의 유의어 테스트가 이루어진다. 응답자에게 특정 단어의 유의어를 다섯 개의 선택지에서 고르게 하는 것이다. 한 번의 조사에서 전체 응답자의 반수에 유의어 문제를 풀게 한다. 여기에서 측정되는 것은 언어성 지능으로 엄밀하게 말하면 이 책의 테마인 '일반 지능'과는 다른 것이지만 언어성 지능과 일반 지능의 상관 관계는 극히 높은 것으로 알려져 있다.[7] 제3장에서도 설명하겠지만 지능의 척도는 어떤 것이든 강한 상관 관계가 있다.

Add Health(청소년-성인 건강 장기 연구)

Add Health란 미국 전역에서 추출한 2만여 명의 중고생(1994~1995년도에 7~12학년이었던 학생)을 대상으로 이루어진 계시적 연구이다. Add Health의 응답자는 20~30대를 맞이한 현재에 이르기까지 추적 조사가 이루어지고 있으며 지금까지 합계 4회, 방문 조사를 받았다(제1기=1994~1995년, 제2기=1996년, 제3기=2001~2002년, 제4기=2008년).[8]

Add Health 역시 응답자의 언어성 지능을 측정한다. 구체적인 측정 수단은 피바디 그림 어휘력 검사(PPVT)의 간이판이다. 응답자는 특정 단어와 상관있는 그림을 4개의 선택지로부터 선택한다. PPVT는 언어성 지능의 척도로서는 물론이고 일반 지능의 척도로서도 적절하다는 사실이 증명되었다.[9] 이 책에서 이루어진 Add Health의 분석에서는 사춘기(제1기)에 측정한 지능과 성인 초기(제3기)에 조사한 각종 항목의 결과를 비교한다.

NCDS(국립 아동 발달 연구)

NCDS는 계시적 연구로서는 세계에서 가장 오래된 것으로 영국에서 특정 응답자 그룹을 출생시부터 반세기 이상 추적 조사한 것이다. 어느 특정 주(1958년 3월 3일~9일)에 영국 전체(잉글랜드, 웨일즈, 스코틀랜드)에서 태어난 아이 전원(1만 7,000여 명)을 대상으로 한다. 응답자에게 그 뒤 여덟 번에 걸쳐 재조사를 행하였다(7세, 11세, 16세, 23세, 33세, 42세, 47세, 51세 시점). 각 조사에서는 방문 청취 조사와 조사표를 우송하는 방식으로 응답자 본인 외에도 본인이 어렸을 때는 어머니, 교사, 의사를 상대로도 조사를 하였으며 성인이 된 뒤에는 배우자와 아이에게도 조사를 행하였다.

NCDS는 대규모 집단 조사 중에서도 일반 지능의 가장 좋은 지표로 꼽힌다. NCDS의 응답자는 7세, 11세, 16세 시점에 다양한 지능 테스트를 받는다. 7세 때에는 4개(디자인 카피 테스트, 인물 화법 테스트, 사우스 게이트 그룹 독해력 테스트, 문제 계산 테스트), 11세 때에는 5개(언어성 일반 능력 테스트, 비언어성 일반 능력 테스트, 독해력 테스트, 수학력 테스트, 디자인 카피 테스트), 16세 때에는 2개(독해력 테스트, 수학적 이해력 테스트). 이들 11개의 지능 테스트를 기반으로 아동기의 일반 지능 척도를 산출하는 것이지만 이에는 인자 분석이라고 하는 통계 수법을 이용한다. 인자 분석을 사용하면 세 개의 연령대에 행해진 각종 테스트의 성적에서 그 근저에 있는 일반 지능을 산출해 낼 수 있다. 게다가 인간의 형질 측정에 반드시 따르는 우연이라는 측정 오차도 제외시킬 수 있다.

한국어판 서문

  도서출판 연필에서 펴낸 '지능의 역설' 한국어 개정판 서문을 쓰게 되어 매우 기쁩니다. 지금까지 많은 대한민국의 독자들이 제 책과 함께 즐거운 시간을 보내셨다는 사실을 알게 되어 매우 기쁘고 앞으로 더 많은 분들과 함께하기를 기대합니다.

  저는 이 서문에서 10년 전 '지능의 역설'이 출간된 이후에 진행된 지능에 관한 과학적 연구와 이 책에 제시된 일반 지능의 진화 이론을 새롭고 흥미로운 몇 가지 방향으로 공유하고자 합니다.

  최근에 제가 진행한 연구는 한국 독자들에게 큰 관심사가 될 것으로 믿습니다. 대한민국은 가장 높은 평균 일반 지능을 보유한 동시에 자살률이 가장 높은 국가들 중 하나이기 때문입니다. 이는 대한민국 국민들이 세계에서 가장 똑똑하고 동시에 가장 불행한 사람들임을 의미합니다. (최근 추정치에 따르면 대한

민국의 국가 지능지수는 102.35로 세계에서 여섯 번째로 높고, 2019년 등록된 자살률은 10만 명당 28.6명으로 세계에서 네 번째로 높습니다.)

제 최근 연구는 두 가지 특성의 연관성을 암시합니다. 싱가포르 경영 대학 교수 Norman P. Li.와 난양 이공과 대학교 Jose C. Yong 박사와 협력하여 일반 지능의 진화 이론을 상대적으로 새로운 심리학의 하위 분야인 "긍정의 심리학"에 적용해 보았습니다. 사바나 행복론은 주어진 상황에 대한 현재의 결과뿐만 아니라 '조상 세대가 경험을 통해 얻은 결과'도 행복에 영향을 미친다고 말합니다. 다시 말해 어떤 상황에 놓였을 때, 그 상황의 현대적 의미뿐만 아니라 조상 세대가 경험한 1만 년 전 의미 또한 오늘날 우리의 행복에 영향을 미친다는 것입니다.

게다가 이 이론은 조상 세대의 경험이 행복에 미치는 효과가 지능적인 사람들보다 덜 지능적인 사람들 사이에서 더 강력하다고 주장합니다. 덜 지능적인 사람들의 행복은 더 지능이 높은 사람들보다 그러한 영향을 더 많이 받습니다.

예를 들면, 많은 사람들이 직관적으로 햇빛은 우리를 행복하게 만든다고 인식합니다. 우리는 화창한 날에 더 기분이 좋고 긍정적이고 구름 낀 날 또는 비오는 날이면 슬프고 우울해하는 경향이 있습니다. 왜일까요? 왜 현대의 인간이 화창한 날에 행복한 것일까요? 이와 관련해 우리의 이론을 검증한 바에 따르면, 조상들의 환경에서 햇빛은 항상 안전을 의미하고, 반대로 햇빛이 부족하거나 어두운 것은 잠재적인 위험을 의미했기 때문입니다. 왜냐하면 불에 익숙해지기까지 우리 조상들은 빛을 비추기 위한 어떠한 인공적인 수단도 보유하지 않았고 햇빛(그리고 훨씬 더 적게는 달빛)만이 유일한 빛의 근원이었기 때문입니다. 이것이 바로 우리의 조상 그리고 오늘날 세계 여러 곳곳의 수렵채집인이 야행성 활동을 피하기 위해 해가 뜨기 전에 일어나고 해가 지면 곧 잠자리에 드는 이유입니다. 어떠한 인공 조명 도구 없이 밤에 돌아다니는 것은 야행성 포식자에게 공격당하고 죽임을 당할 가능성이 있어 잠재적으로 매우 위험한 일이었습니다. 이것이 햇빛에 노출되는 것이 오늘날 우리를 행복하게 만들고 어둠은 불행하게 만드는 이유입니다. 심지어 오늘날 우리는 충분한 인공 조명 도구를 가지고 있고 야행성 활동이 실제로 위험하지 않은데도 말입니다. 우리의 데이터 분석 결과에 따르면 지능이 덜 높은 사람들의 행복 수준은 지능이 높은 사람들보다 훨씬 더 많이 햇빛의 영향을 받는 것으로 나타났습니다. 예를 들면, 덜 지능적인 사람들은 SAD(계절성 정서 장애)에 고통받을 가능성이 더 높은데, 보통 겨울 동안 햇빛이 부족한 고위도 지역에 거주할 때 발생합니다.

하지만 주어진 상황이 인간 진화 역사에 존재하지 않았기 때문에 과거로부터 어떠한 영향도 받지 않는다면 어떨까요? 한 상황이 진화적인 측면에서 완전히 새로운 것이라면 어떨까요? 밝혀진 바와 같이 대한민국의 모두를 포함한 전 세계가 현재 COVID-19 바이러스로 인해 발생한 세계적 유행병을 통해 이러한 상황을 경험하고 있습니다.

인플루엔자, 수두, 유행성 이하선염, 나병, 에이즈 및 현재 코로나 바이러스와 같은 전염병들은 확산과 유지에 있어서 세 가지 현대적인 조건들을 필요로 한다는 점에 있어서 완전히 현대적입니다. 그 세 가지 요소는 바로 많은 인구와 높은 인구 밀도, 영구적인 정착과 사육된 가축들의 존재입니다. 우리의 조상들은 단 한 번도 전염성 질병들을 경험하지 않았는데, 당시 인구가 매우 적었고 항상 이동하였으며 가축을 사육하지 않았기 때문입니다. 오늘날 전 세계에 우리가 가진 모든 전염병들은 지난 몇천 년 동안 발생했습니다. 그래서 COVID-19와 같은 전염성 질병들은 진화론 측면에서 완전히 새로운 것입니다.

인간 뇌의 진화적 제약에 대한 이해를 바탕으로 하는 사바나의 행복론은 오직 더 지능적인 사람들만이 과거에 없던 새로운 상황의 진정한 결과를 이해할 수 있다고 말합니다. 그리고 COVID-19 같은 세계적 유행병은 많은 부정적 결과를 초래하고 사실상 긍정적인 결과는 없기 때문에 우리를 불행하게 만들 수밖에 없으며 지능이 더 높은 사람들은 세계적인 유행병과 같은 전에 없던 진화론적 측면의 새로운 현상으로 인해 불균형적으로 불행해질 가능성이 높다는 것입니다. 관련 데이터들은 실제로 이것이 사실임을 보여주고 있습니다.

일반적으로, 세계적인 유행병이 발병하기 전-좋았던 과거-에는 보통 지능이 높은 사람들이 지능이 덜 높은 사람보다 행복했습니다. 지능이 높아서 행복했던 것이 아니라 지능이 높은 사람일수록 돈을 더 많이 벌고, 결혼할 가능성도 높고 더 건강했기 때문입니다. 그러나 지난해 COVID-19 동안에는 지능이 높은 사람들이 그렇지 않은 사람들보다 확연히 덜 행복했는데, 그 이유는 그들의 지능이 더 높았기 때문입니다. 사실, 이 세계적인 유행병의 기간 동안 지능이 덜 높은 사람들은 더 행복해졌고, 더 지능적인 사람들은 덜 행복해졌습니다. 사바나의 행복론은 이것이 더 지능적인 사람들이 특히 이러한 진화적인 새로운 상황으로부터 초래된(거의 전적으로 부정적인) 결과를 더 잘 이해할 수 있기 때문일 것이라고 주장합니다. 비록 제가 자료는 가지고 있지 않지만 저는 대한민국 인구의 높은 평균 지능으로 인해 전세계의 다른 인구와 비교하였을 때 한국인이 COVID-19 기간 동안 불균형적으로 덜 행복해졌을 것으로 예측합니다. 만약 제 생각이 맞다면 저는 이러한 대한민국의 감소된 행복지수로 인해 자살률이 더 높아지는 일이 없기를 진심으로 소망합니다.

진화심리학과 지능연구 분야에서는 더욱 흥미로운 연구들이 기다리고 있습니다. 그러니 한국 독자 여러분 모두 계속해서 주목해 주시기를 바랍니다. 만약 여러분 중 최근 연구에 대해 최신 정보를 알고 싶거나, 영어로 쓰여진 과학 논문을 읽고자 하시는 분들은 제 LSE 홈페이지(http://personal.lse.ac.uk/Kanazawa)를 확인하시면 게시된 모든 글을 무료로 pdf 파일로 다운로드하실 수 있습니다. 또한 제 책이나 연구에 대한 질문이나 여러분의 의견을 여러분으로부터 직접 듣고 싶습니다(과거에 질문 혹은 제안을 하며 제게 연락 주신 독자분들과 과학 논문을 공동 작업하기도 했습니다). 이 메일 주소 S.Kanazawa@lse.ac.uk로 연락 주시면 됩니다.

가나자와 사토시
런던
2021년 6월

진화심리학이란 무엇인가?[1]

진화심리학이란 간단히 말하자면 인간의 본성을 탐구하는 학문이다. 인간의 본성은 진화심리학에서는 '진화에 의해 형성된 심리 메커니즘' 혹은 '심리학적 적응'이라고 부른다(둘 다 비슷한 의미임).

'진화에 의해 형성된 심리 메커니즘'이라고 하면 왠지 어려운 말처럼 느껴지지만 진화에 있어 적응상의 문제(즉, 생존과 번식의 문제)를 해결하기 위한 구조라 할 수 있다. 자연 도태와 성도태라는 길고 긴 프로세스에 의해 인류는 진화를 이루었으며 다양하고 중요한 문제를 해결하는 능력을 갖추어왔다. 문제를 해결한 사람은 오래 살고 번식에도 성공했으며 그렇지 못한 사람은 도태되었다. 그런 문제 해결력을 부모로부터 이어받은 자는 그렇지 못한 자보다 명백하게 유리했으며 오래 살면서 많은 아이를 남길 수 있었다. 그 아이 역시도 부모로부터 문제 해결의 유전자를 이어받아 장수하며 많은 아이를 남겼다.

그렇게 서서히 문제를 해결할 수 있는 유전자를 가진 자가 증가하고 그렇지 못한 자는 줄어들었다. 그리하여 결국 적응상의 문제에 대처하는 것이 당연한 것이 되었다. 인간이라고 하는 종이고 정상적으로 자란 사람이라면 누구나 그런 특징을 가지게 된 것이다. 그런 까닭에 인간의 본성이란 보편적인 동시에 인간이란 종 특유의 것이기도 하다(특정 종 전체에 있는 특징이라는 뜻). 진화에 의해 형성된 심리 메커니즘 중에는 여성에게만 혹은 남성에게만 있는 것도 있으며 남녀 모두가 공유하는 것도 있다.

여기서 기억해야 할 중요한 포인트는 그런 심리 메커니즘이 아주 먼 옛날에 살았던 조상들과 같은 환경이어야 적응에 유효하게 작동한다는 점이다. 인간의 심리 메커니즘은 조상들이 살았던 환경 조건에 맞춰 설계되고 적응된 것으로 현재의 환경 조건에는 반드시 적합한 것은 아니다. 진화는 미래를 예견하고 이루어지는 것이 아니기 때문이다.

따라서 진화라는 결과를 만들어 낸 심리 메커니즘도 그 설계가 끝난 뒤에 만들어진 환경 조건에는 반드시 적합하지는 않다. 우리의 현재 환경이 조상의 환경과 얼마나 달라졌는지를 생각해 보길 바란다. 우리 조상들은 아프리카의 사바나에서 수렵 채집 생활을 했으며 불과 150명 정도의 가족 및 동족이 모여 생활했다.[2] 그러므로 진화에 의해 형성된 심리 메커니즘은 현대를 살아가는 우리가 직면하는 적응상의 문제에 도움이 될 것이라고 단정할 수 없다. 오히려 앞으로 설명하겠지만 불리하게 작용하는 경우도 많은 것이다.

우리의 조상은 수렵 및 채집을 통해 100만 년 이상이나 생활을 이어왔다. 처음에는 아프리카에서 나중에는 세계 각지에 흩어져서 말이다. 수렵 채집 생활은 1만 년 정도 전에 (진화의 관점에서는) 갑자기 끝을 알렸다. 그 무렵 농경이 발명된 것이다. 농경의 발명(기원전 8천년 무렵)은 인류의 역사에서 가장 중요한 사건이라 할 수 있다. 농경을 하기 위해서는 정주할 필요가 생긴다. 조상들은 처음으로 이동적·방랑적 생활을 그만두고 한 곳에 머무르게 되었다. 그 결과 여러 가지 것들이 탄생하였다. 집락, 마을, 번화가, 도시, 집, 도로, 마차, 다리, 빌딩, 정부, 민주주의, 자동차, 비행기, 컴퓨터, 아이팟 등. 그렇다, 아이팟 역시 농경과 그에 뒤따르는 발명이 없었다면 탄생하지 않았을 것이다.

진화심리학의 4가지 기본 원칙

진화심리학이란 따져보면 진화생물학에서의 관점을 인간의 인지 및 행동에도 적용시킨 것이 그 기원이다. 다윈의 진화론 이후 진화생물학자 및 동물학자들은 모두 진화생물학의 원칙이 자연계의 모든 종에 적용된다고 이해했지만 인간만은 예외라고 생각했다.

1992년이 되어 몇몇 심리학자와 인류학자들은 E. O. 윌슨(E. O. Wilson)의 용기 있는 외침에[3] 응해 단순한 물음을 던졌다. '왜 인간은 예외인 것인가?'[4] 왜 인간에게는 자연계의 규칙이 적용되지 않는 것인가? 진화생물학의 원칙을 인간에 적용시킨다면 어떻게 될까? 이렇게 불과 몇십 년 전에 진화심리학이 태어났다. 진화심리학은 비교적 새로운 학문이지만 단기간에 눈부신 발전을 이루었다.

진화심리학은 진화생물학의 관점에서 인간의 인지 및 행동을 밝혀내려는 학문으로 다음의 네 가지 기본 원칙에 기초한다.

원칙 1 : 인간도 동물이다[5]

진화심리학의 가장 중요한 원칙은 인간이 특별한 존재가 아니라는 것이다. 인간도 자연계의 일부라고 하는 인식 때문에 진화심리학의 초기 개척자들은 자연 도태, 성 도태에 의한 진화의 원칙을 인간에게도 적용시켰다. 그 결과 인간도 자연계의 예외가 아니라 동물 종 중 하나에 불과하다는 것을 알게 되었다.

과거 과학자들은 이렇게 생각했다. 인간이 가진 많은 특징은 인간에게만 있는 특별한 것으로 다른 종에게서는 절대 볼 수 없다고 말이다. 그 특징이란 문화와 언어, 도구의 사용, 의식, 윤리, 동정심, 배려, 애정, 동성애, 살인, 강간 등을 말하는 것이지만 지금은 그렇지 않은 것을 안다. 최신 연구에 의해 인간의 어떤 특징이라 할지라도 그와 비슷한 것을 가진 종이 또 존재한다는 것을 알게 된 것이다.[6] 내가 아는 한, 인간만 가지고 있는 특징 따위는 하나도 없다.

그러나 그렇다고 해서 인간은 특이하지 않다는 것은 아니다. 위대한 사회생물학자 피에르 L. 반 덴 베르헤(Pierre L. van den Berghe)는 이렇게 말했다. "확실히 인간은 특이하지만 특이한 것은 인간만이 아니다. 모든 종은 다 특이하며 각각의 환경에 적응해서 특이하게 진화해 온 것이다."[7]

인간이 특이하다고 하는 것은 인간의 다양한 특징을 똑같이 반영하는 종이 달리 없다는 것뿐이다. 만약 침팬지가 모든 점에서 인간과 완벽하게 동일하다면 절대 다른 종이라 부를 수 없을 것이다. 그것은 인간이다. 인간과 완전히 똑같은 종은 없다는 의미로 인간은 독립된 종인 것이다.

그러나 이는 자연계의 모든 종에도 똑같이 말할 수 있다. 개, 고양이, 기린, 바퀴벌레……. 그렇다, 바퀴벌레와 같은 종 역시 단 하나도 없다. 인간도 하나의 종으로서 바퀴벌레와 마찬가지로 특이하고 특별한 것이다. 그 이상도 그 이하도 아니다. 자연계는 모든 종이 평등하게 특이하다.

진화생물학의 관점에서 보면 필연적으로 다음과 같은 결론을 도출할 수 있다. 인간을 하나의 종으로서 본다면 조금도 특별하지 않으며 자연계에서는 원숭이의 일종에 불과하다. 따라서 다른 종에 적용되는 생물학 법칙은 전부 인간에게도 적용된다. 그리고 그중에는 자연 도태 및 성 도태에 의한 진화의 법칙도 포함된다. 그렇다면 모든 생물의 궁극적인 목표는 번식의 성공이다. 자연계의 생물은 모두 진화의 프로세스에 의해 번식하도록, 가능한 많은 유전자를 남기도록 설계되어 있다.

원칙 2 : 인간의 뇌를 특별히 취급하지 않는다

진화심리학에서 뇌는 손이나 췌장과 마찬가지로 신체의 일개 기관에 지나지 않는다. 수백만 년 동안 진화에 의해 손과 췌장이 천천히 형성되고 특정 기능을 획득한 것처럼 뇌 역시도 진화에 의해 형성되고 독자적인 기능을 담당하게 되었다. 뇌의 기능이란 적응상의 문제를 해결하여 보다 효율적으로 생존하고 번식하는 일이다. 진화심리학자들은 진화의 법칙을 인체의 다른 기관과 마찬가지로 뇌에도 적용한다.

일반적으로 사회학자들은 '진화는 머리 아래쪽까지'라고 생각하는 경향이 있다.[8] 인체의 다른 기관은 모두 진화에 의해 형성되고 구조와 기능이 결정되지만 뇌만은 진화의 역사와 무관하다고 생각하는 것이다. 이에 비해 진화심리학자들은 인간의 몸에 대한 진화의 영향에서 뇌가 예외일 수 없다고 반론한다. 진화한 것은 머리 아래쪽까지가 아니다. 머리 역시 진화의 산물인 것이다.

원칙 3 : 인간의 본성은 천성적인 것이다

개나 고양이가 태어나면서부터 개나 고양이의 본능을 가지는 것처럼 인간도 태생적으로 인간으로서의 본성을 가진다. 이는 앞의 원칙 1에서 도출된 것으로 개나 고양이에게 적용되는 원칙은 당연히 인간에게도 적용된다.

사회화와 학습은 물론 인간에게 있어 중요하지만 인간은 천성적으로 문화적인 학습 능력을 가지고 있다. 앞에서 인용한 반 덴 베르헤의 말에는 이어지는 말이 있다. "문화란 인간만 가지고 있는 적응의 방법이지만 문화 역시 생물학적 진화의 산물인 것이다." 즉 문화와 학습 또한 인간이 가진 진화라는 설계도에 포함되어 있으며 사회화란 이미 뇌에 입력된 것을 반복하여 보강하는 것에 지나지 않는다(예를 들면 선악에 대한 인식 등이 있겠지만 이는 다른 종에서도 볼 수 있다.)[9]는 것이다.

진화심리학의 이 같은 원칙은 많은 사회학자들이 지지하는 '빈 서판(tabula rasa)' 가설[10]과 정면으로 대립한다. 동설에 따르면 인간의 진화는 머리 아래쪽까지로 뇌에는 영향이 없으며 인간은 텅 빈 서판처럼 깨끗한 마음을 가지고 태어난다. 그렇기에 사회화에 의해 그곳에 필요한 문화를 써넣는 일이 가능한 것이고 또 그러지 않으면 안 된다는 것이다.

이러한 빈 서판 설을 진화심리학에서는 강하게 부정한다. 다윈 이후 가장 위대한 다윈론자라 할 수 있는 윌리엄 D. 해밀턴(William D. hamilton)의 말을 인용하자면 "인간의 본성인 서판이 공백일 리가 없다. 그것은 이제 막 해석되고 있는 참이다."[11]라고 하였다. 진화심리학이란 인간의 본성인 서판을 해독하는 학문이다.

원칙 4 : 인간의 행동은 천성적인 본성과 환경에 의해 결정된다

그 수는 많지 않지만 유전성 질병은 분명히 존재하며 예를 들어 헌팅턴병(뇌의 신경세포가 퇴화하면서 발생하는 선천성 중추신경계 질병)은 100% 유전으로 결정된다. 특정 질병의 유전자를 가진 사람은 후천적인 경험이나 환경과는 관계없이 반드시 그 질병이 일어나는 것이다.[12] 개인의 눈 색깔과 혈액형도 100% 유전으로 결정된다. 이처럼 완전히 유전만으로 결정되는 형질도 많지는 않지만 존재한다.

단, 그런 소수의 예외를 제외하면 기본적으로 인간의 형질 중 100% 유전으로 결정되는 것은 없다고 해도 과언이 아니다. 진화심리학을 비판하는 사람들은 흔히 "유전자만으로 뭐가 결정된다고 그래?"라는 말을 하지만 실제로 그런 주장을 하는 과학자는 없다.

대개의 형질에 있어서 유전자가 아무것도 없는 상황에서 작용하는 일은 일단 없다. 유전자가 작용하고 행동에 나타나는 것은 대부분 환경에 좌우된다. 같은 유전자라도 환경이 다르면 작용되는 방식이 달라진다. 그런 의미에서 유전자에 의해 프로그램된 천성적인 인간의 본성과 인간이 성장하고 생활하는 환경은 둘 다 비슷한 정도로 중요한 행동의 결정 요인인 것이다.

많은 사회과학자들은 인간의 행동은 100% 환경에 의해 결정되며 유전자와 생물학이 개입할 여지는 전혀 없다고 생각한다.[13] 그에 비해 진화심리학자들은 인간의 행동은 100% 유전으로 결정되는 것도 아니고 100% 환경으로 결정되는 것도 아니라고 생각한다. 단 진화심리학 연구에서는 어느 쪽이냐 하면 생물학적, 유전적인 측면을 중시하는 경향이 있다. 사회과학의 세계에서도 일반적인 세상에서도 '환경주의'(환경이 인간의 행동을 100% 결정한다고 하는 생각)가 지배적인 까닭에 그에 대항할 필요가 있기 때문이다. 환경이 인간의 행동에 영향을 준다고 한들 놀라는 사람은 없다. "당연한 거잖아."라는 것이다. 그렇지만 유전자가 얼마나 행동에 영향을 주는가를 이야기하면 "설마 그렇게나?" 하고 놀라는 사람이 많다.

피해야 할 2가지 논리적 오류

진화심리학, 나아가 인간과학 분야 전반에서 무엇인가를 논할 때 절대 해서는 안 될 논리적 오류가 두 가지 있다. 학문적인 용어로 하나는 '자연주의 오류'라고 하고 다른 하나는 '도덕주의 오류'라고 한다.

'자연주의 오류'는 20세기 초 영국의 철학자 조지 에드워드 무어(George Edward Moore)[14]가 사용한 말이지만 18세기 스코틀랜드 철학자인 데이비드 흄(David Hume)[15]도 일찍이 이 문제를 지적한 적 있다. 자연주의 오류란 간단히 말해 '~이다'에서 '~해야 한다'로의 비약을 뜻한다. '자연스러운 것이 선한 것'이라고 생각한 나머지 '이러이러니까 이래야 마땅하다'라고 단정한다. 예를 들어보자면 "인종에 따라 유전자 차이가 있고 천성적인 능력과 재능에도 차이가 있으므로 받는 대우도 달라야 한다."라고 하는 사람은 자연주의 오류를 저지르는 것이다.

'도덕주의 오류'의 경우는 하버드 대학의 미생물학자 버나드 데이비스(Bernard Davis)[16]가 1970년대 만든 말이다. 자연주의 오류와는 반대로 '~해야 한다'에서 '~이다'로의 비약이며 '이래야 마땅하니까 이러이러하다'라고 주장한다. '선한 것은 자연스러운 것'이라고 생각하는 경향이 있으며 예를 들면 "모두가 평등한 대우를 받아야 하므로 인종에 따라 유전자에 차이가 있을 리 없다."라고 하는 것이 도덕주의 오류인 것이다. 과학 저널리스트인 매트 리들리(Matt Ridley)는 이를 '뒤집힌 자연주의 오류'[17]라고 불렀다.

이 둘의 입장은 모두 논리적으로 모순되어 있으며 과학 전반, 특히 진화심리학의 발전을 방해해 왔다. 리들리가 날카롭게 지적한 것처럼 정치적으로 보수적인 사람일수록 자연주의 오류를 범하기 쉽다("남성은 밖에 나가 싸우고 여성은 아이를 키우는 것이 자연스러운 모습이다. 그러므로 여성은 집에서 아이를 돌봐야 하며 사업이나 정치는 남성에게 맡겨야만 한다.").

반대로 진보주의자일수록 도덕주의 오류를 저지르기 쉽다("서양의 자유민주주의의 원칙에서는 남성도 여성도 법 아래 대등한 대우를 받아야 한다. 그러므로 남녀에 생물학적 차이는 없으며 이에 이의를 제기하는 연구 등은 애초에 잘못된 것이다."). 진화심리학자인 로버트 O. 커즈번(Robert O. Kurzban)은 이러한 진보주의자들의 태도에 "정치적으로 옳은 것만이 '좋은 과학'이다."라며 비꼬기도 했다.[18]

학문의 세계, 특히 사회과학의 영역에서는 좌파 진보주의자가 대다수를 점한다. 그 결과 진화심리학의 논의에서 문제가 되는 것은 주로 도덕주의 오류 쪽이다. 자연주의 오류를 범하는 학자는 거의 없지만 도덕주의 오류를 일으키는 사람은 엄청나게 많다. 인간의 행동과 기질, 인지 능력에는 성차 및 인종 차이가 있다는 사실을 이 세상의 사회과학자들은 완강하게 거부하며 경험적으로 명백한 사실을 외면하려고 하지만 그런 태도를 취하는 일 자체가 진보주의적 정치 신념으로 인해 도덕주의 오류에 빠졌다는 증거인 것이다.

좌파 사람들은 자신에게 불리한 특정의 경험적 사실을 계속 부정해 온 끝에 과학의 객관성, 즉 과학적 진실이라고 하는 개념 그 자체를 싸잡아 부정하기에 이르렀다(흔히 말하는 포스트모

더니즘이 바로 그것). 보수파 사람 역시 예를 들면 진화론처럼 특정 경험적 사실을 부정하는 일은 있지만 그들은 과학적 진실이 존재한다는 사실 자체를 부정하지는 않는다.

애당초 앞에서도 언급했지만 학문의 세계에 보수파는 거의 존재하지 않으므로(그 이유는 제5장에서 설명) 그들에 대해 걱정할 필요는 없다. 미국 전역의 대학을 살펴보아도 진화론을 부정하고 기독교의 영혼 창조설을 신봉하는 연구자는 찾을 수 없을 것이다. 그러나 과학의 객관성을 부정하는 포스트모더니스트라면 얼마든지 존재한다.

이 두 가지 오류—논리의 비약—을 피하는 방법은 실은 간단하다. 무엇을 해야 한다는 당위는 일절 언급하지 않고 사실만 말하면 되는 것이다. 과학자가 당위를 말하지 않으면 자연주의 오류도 도덕주의 오류도 범하지 않게 된다. 여기서 말하는 과학자란 엔지니어나 의사와 같은 응용과학자가 아니라 기초과학자를 의미한다. 과학자는 자신의 경험적 관찰에서 도덕적인 결론과 의미를 도출해서는 안 된다. 또한 무엇인가를 관찰할 때는 도덕적 혹은 정치적인 주의주장에 현혹되어서도 안 된다. 진정한 의미의 과학자, 즉 기초과학자는 사실만을 보고 당위 등은 내버려두면 된다. 지금부터 이 책에서 이야기하려는 것은 모두 '사실'이지 '당위'가 아니다.

'자연스러운 것'이란 무엇인가?

과학과 관련된 논의를 할 때면 항상 자연주의 및 도덕주의 오류를 조심해야 하지만 이 책을 읽을 때는 특히 그 두 가지 오류에 빠지지 않도록 주의하길 바란다. 단순히 생물학적인 관점에서 보자면 '자연스러운 것'이라는 말은 어디까지나 '생물이 진화하는 과정에서 그렇게 되도록 설계된 것'이라는 의미다. 마찬가지로 '부자연스러운 것'은 '생물이 진화의 과정에서 그렇게 되도록 설계되지 않은 것'을 가리키는 것에 불과하다. 이 책에서 다루는 생물은 인간뿐이다. 단순히 생물학적 관점에서 보면 살인[19]과 강간[20]은 인간에게 그야말로 자연스러운 것이며 한편 진화심리학 박사 학위를 따는 일은 그야말로 부자연스러운 일이다(그렇기 때문에 지능이 높은 사람이 박사 학위를 따는 것이겠지만).

오해하지 말기를 바라는 마음에서 분명히 이야기하지만 자연스러운 것이 좋다거나 가치가 있다거나 바람직하다 등을 의미하지 않는다. 부자연스럽다는 말 역시 그 반대의 뜻을 의미하지 않는다. 이 책을 일관되게 관통하는 테마 중 하나는 지능이 높은 사람은 가끔씩 부자연스러운 일을 한다는 사실이다.

과학적인 이론이나 아이디어를 평가할 수 있는 정당한 기준은 두 가지밖에 없다. 바로 논리와 증거이다. 그러므로 진화심리학 이론에서(혹은 다른 과학 이론에서도) 논리적인 모순이 보인다거나 거기에 반론 가능한 타당한 과학적 증거를 발견한 경우에는 당당하게 비판해도 상관하지 않는다. 한 사람의 과학자로서 또 '과학원리주의'를 신봉하는 사람으로서[21] 나는 그런 비판을 진지하게 받아들일 생각이다.

하지만 나를 포함한 이 세상 과학자의 이론에 대해 왠지 부도덕하게 느껴진다거나 역겹다거나 이상에 반한다거나 일부의 사람 혹은 사회 전체에 불쾌감을 준다거나 하는 이유만으로 비판하는 일은 허락할 수 없다. 여기서 미리 말해 두겠다. 이 책에서는 나를 포함해 다양한 과학자의 생각과 이론을 소개하지만 그 많은 수는 실제로 부도덕하고 역겨우며 우리 이상에 반하는 것으로 사람에 따라서는 불쾌하게 느낄 것이다. 나 역시도 무척이나 불쾌감을 느낀다. 그렇지만 그것은 어쩔 수 없는 일이다.

진실만이 과학을 도출하는 원칙이며 모든 과학자에게 있어 가장 중요한 것이다. 유일하게 중요한 것이라고 해도 과언이 아니다. 과학에 있어 진실 이외의 것은 어떻게 되든 상관없는 것이다. 한편으로 나는 이런 생각도 한다. 무엇인가 사회 문제를 해결하고 싶다면 가장 먼저 그 문제가 어떤 것인지 왜 일어났는지를 정확하게 파악해야 한다고. 근본적인 원인을 알지 못하는 한 문제의 올바른 해결방법은 발견할 수 없을 것이다. 그러므로 기초과학이든 사회 정책이든 관찰에 의해 진실을 찾아내는 일이 모든 것의 기본이 된다. 물론 사회 문제를 해결하는 것에 관심이 있을 때의 이야기지만(나는 없음).

만약 내 말이 틀렸고(비논리적이라거나 과학적 증거가 불충분하다는 이유로) 진실이 아니라고 하면 그것은 나의 문제다. 만일 그렇다면 더 좋은 이론을 세우고 더 많은 증거를 모으는 것이 과학자로서 내가 할 일이다. 동시에 혹시 내 말이 불쾌하게 느껴지는 사람이 있다면 그것은 그 사람의 문제다. 과학자로서의 나의 신조는(이는 과학원리주의자의 모토이기도 함) 다음과 같다. "진실이 사람들을 불쾌하게 만들더라도 그것을 말하는 것이 과학자의 의무다."[22] 과학자로서 또 과학원리주의자로서 나는 사람의 삶과 죽음에는 관여하지 않는다. 나는 그저 진실을 알고 싶을 뿐이다.

인간이 가진
뇌의 본질과 한계

이번 장에서는 진화한 신체 기관으로서의 인간의 뇌를 다룬다. 진화 과정에서 인간의 뇌는 어떻게 설계되고 형성되었으며 특정한 종의 한계와 제약을 껴안게 되었을까? 또 진화심리학의 기본적인 이론인 '사바나 원칙'을 소개한다.[1]

사바나 원칙

인간의 진화에 있어 적응이라고 하는 것은 신체적인 것이 있는가 하면 심리적인 것도 있으며, 먼 옛날 조상들의 환경 조건에 맞춰 설계된 것인 만큼, 현대 우리가 살고 있는 환경 조건에도 적합할 거라고 단정할 수는 없다.[2] 진화란 미래를 꿰뚫어 보고 이루어지는 것이 아니라 과거 환경에 대응한 것에 불과한 것이다. 그러므로 아직 존재하지도 않는 환경 조건에 적응할 수 있도록 진화를 하는 일은 불가능하다. 그 사실을 가장 잘 알 수 있는 것은 신체 적응이다. 예로 시각과 색깔을 인식하는 체계를 살펴보자.

바나나는 무슨 색인가? 태양빛 아래에서도 달빛 아래에서도 바나나는 노란색으로 보인다. 맑은 날에도 흐린 날에도 비가 오는 날에도 노란색이고 해 질 무렵에도 새벽에도 똑같이 노란색이다. 어떤 조건에서도 인간의 눈에는 항상 바나나는 노란색으로 보인다. 그렇지만 실제로는 조건이 변할 때마다 바나나의 표면이 반사하는 빛의 파장도 변한다. 객관적으로 보면 항상 같은 색일 수 없는 것이다. 그렇지만 인간의 눈과 색깔 인식 시스템은 그러한 조건의 차이를 보정하는 힘을 갖추고 있다. 인간의 시각 시스템이 진화하는 과정에서 이러한 조건은 모두 존재했던 까닭에 뇌의 시각 영역 역시 거기에 응해 발달했고 객관적으로는 다른 색이라도 항상 노란색으로 인식할 수 있게 된 것이다.[3]

그러므로 어떤 조건이라도 바나나는 노란색으로 보인다고 말하고 싶지만 예외도 있다. 그것은 야간의 주차장이다. 주차장 조명에 흔히 사용되는 오렌지색 나트륨등 아래에서는 바나나가 자연스러운 노란색으로 보이지 않는다. 나트륨등은 조상들이 살고 있던 환경에 존재하지 않았던 까닭에 시각 시스템에서의 진화 대상이 되지 않았다. 그러므로 뇌의 시각 영역도 나트륨등을 보정하는 힘을 갖추지 못한 것이다. 인간의 눈을 설계한 진화 프로세스에서 조명원은 태양빛과 달빛 그리고 모닥불 정도였을 것이다. 나트륨등과 같은 인공조명이 나타날 줄은 생각지도 못했다. 그렇기에 같은 인공조명인 형광등 불빛 아래에서도 물체가 부자연스러운 색으로 보이는 것이다.

1989년 공개된 미국의 영화 '어비스(The Abyss)'(제임스 캐머론 감독)를 좋아했던 사람은 영화 종반부 장면을 떠올리면 좋을 것이다. 에드 해리스가 연기한 주인공은 심해로 잠수해 깜깜한 해연으로 내려간다. 그곳에서 그는 시한폭탄의 코드를 절단해야 했지만 코드는 색깔이 다른 두 가지가 있었고 코드를 잘못 자르면 폭발하게 되어 있었다. 그렇지만 그가 인공조명 아래에서 색을 구별하는 일은 불가능한 일이었다. 또 미국의 TV 프로그램인 '포렌식 파일(Forensic Files)' 같은 범죄 다큐멘터리를 자주 보는 사람은 목격자가 고속도로에서 차량의 색깔을 잘못 보는 바람에 경찰이 용의자를 잘못 검거하는 전개도 낯이 익을 것이다. 그도 그럴 것이 고속도로는 대체로 나트륨

등 같은 진화의 관점에서 보면 새로운 조명원이 사용되고 있는 까닭에 인간의 눈에는 색깔이 왜곡되어 보이는 것이다.

색깔 인식 시스템과 같은 신체적 적응에 적용되는 원칙은 당연히 심리적 적응에도 적용된다. 진화심리학의 선구자들[4]은 모두 인간의 심리 메커니즘의 진화는 조상의 환경 조건에 적응하도록 이루어졌으며 반드시 현대 환경 조건에 적합하지만은 않다는 사실을 알고 있었다. 나는 2004년 이러한 지견을 체계화하여 '사바나 원칙'이라고 하는 이론을 제창했다.[5]

사바나 원칙

우리의 뇌는 우리 조상들의 환경에 존재하지 않았던 것이나 상황은 잘 이해할 수 없으며 제대로 대응하지 못한다.

다른 진화심리학자 중에는 이와 같은 것을 '진화유산 가설'[6] 또는 '부조화 가설'[7]이라고 부르는 사람도 있지만 말하는 것은 동일하다. 우리들은 석기 시대의 뇌를 가지고 있다. 뇌는 우리가 지금도 아프리카의 사바나에서 수렵과 채집을 하고 있다고 생각하고 사바나인 것처럼 주위 환경에 반응하고 있다.[8] 이러한 사바나 원칙은 일상생활의 다양한 장면에서 볼 수 있다.

TV 속 친구

사바나 원칙의 구체적인 예를 하나 소개한다. 2002년 나는 연구를 통해 특정한 TV 프로그램을 자주 보는 사람은 친구가 많이 있거나 자주 친구를 만나는 듯한 기분을 실제로 느낄 수 있으며 이로 인해 교우 관계에 대한 만족도가 높다는 사실을 알게 되었다.[9] 이 결과는 뒤에 다른 연구에서도 확인되었다.[10]

사바나 원칙이라는 관점에서 그 이유를 설명하자면 TV나 영화, 비디오, 사진, DVD 등에 등장하는 다른 인간의 리얼한 이미지는 우리 조상들의 환경에는 존재하지 않았기 때문이다. 조상들이 살고 있던 환경에서는 다른 사람의 리얼한 이미지는 살아 있는 인간밖에 존재하지 않았다. 즉 인간의 뇌는 'TV 속 친구'(자주 보는 TV 프로그램의 출연자)와 현실의 진짜 친구를 잘 구별하지 못하는 것이다. 그런 까닭에 'TV 속 친구'를 자주 만나면, 즉 좋아하는 인물이 등장하는 TV 프로그램을 보고 있으면 점점 진짜 친구와 함께 있는 듯한 기분이 들고 실제 교우 관계에 대한 만족도도 높아지는 것이다.

TV 등에서 그려지는 다른 인간의 리얼한 전자적 이미지가 우리 조상들이 살았던 환경에서 존재하지 않았던 만큼 사바나 원칙에 따르면 우리의 뇌는 진정한 의미에서는 TV를 이해하지 못하고 있는 셈이 된다. 이렇게 말하면 화내는 사람도 많다. 뇌가 'TV 속 친구'와 현실의 친구를 구별 못 할 리 없다고 단호하게 항의한다. 그리고 TV의 시스템 정도는 알고 있다고 주장한다.

하지만 그 주장은 절반은 맞고 절반은 틀린 것이다. 우리들은 의식 차원에서는 TV 프로그램이 어떻게 만들어지는지 안다. TV에서 눈에 보이는 사람들은 배우이며 거액의 출연료를 받고 고용되어 각본가가 쓴 각본에 따라 특정한 역할을 연기하고 있을 뿐이라는 것을. TV 프로그램과 영화가 현실이 아니라는 사실을 의식 차원에서는 아는 것이다.

그러나 뇌는 모르고 있다. 만약 알고 있다면 영화 '철목련 (Steel Magnolian)'의 마지막 부분, 줄리아 로버츠가 연기한 딸이 죽는 장면에서 왜 관객들은 눈물을 흘리는 것일까? 줄리아 로버츠는 그저 배우일 뿐이고 거액의 개런티를 받고(공개 당시인 1989년의 연수입은 추정 금액으로 9만 달러)[11] 죽어가는 여성을 연기한 것뿐이라는 사실을 알고 있으면서. 그녀가 사실은 죽지 않았다는 것을 알면서 말이다.

또 '나이트메어(A Nightmare On Elm Street)'에서 프레디 크루거가 소년소녀들을 쇠갈고리로 죽일 때 왜 그렇게 무서웠던 것일까? 프레디 역을 맡은 배우가 사실은 살인 따위를 할 리 없는 좋은 사람이란 걸 몰라서? 영화 속에서 죽는 젊은이들이 사실은 살해되지도 않았고 항상 많은 수의 촬영 스태프에게 둘러싸여 있으며 전혀 위험하지 않다는 사실을 몰랐기 때문에? 우리의 뇌는 진정한 의미에서는 그러한 사실을 무엇 하나 이해하지 못하고 있다. 그렇기 때문에 우리는 영화와 TV를 즐길 수 있는 것이다. 만약 우리 뇌가 영화와 TV가 실제로 어떤 것인가를 이해하게 된다면 조금도 재미가 없을 것이다.

사바나 원칙(또 뒤의 제4장에서 소개할 '사바나-IQ 상호 작용설')에서는 '이해'라고 하는 단어를 이와 같은 의미로 사용한다. 즉 이해한다는 것은 '실제로, 논리적으로, 동시에 과학적이고, 실증적으로 바르게, 사물의 구조를 안다'는 뜻이다. 우리의 뇌(우리 자신은 아님)가 무엇인가를 진짜 이해하고 있다고 말하기 위해서는 그 사물의 구조를 과학적이고 실증적으로 올바르게 인식하고 거기에 따라 반응하거나 행동할 필요가 있다.

예를 들어 TV 프로그램을 진짜 이해하고 있다면 이렇게 생각할 것이다. 직업이 배우인 많은 사람들이 개런티를 받고 대본에 적힌 역할을 연기하지만, 방송 속 등장인물은 현실에는 존재하지 않는다고. 반면에 TV 프로그램을 실제로는 이해하지 못한 사람은 예를 들어 방송에서 그려지는 이야기를 현실이라고 착각하고, 출연자를 아는 사람이라고 생각할 것이다.

앞에서 언급한 연구에 의하면 우리의 뇌(반복하지만 우리 자신이 아님)는 TV 프로그램을 진짜로 이해하고 있다고는 말할 수 없다. 교우 관계에 대한 만족도가 높아졌다고 하는 데이터를 보면 진짜로 이해했다고는 생각되지 않는다.

포르노

사바나 원칙의 또 한 가지 구체적인 예로는 포르노를 들 수 있다. 특히 포르노의 소비와 포르노에 대한 반응에 남녀 차이가 무척이나 큰 사실에 주목한다.

전 세계적으로 볼 때 포르노를 소비하는 압도적 다수는 남성이다.[12] 남성 쪽이 다양한 성적 만남을 구하는 욕구가 높다는 사실을 감안하면 남성이 포르노를 많이 소비하고 포르노 사진과 비디오를 통해 다수의 여성과 만남을 추구하는 것도 납득이 된다. 남성이 보다 다양한 성적 만남을 위해 매춘을 하는 것과 마찬가지인 것이다.

이처럼 다양한 성적 만남을 구하는 남성의 행동도 진화의 관점에서는 적응이라는 의미를 부여할 수 있다. 1년에 1,000명의 여성과 성교를 하는 남성은 1,000명의 아이를 가질 가능성이 있다(쌍둥이 등 다태 출산까지 생각하면 더욱 불어남). 좀 더 현실적으로 말하자면 아이 30명의 아버지는 될 수 있을 것이다(성교 1회당 수태율을 3%로 가정한 경우).[13]

대조적으로 여성은 1년에 1,000명의 남성과 성교를 하더라도 (다태 출산을 제외하면) 한 사람의 아이밖에 낳을 수 없다. 즉 한 사람의 남성과 정기적으로 성교하는 경우와 결과는 같은 것이다. 여성의 경우 남성과 달리 많은 성적 파트너를 두더라도 번식상의 이점은 거의 없는 셈이다.

그러나 매춘부와 관계하는 것과 달리 포르노를 보는 것은 실제 성행위를 동반하지 않는다. 그렇다면 왜 남성은 포르노를 소비하고 싶어하는 것일까?

사바나 원칙에 따르면 남성의 뇌는 포르노 사진이나 비디오에서 보는 여성과 성교가 불가능하다는 사실을 실제로는 모르는 것이다. 성적으로 유혹하는 듯한 벌거벗은 여성 이미지를 볼 때 남성의 뇌는 그 여성이 가공된 이미지에 불과하며 앞으로도 만날 일이 없고 성교를 할 가능성은 더욱 낮다는 사실을 진정한 의미에서는 이해하지 못하는 것이다. 그런 이미지는 조상들이 살았던 환경에 존재하지 않았기 때문이다. 인류가 진화하는 역사를 통해 남자 조상들이 목격할 수 있었던 성적으로 유혹하는 듯한 벌거벗은 여성은 현실에 존재하는 진짜 성적 파트너뿐이었다.

따라서 남성의 뇌는 포르노에 등장하는 여성을 보고도 진짜 여성과의 만남이라고 착각한다. 그렇지 않으면 남성이 포르노 사진이나 비디오를 보고 발기할 리 없다. 발기의 생물학적 기능은 오직 한 가지, 여성과의 성교를 가능하게 하는 것이다. 포르노에 등장하는 발가벗은 여성과 성교가 불가능하다는 사실을 남성의 뇌가 진짜 이해하고 있다면 포르노를 보고 발기하는 일은 절대 없을 것이다.

스트립쇼 극장이나 핍쇼 사업장 역시 같은 설명을 할 수 있다. 이러한 장소에서는 사진이나 전자 영상이 아니라 실제 살아 있는 여성이 등장하지만 조상들의 환경에는 그런 여성들은 존재하지 않았다. 즉 돈을 받고 남자들 앞에서 발가벗은 채 춤을 추거나 성적으로 흥분한 척하면서도, 실제로 성교를 할 생각은 전혀 없는 여성은 존재하지 않았던 것이다. 그런 까닭에 남성의 뇌는 스트리퍼나 누드 댄서를 실제로는 이해하지 못한다. 눈앞에서 춤을 추는 발가벗은 여성과 진짜로 성교할 수 없다는 것은 의식상으로는 알고 있어도 스트립쇼 극장이나 핍쇼 사업장에 가면 역시 발기하고 마는 것이다.

이런 남성들의 뇌의 성질은 현실 생활에서도 여러 문제를 일으킨다. 한 실험에서 '플레이보이'지에 실린 전면 누드 사진을 남성에게 보여주자 자신의 애인에게 예전만큼 육체적 매력을 느끼지 못하게 되고 애정도 예전만큼 표현하지 않게 되었다고 한다.[14] '플레이보이'에 나오는 여성의 누드 사진을 보면 애인에 대한 애정이 저하되는 것은 무엇 때문일까? 어쩌면 남성의 뇌는 자신이 현재의 애인이 아니라 '플레이보이'의 여성 모델과 사귀고 있는 듯한 기분인 것은 아닐까? '플레이보이'의 모델과 비교하면 대개의 여성은 성적 매력이 떨어질 것이다.

그렇지만 이런 착각은 남성의 뇌만 하는 것이 아니다. 사바나 원칙은 여성에게도 적용된다. 여성의 뇌도 남성과 마찬가지로 진화에 의한 제약과 한계를 안고 있다. 그리고 남성이 많은 양의 포르노를 소비하는 것과는 반대로 여성은 거의 포르노를 소비하지 않는다(단, 여성도 남성과 비슷한 정도로 성적 공상을 즐김).[15]

여성이 다양한 성적 만남을 구하지 않는 것은 많은 파트너와 성교해도 번식의 성공도가 높아지지 않기 때문이다. 평생을 통틀어 낳을 수 있는 아이의 수는 한계가 있기 때문에 부적절한 파트너와 성교할 때의 부담은 남성보다 여성 쪽이 훨씬 높다. 그러므로 잘 모르는 상대와의 섹스는 여성 쪽이 훨씬 더 신중하며[16] 교제를 시작한 뒤부터 성교에 동의하기까지의 기간도 남성보다 훨씬 길다.[17]

따라서 여성이 잘 알지 못하는 상대와 우연한 성교를 피하는 것은 진화의 관점에서 보면 지극히 당연한 일이다. 포르노에서 흔히 보는 성적으로 흥분한 다수의 벌거벗은 남자들과 진짜로 성교를 하는 것도 아니고 당연히 임신할 가능성도 없다는 사실을 여성의 뇌는 잘 이해하지 못하는 것이다. 포르노에 등장하는 여성과 성교할 수 없다는 것을 남성의 뇌가 이해하지 못하는 것처럼 포르노를 보아도 임신될 일이 없다는 것을 여성의 뇌는 이해하지 못하는 것이다.

이렇게 남성이 포르노를 소비하는 것과 같은 이유로 여성은 포르노를 피한다. 어느 쪽이든 뇌는 살아 있는 성적 파트너와 이미지뿐인 성적 파트너를 잘 구별하지 못한다. 우리 조상의 환경에 후자는 존재하지 않았기 때문이다.

또 인간의 뇌는 (남녀 모두) 성교라는 것은 반드시 번식에 필요한 것이라고 믿고 있다. 그렇기 때문에 피임을 한 상태에서도 성교를 하면 쾌감을 느끼고 더 하고 싶다는 생각이 드는 것이다. 조상들이 살았던 환경에 적응하도록 설계된 인간의 뇌에는 조상들의 환경에는 없었던 현대적인 피임법을 이해하지 못한다. 만약 이해한다면 피임 상태에서 하는 성교는 육체적 쾌감을 느끼지 못할 것이다. 조상들의 환경에 존재했던 피임법이라고 하면 금욕밖에 없었다. 성교를 하지 않는 것만이 뇌가 이해할 수 있는 피임법인 것이다. 그러므로 남성도 여성도 금욕하는 일(성교를 하지 않는 일)에는 쾌감을 느끼지 못하지만 피임약을 복용한 여성과의 성교에는 쾌감을 느끼는 것이다. 양쪽 모두 번식상의 결과는 마찬가지지만.

한 번뿐인 '죄수의 딜레마' 게임에서 협력을 선택하는 이유

그런데 갑작스럽지만 '죄수의 딜레마' 게임이란 것을 알고 있는가? 게임을 하는 것은 두 명. 서로 상대방이 어떤 결정을 내릴 것인지 모르는 채 동시에 결정을 내린다. 양쪽 모두 상대방과 '협력'을 선택할 수도 있고 '배반'을 선택할 수도 있다. 협력을 고르면 상대방이 이득을 보고 배반을 고르면 상대방은 손해를 본다. '죄수의 딜레마'라는 게임의 특수한 보상 규칙을 생각하면 게임이 한 번뿐인 경우(무한하게 반복되는 것이 아닌 이상) 상대를 배반하는 것이 항상 합리적이다. 상대방의 행동에 관계없이 협력하는 것보다 배반하는 쪽이 이득이 되는 구조이기 때문이다.

딱 한 번뿐인 게임이라면 상대방을 배반해도 복수당할 위험이 없다. 그렇지만 게임을 무한 반복해야 하다면 상대방과 협력하는 쪽이 합리적이다. 상대방을 배반하면 이후 라운드에서 복수를 당할 수도 있기 때문이다.

'죄수의 딜레마' 게임의 전형적인 실험 조건에서는 게임을 하는 두 사람은 컴퓨터로 서로 통신하며 직접적으로 얼굴을 마주하지도 않는다. 두 사람의 플레이어는 실험 전에 면식이 없고 실험 후에도 만날 가능성이 없도록 연구자가 조치한다. 그러므로 두 사람은 일면식도 없는 완전한 타인인 셈이다. 이런 실험 조건에서는 상대를 배반하고 자신은 이득을 취하는 것이 항상 합리적이다. 배반해도 아무런 불이익을 당하지 않기 때문이다.

그러나 과거 반세기 동안 이루어진 다수의 실험에서는 한 번뿐인 '죄수의 딜레마' 게임에서 약 절반의 플레이어가 이론적으로는 모순된 결정, 즉 협력을 선택했다.[18] 이는 게임 이론의 세계에서 50년 이상이나 풀리지 않는 수수께끼다. 이런 까닭이 아닐까 하는 가설은 몇 가지 나왔지만 사실 한 번뿐인 '죄수의 딜레마' 게임에서 우아한 수식 모델의 예측과는 달리 절반이나 되는 사람이 '협력'이라고 하는 비합리적인 결정을 하는 이유는 아직 모른다. 미시경제학에서는 인간은 모두 합리적인 행동을 할 거라 생각하지만 이런 실험의 결과를 보면 절반의 인간은 합리적으로 행동을 하지 않는 듯하다. 그리고 미시경제학에서는 그 이유를 설명하지 못한다.

그렇지만 사바나 원칙이라는 관점에서는 이런 설명이 가능하다. 딱 한 번뿐인 '죄수의 딜레마' 게임에서 반드시 상대방을 배반할 거라고 예측하기 위해서는 이론상 두 가지 조건이 필요하다. 그것은 '완전한 익명성'과 '비반복성'이지만 양쪽 모두 우리 조상들의 환경에는 존재하지 않았다. 조상들의 환경에서는 컴퓨터를 매개로 한 대화 등은 불가능했기 때문에 익명의 거래라는 것도 존재하지 않았다. 우리 조상들의 환경에서 거래나 대화는 직접 얼굴을 마주하고 하는 것이었다. 그리고 한 번뿐인 관계라는 것도 거의 없었을 것이다. 우리의 조상들은 150명 정도의 근친자로 이루어진 작은 집단에서 평생을 보냈기 때문이다. 그런 집단에서는 모두가 서로의 친족이었거나 친구 혹은 동료였다.[19]

그런 까닭에 사바나 원칙에 따르면 인간의 뇌는 딱 한 번뿐인 게임과 완전한 익명의 거래라고 하는 것을 이해하지 못한다. 그런 것들은 조상들의 환경에는 없었기 때문이다. 따라서 사람에 따라서는 모르는 상대방과의 한 번뿐인 게임이라고 해도 직접 얼굴을 맞대고 반복되는 게임이라 착각하고(조상들의 환경에는 그것밖에 없었으므로) '협력'을 선택한 것이다. 면식이 있는 상대방과 반복해서 게임을 하는 경우는 협력하는 쪽이 합리적이기 때문이다.

이렇게 생각하면 딱 한 번뿐인 '죄수의 딜레마' 게임에서 왜 절반이나 되는 사람들이 협력이라는 비합리적인 선택을 하는지 이해할 수 있다. 또한 제4장에서 소개할 다른 이론('사바나-IQ 상호 작용설')을 사용하면 그런 상황에서 협력을 선택하는 절반의 사람들이 대체 어떤 사람인지도 설명 가능할 것이다.

왜 인간은 '따돌림'을 힘들어하는가?

그야말로 독창적인 실험이 근래 두 명의 사회심리학자에 의해 이루어졌다. 이 역시 사바나 원칙의 구체적인 사례라 할 수 있다.[20]

인간은 극도로 사회적인 생물이며 서로 의지하고 의존함으로써 살아남았다. 그런 까닭에 옛날부터 계속 사회 집단 속에서 살아왔다. 이처럼 집단 내의 다른 사람에게 많이 의존한 탓에 '따돌림'을 당하는 일(그 사회 집단으로부터 배제되어 성원으로서의 이익을 향유할 수 없게 되는 것)은 인간의 진화라는 역사를 통틀어 항상 괴로운 일이었다. 그 집단에 있을 수 있느냐 없느냐에 따라 생존 그 자체가 크게 좌우되기 때문이었다.

그 때문에 인간이 집단에 소속되기를 원하고 따돌림을 두려워하는 심리적 경향을 발달시켜 왔다고 해도 놀라운 일이 아니다. fMRI(기능적 자기공명영상)로 뇌를 조사한 연구에서는 따돌림(혹은 배척)을 당했을 때 반응하는 뇌의 영역은 육체적인 고통을 느꼈을 때 반응하는 영역과 동일했다.[21] 즉 인간은 따돌림을 당하면 육체적인 고통처럼 느끼는 것이다.

우리 조상들이 살았던 아프리카 사바나에서 집단으로부터 배척되면 살아남기가 얼마나 어려웠을지 따돌림이 얼마나 괴로운 체험이었을지를 상상해 보자. 육체적인 고통을 느낀다고 해도 진화의 관점에서는 딱히 이상할 것이 없다. 물론 조상 중에는 따돌림을 당하더라도 통증을 느끼지 않는 사람도 있었겠지만 그런 사람은 오래 살지도 못하고 아이도 그다지 남기지 못했을 것이다.

그렇지만 만약 따돌림을 당해도 전혀 곤란할 것이 없는 상황이라면? 동료가 되는 것이 불리하고 따돌림을 당하는 것이 유리하다고 하면? 그렇다면 모두가 자발적으로 따돌림을 당하려 할 것이고 같은 동료가 되는 것을 싫어하게 될까? 바로 이 문제에 대해 일리야 판 비스트(Ilja van Beest)와 키플링 윌리엄스(Kipling D. Williams)는 앞에서 언급한 독창적인 실험을 하였고 「집단에 포함되는 것이 손해이고 배척당하는 것이 유리하더라도 배척당하는 일은 여전히 마음 상하는 일이다(When Inclusion Costs and Ostracism Pays, Ostracism Still Hurts)」라는 제목의 논문을 2006년 미국심리학회 기관지인 '성격 및 사회 심리학지(Journal of Personality and Social Psychology)'에 발표했다.

판 베스트와 윌리엄스는 이 실험에서 복수의 플레이어가 참가하는 조금 변형된 컴퓨터 게임 '사이버볼(Cyberball)'을 이용

그림 2-1. 사이버볼

했다. 사이버볼에 참여하는 각 플레이어는 다른 두 사람의 플레이어와 함께 플레이한다. 각 플레이어는 컴퓨터 화면을 통해 다른 두 명의 플레이어를 볼 수 있지만 모두 다른 장소에 있다. 즉, 각 플레이어는 각각의 방에 혼자 있는 것이다.

게임 자체는 그야말로 간단했다. 3명의 플레이어는 컴퓨터 화면을 통해 서로 공을 던지고 받는다. 공을 받은 사람은 다른 두 명의 플레이어 중 한 사람에게 공을 던지고 그 공을 받은 플레이어는 다시 다른 두 사람 중 한 사람에게 공을 던지는 식이었다. 물론 두 사람 중 누구에게 공을 던질지는 각 플레이어의 자유다.

그림 2-1은 사이버볼 게임의 실제 화면이다(윌리엄스 씨의 호의로 게재). 당신이 이 게임의 플레이어가 된다면 화면 가장 아래쪽에 보이는 왼쪽 손이 당신이고 당신 앞에는 다른 플레이어

두 명의 모습이 보인다. 이 화면에서는 다른 한 명의 플레이어(왼쪽)가 또 다른 플레이어(오른쪽)에게 공을 던지고 있다. 즉 당신은 이번에 공을 던지고 받는 일에 끼지 못했다. 왼쪽 플레이어는 당신이 아니라 다른 플레이어를 선택한 것이다.

하지만 사실은 실험에 참가한 사람에게는 비밀로 했지만 화면에 비친 다른 두 명의 플레이어는 연구자가 만든 컴퓨터 프로그램에 의한 영상으로 이 가공의 인물들은 특정 행동을 취하도록 입력되어 있었다. 그럼 이 실험의 조건을 설명하겠다.

이 실험은 '집단에 포함되는 경우×집단에서 배척되는 경우'라는 조건에 '돈을 버는 경우×돈을 잃는 경우'라는 조건이 더해져 모두 네 가지 조건의 조합으로 이루어진다. 어떤 게임에서는 인간 플레이어도 집단에 포함되어 공평하게 공을 던지고 받을 수 있다. 이것이 '집단에 포함되는 경우'이다. 하지만 또 어떤 게임에서는 두세 번 공을 주고받은 후 인간 플레이어는 완전히 게임에서 배제되어 공을 받지 못했다. 다른 두 명의 플레이어가 볼을 주고받는 것을 잠자코 지켜볼 수밖에 없었는데 이는 다른 두 사람(컴퓨터 프로그램)이 인간 플레이어를 완전히 무시하고 배척했기 때문이었다. 이것이 '집단에서 배척되는 경우'이다.

또 게임에 따라서는 집단에 포함되든 배척되든 인간 플레이어는 공을 한 번 만질 때마다 50센트를 획득할 수 있었는데 이 것이 '돈을 버는 경우'였다(집단에 포함되면 버는 돈이 불어남). 한편 또 다른 게임에서는 집단에 포함되든 안 되든 인간 플레이어가 공을 만질 때마다 50센트씩 돈을 잃었는데 이것이 '돈을 잃는 경우'였다(집단에서 배척되는 편이 돈을 잃지 않아 이득임).

두 사람의 실험은 이들 요인이 서로 완전히 독립하도록 설계되었다. 이에 따라 실험 참가자 중에는 집단에 포함되어 돈을 버는 사람이 있었는가 하면 집단에서 배척당했지만 돈을 버는 사람도 있었다. 또한 집단에 포함되어 돈을 잃는 경우도 있었고 집단에서 배척되어 돈을 잃는 사람도 있었다. 이렇게 게임을 진행시켰고 종료된 뒤 참가자의 만족도와 기분을 측정했다.

그 결과, 집단에 포함되면 돈을 버는 조건에서 공 주고받기를 같이하지 못한 플레이어는 따돌림에 마음이 상했다. 물론 이는 당연한 일일 것이다. 게임에 포함되었다면 더 많은 돈을 벌 수 있을 텐데 그렇게 되지 않았기 때문이다. 오히려 놀라운 것은 집단에서 배척되면 돈을 버는 조건에서도 인간 플레이어들은 따돌림을 당하자 마음에 상처를 입은 일이었다. 이 사람들은 게임에서 배척됨으로써 더 많은 돈을 벌게 되었지만 그럼에도 다른 플레이어들로부터 배척을 당한 사실을 괴롭게 느낀 것이다. 왜 이런 일이 생기는 것일까? 합리적으로 생각하면 분명 이득인데도 왜 마음이 아픈 것일까?

사바나 원칙을 적용시키면 하나의 해답이 떠오른다. 인간이 진화하는 과정에서 집단에서 배척당하는 것은 항상 괴로운 일이었고 집단에 포함되는 것은 항상 즐거운 일이었던 것이다. 이 둘은 항상 하나의 세트처럼 같이 붙어 다녔다.

그도 그럴 것이 조상들이 살던 환경에서는 심술궂은 실험심리학자 따위 없었으며 누구도 그런 변수를 도입해서 조작하려고는 생각지 않았다. 집단에서 배척되어 이익을 보거나 집단에 들어가는 일이 손해가 되는 상황은 없었다. 이 실험처럼 '집단에서 배척되어 돈을 버는 경우'는 우리 조상들의 환경에는 절대 없었다고 해도 과언이 아니다. 그러므로 인간의 뇌는 그런 상황을 이해하지 못한다. 따돌림을 당하는 것은 괴로운 체험이라고 인간의 뇌는 무의식적으로 생각하는 것이다. 앞에서 이야기한 TV의 예와 마찬가지다. 진짜와 똑같은 인간의 이미지를 자주 접하면(그리고 상대방에게 적의가 없고 이쪽에 위해를 가하지 않을 것을 안다면) 친근감을 느끼고 진짜 친구라고 착각하고 마는 것이다.

미시경제학을 비롯해 인간의 행동과 관련된 제 이론에서는 인간의 행동은 합리적이고 손해인지 이익인지 신중한 분석을 토대로 한다고 가정한다. 그러나 그래서는 판 비스트와 윌리엄스의 놀라운 발견—인간이 돈을 잃고도 기뻐하거나 돈을 얻고도 슬퍼하는 일—을 설명할 수 없다. 사바나 원칙이라는 관점을 가지지 않고서는 집단에서 배척된 인간이 돈을 벌고서도 슬퍼하는 이유를 설명할 수 없는 것이다.

인간의 행동을 설명하는 데 있어 진화심리학이 미시경제학 및 다른 이론보다 뛰어난 이유가 여기에 있다. 진화심리학이 유효한 것은 남녀의 성차 문제에 한정되어 있지 않은 것이다.[22]

사바나 원칙으로 대표되는 진화심리학의 가장 핵심적인 통찰은 인간의 뇌가 아직 우리 조상들의 환경(주로 160만 년 전부터 1만 년 전까지의 플라이스토세), 즉 아프리카 사바나에 있는 줄 알고 주변 환경에 반응한다는 것이다. 당신은 현재가 21세기라는 사실을 의식상으로는 알고 있을 것이다. 뉴욕의 증권 중개인일 수도 있고 시애틀의 화가일 수도 있고 샌프란시스코의 주부일 수도 있고 캔자스의 학생일 수도 있다.

하지만 당신의 뇌는 모르고 있다. 당신의 뇌는 아직도 1만 년도 더 지난 아프리카 사바나에서 수렵 채집 생활을 하고 있다고 착각하고 있다. 그곳에는 TV도 없고 심리학 실험도 그 외 현재 우리 주위에 있는 물건 대부분이 존재하지 않았다. 잠깐 상상해보길 바란다. 진화심리학의 이 중요한 지견이 현대 우리들의 생활에 얼마나 크고 폭넓게 영향을 주는지를.

제3장

지능이란
무엇인가?

지능(더 정확하게는 일반 지능)이란 연역적 혹은 귀납적으로 추리하고 추상적으로 생각하고 유사를 사용하고 정도를 통합하여 새로운 영역에 응용하는 능력을 가리킨다.[1] 과학의 세계에 존재하는 개념 중에 지능만큼 심하게 오해받고 편견으로 고민해온 것도 아마 없을 것이다. 그런 오해의 배후에는 지능과 인간의 가치를 동일시하는 정치적 동기가 있었음은 '머리말'에서 언급한 바 있다. 일반 지능이 어떻게 진화했고 어떤 역할을 하는지를 이야기하기 전에 그런 지능과 관련된 세간의 오해를 풀고 싶다.[2]

오해 1 : IQ 테스트에는 문화적 편견이 존재한다

지능을 둘러싼 오해 중 가장 악명이 높은 것은 지능을 측정하는 IQ 테스트에는 특정 인종이나 민족 집단 또는 사회 계층에 대한 문화적 편견이 있다는 것일 것이다. 사실 이런 오해가 발생하게 된 것은 표준적인 IQ 테스트에서 인종이나 민족 집단에 따라 평균값에 차이가 있다고 하는 사실이 여러 번 확인되었기 때문이다.

'머리말'에서도 이야기했지만 이 세상 사회학자들과 일반 사람들은 모두(특별히 논리적, 실증적 근거도 없이) 다음과 같은 생각에 사로잡혀 있다. 인간은 모두 평등하고 가치가 있는 존재이므로 누구나(인종이나 민족의 차이에 상관없이) 같은 지능을 가지고 있을 것이다. 그러니 혹시라도 다른 집단보다 일관되게 점수가 낮은 집단이 존재한다면 IQ 테스트는 그런 낮은 점수 집단에 대해서 애초부터 문화적 편견이 있는 것이며, 그런 집단에게 불리하게 구성되어 있는 것이 틀림없다, 라고 하는 식이다.

하지만 IQ 테스트에 문화적 편견이 있다고 하는 주장은 애당초 모든 집단의 지능이 같으리라는 억측에 근거한 것이다.

이 억측 또한 기원을 거슬러 올라가면 지능이 인간의 가치를 측정하는 궁극의 척도일 것이란 억측에 근거하고 있다. 근거도 없는 데다 마치 종교적 신념 같은 이러한 추측이 잘못된 것임을 증명하면 그러한 주장은 성립되지 않을 것이다.

여기서 잠깐 혈압계에 대해 생각해 보자. 혈압계란 의사와 간호사가 혈압을 측정하는 데 사용하는 도구로 압박대와 본체의 수은 혈압계로 이루어진다. 공평하고 정확하게 혈압을 측정할 수 있는 도구라 할 수 있다(단, 이번 장에서 추가 설명하겠지만 그 정확도는 완벽과는 거리가 있음). 또 당연히 혈압계가 특정 인종이나 민족 집단에 대해 문화적 편견으로 가득하다는 말을 하는 사람은 없다.

그렇지만 혈압의 수치에 인종별로 차이가 있는 것은 분명하다. 흑인은 평균적으로 백인보다 혈압이 높은 것이다.[3] 그렇다는 말은 혈압계에는 흑인에 대한 문화적 편견이 있으며 흑인에 불리하게(아니 유리하게?) 만들어진 것인가? 혈압도 인종 차별이 있는 것인가? 당연히 아니다. 흑인은 평균적으로 백인보다 혈압이 높다. 그저 그것뿐인 것이다.

이어서 체중계에 대해서 생각해 보자. 체중계 역시 공평하고 정확하게(완벽하지는 않지만) 체중을 측정할 수 있는 도구다. 체중계에 특정 집단에 대한 문화적 편견이 있다고 말하는 사람은 없다. 그렇지만 어떤 체중계라도 여성은 평균적으로 남자보다 수치가 낮으며 아시아계는 평균적으로 백인보다 수치가 낮다. 그렇다면 체중계에 여성 및 아시아계 사람에 대한 문화적 편견이 있는 것일까? 물론 아니다. 여성 쪽이 일반적으로 남성보다 체중이 가볍고 아시아계 사람들이 백인보다 체중이 가볍다는 것을 의미할 뿐이다.

혈압이 인종 차별적인 개념이라느니 혈압계에 문화적 편견이 있느니 하는 말을 하는 사람은 없다. 아무도 혈압(의 높고 낮음)과 인간의 가치를 연결하려 하지 않기 때문이다. 그러므로 인종에 따라 혈압의 수치가 다르다는 것을 인정해도 아무도 항의하거나 하지 않는다. 체중과 체중계에도 완벽하게 똑같은 말을 할 수 있다. 그런데 왜 IQ 테스트만큼은 인종이나 성별에 의한 차이가 편견의 증거가 되는 것일까?

현시점에서 가장 정확한 IQ 테스트를 하나 들자면 '레이븐 누진행렬 검사(Raven's Progressive Matrices)'일 것이다. 지능연구자들은 모두 일반 지능을 측정할 때는 이 검사법이 베스트라고 생각한다. 이 테스트의 점수는 다른 어떤 지능 테스트보다 근원적인 차원인 '일반 지능'과의 상관이 강하기 때문이다[전문용어를 사용하자면 레이븐 누진행렬 검사는 g인자(일반 지능)의 부하량이 크다].

이 테스트에는 세 가지 버전이 존재한다. 우선 표준형 버전 (레이븐 표준형 누진행렬 검사). 다음은 대학생 등 지능이 높은 사람들을 위한 발전형 버전(레이븐 발전형 누진행렬 검사)으로 이는 IQ 분포에서 IQ가 높은 사람들을 보다 정확하게 판정하기 위해 설계된 것이다. 마지막으로 어린아이들을 위한 컬러 버전 (레이븐 색채 누진행렬 검사)가 있다.

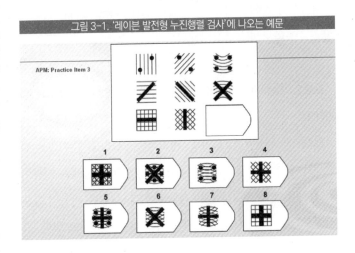

그림 3-1. '레이븐 발전형 누진행렬 검사'에 나오는 예문

그림 3-1은 '레이븐 발전형 누진행렬 검사'의 문제다. 검사에는 하나의 지문만 딸려 있다. "진행되는 행렬에서 빈칸에 적합한 형태를 고르시오." 여덟 개의 보기 중 빈칸에 들어가는 것은 어떤 것일까?

레이븐 누진행렬 검사는 모든 버전이 이와 비슷한 문제로 구성된다. 이 문제를 비롯해 이 검사의 문제를 보고 어디가 어떤 식으로 특정 집단에 대해 문화적 편견이 있는지 정확하게 설명할 수 있는 사람이 있을까? 이들 문제는 순수하게 논리적 사고력을 측정하기 위한 것이다. 이 테스트의 어딘가에 편견이 있다고 하면 그것은 논리적 사고가 불가능한 사람을 향한 것이다.

어쨌거나 앞에서 예로 든 문제의 정답을 궁금해하는 사람이 있을 수도 있겠다.(정답은 7번)

오해 2 : 지능이란 무엇인가, 그것은 누구도 알 수 없다. 지능과 IQ는 별개이므로

오해 1과 관련이 있으며 또 흔히 하는 오해 중에는 IQ는 일반 지능의 척도가 되지 않는다는 것이다. 이 세상에는 지능이라고 하는 것의 존재를 믿는 사람도 있다. 그들은 지능이 높은 사람도 있고 낮은 사람도 있다는 사실을 잘 이해하고 있다. 그러나 그런 사람들도 IQ 테스트로 개인의 지능을 정확하게 측정할 수 있다고는 생각하지 않는다. IQ 테스트는 일반적으로 집단에 따라 평균치에 차이가 나는데 그것이 이상하다는 것이다. 지능에 개인차가 있는 것은 이해하지만 집단에 따라 지능이 높거나 낮을 리 없으며 있어서도 안 된다는 것이다.

그와는 반대로 지능연구자들은 모두 지능이란 IQ 테스트의 측정 결과 그 자체라고 생각한다.[4] 체중이란 체중계의 측정 결과에 지나지 않는 것과 마찬가지인 것이다. 지능이라고 하는 것은 분명히 존재하며 지능이 높은 사람이 있는가 하면 낮은 사람도 있다고 말하면서도 IQ 테스트로는 지능을 정확히 측정할 수 없다고 말하는 것은 모순이다. 이야기를 체중으로 바꿔 생각해 보자. 그러면 "체중이라는 것은 분명히 존재하며 체중이 무거운 사람이 있는가 하면 가벼운 사람도 있지만 체중계로는 체중을 정확히 측정할 수 없다."가 되는 셈이지만 이래서는 말이 되지 않는다.

앞에서 이야기한 것처럼 '레이븐 누진행렬 검사'는 현시점에서 가장 뛰어난 IQ 검사법이다. 그렇지만 사실은 레이븐보다 더 정확하게 일반 지능을 측정하는 방법도 있다. 그것은 다양한 지능 테스트를 모두 해 보는 것이다. 일반 지능의 수준을 측정하는 가장 좋은 방법은 다수의 지능 테스트—언어, 언어 이해, 계산, 숫자 따라 외우기(주어진 일련의 숫자를 순서대로 반복하는 능력. 역순으로 반복하는 경우도 있음), 시공간 능력(3차원 물체를 공간 내에서 회전시키면 어떤 형태가 될지 상상하는 능력) 등—을 조합해서 행하는 것이다.

'머리말'에 쓴 것처럼 NCDS에서 지능을 측정하는 방법이 바로 이 방식이다. 그런 까닭에 NCDS는 모든 대규모 국가 규모 조사 중에서도 일반 지능의 지표로서 가장 좋은 것이다.

어떤 피험자라 할지라도 이런 지능 테스트 성적은 모두 강한 플러스적인 상관 관계를 가진다. 즉, 언어 이해 성적이 좋은 사람은 일반적으로 계산도 잘하고 3차원 물체를 다른 각도에서 시각화하는 능력이나 주어진 일련의 숫자를 역순으로 반복하는 능력도 뛰어나다. 간단히 말해 숫자 감각이 뛰어난 사람은 언어 감각도 뛰어난 것이다.

예를 들어 1904년 발표된 찰스 스피어먼(Charles Spearman)의 고전적 논문에서는 학생들의 수학 성적이 다른 과목의 성적과 깊은 관련이 있다는 사실을 보여주었다(고전/r=0.87, 프랑스어/r=0.83, 영어/r=0.78, 소리의 변별/r=0.66, 음악/r=0.64. r은 통계학에서 '상관계수'라고 하여 두 변수 사이의 관련도를 나타낸다. r이 −1이라면 두 변수에는 완전한 마이너스적인 관계가 있다. 0이라면 두 변수는 아무 관계도 없다. +1이라면 완전한 플러스적인 관계가 있다. 보는 바와 같이 스피어먼이 보고한 사례는 모두 극히 높은 플러스적인 상관 관계가 있음). 또 학생들의 음악 성적은 앞에서 본 것처럼 수학 능력과 깊은 상관 관계가 있는데 놀랍게도 소리의 변별과의 상관 관계(r=0.40)보다 높은 수치였다.

NCDS의 데이터에서는 16세 시점에서의 언어 이해력과 수학적 이해력의 상관 관계가 0.654였으며 마찬가지로 무척이나 높은 수치였다. 나중에 다시 이야기하겠지만 진짜 혈압과 혈압계로 측정한 혈압과의 상관 관계가 0.50이라고 하면 언어 이해력 테스트를 이용해 수학적 능력을 측정하거나 수학 성적으로 음악 성적을 측정하는 쪽이 혈압계를 사용해 혈압을 측정하는 것보다 정확하다는 말이 된다. 다양한 지능의 척도들이 얼마나 상관 관계가 높은지는 이것으로 알 수 있을 것이다.

하지만 주의해야 할 점도 있다. NCDS에서는 분명 언어 이해력과 수학적 이해력의 상관 관계가 높다(r=0.654). 하지만 한쪽의 점수를 가지고 다른 쪽의 점수 '변이량'이 어떻게 될지를 얼마나 잘 설명할 수 있는가를 따지자면 절반도 설명이 되지 않는다. 통계 분석에 있어 특정 변수의 변이량을 다른 변수로 얼마나 설명할 수 있을지를 조사하기 위해서는 서로의 상관계수를 제곱하면 된다. 이 사례에서는 언어 이해력 테스트 점수에 의한 수학적 이해력 테스트 점수의 변이량은 43%로(0.654의 제곱=0.428)로 설명할 수 있다(반대도 마찬가지). 즉 수학적 이해력 테스트 점수의 변이량 중 절반이나 언어 이해력 테스트 점수로 설명할 수 있는 것이다.

그리하여 심리측정가(지능을 정확하게 측정하는 일과 이를 위한 검사법을 개발하는 사람)들이 이어서 행하는 것은 각종 지능 테스트에서 얻은 각각의 점수에 대해 '인자 분석'이라고 하는 통계 수법을 사용하는 일이다.

인자 분석으로 모든 지능 테스트와 테스트 사이의 상관 관계를 분석한다. 그리고 모든 지능 테스트 점수에서 공통되는 잠재적인 지능을 구한다. 이 잠재적인 지능이야말로 일반 지능이라 흔히 불린다. 또 각각의 지능 테스트에서 발생하는 우연한 측정 오차를 제거한다. 이렇게 하여 순수한 일반 지능을 측정할 수 있는 것이다.

이렇게 얻어진 IQ 테스트 점수는 순수한 지능의 지표가 되며[5] 다양한 장면과 상황에서 추리를 하는 능력을 뜻하는 것이다. 예를 들면 계산과 같은 숫자를 다루는 능력이라든지 독해와 같은 언어 이해력, 입체 공간에서의 회전 시각화 능력 등이 있겠다.

믿고 안 믿고는 자유지만 이런 능력에는 공통되는 부분이 있으며 그것을 일반 지능이라 부르는 것이다. 그러므로 지능이란 다름 아닌 IQ 테스트의 측정 결과이다. 지능이라는 것이 분명히 존재하기 때문에 각종 테스트에서 수치가 얻어지는 것이다.

오해 3 : IQ 테스트는 신뢰할 수 없다

지능을 둘러싼 다른 오해와는 달리 이 오해는 일부 들어맞는

부분이 있다. 그렇다, IQ 테스트를 완전히는 신뢰할 수 없다. IQ 테스트에는 측정 오차가 항상 따라붙는다. 때문에 심리측정가들은 인자 분석을 하여 우연한 오차를 제거하는 것이다. 확실히 IQ 테스트를 완전히는 신뢰할 수 없지만 그런 식으로 따지다 보면 과학적인 측정 등은 아무것도 할 수 없게 된다.

같은 사람이 다른 날(같은 날이라도 상관없지만) 다른 IQ 테스트를 받는다면 테스트마다 점수는 조금씩 변할 것이다(아주 조금이겠지만). IQ 검사는 그런 의미에서 인간의 지능을 완벽하게 측정하지 못한다. 그렇지만 체중계 역시 올라갔다 내려갔다를 반복하면 그때마다 수치가 조금씩 달라질 것이다. 신장이나 신발 사이즈, 시력을 측정할 때 역시 마찬가지다. 인간 특징의 대부분은 완벽한 정확도로 측정하기가 불가능하다.

이와 마찬가지로 지능의 측정도 다른 인간의 특징을 측정하는 것과 조금도 다르지 않다. 하지만 체중을 측정하는 일을 완벽하게 신뢰할 수 없다고 해서 체중이 존재하지 않는다거나 체중이란 문화적으로 구축된 개념이라고 말하는 사람은 없다.

하지만 최근의 심리 측정 연구의 성과를 모르는 사람들은 바로 이런 식의 편견을 지능에 대해 가지고 있다. 지능이라는 것은 신장이나 체중과 마찬가지로 실재하는 것이며 그 측정 결과도 신장이나 체중과 마찬가지로 신뢰 가능한(혹은 신뢰 불가능한) 것이다.

위대한 지능연구자인 아서 R. 젠슨(Arthur R. Jensen)은 의사의 진찰실에서 신장이나 체중을 재는 것보다 IQ 테스트 쪽이 더 신뢰할 수 있다고 했다.[6] 젠슨에 따르면 IQ 테스트의 신뢰도는 0.90~0.99(우연한 측정 오차가 1~10%라는 의미)이지만 혈압이나 혈중 콜레스테롤 측정, 흉부 X선 검사에 의한 진단의 신뢰도는 일반적으로 0.50 정도라는 것이다.

여기서 '신뢰도'라는 것은 반복 측정된 결과 간의 상관계수이다. 측정 도구가 공평하다면 (IQ 테스트는 일반 지능의 척도로 혈압계는 혈압의 척도로 각각 공평하다면) 신뢰도는 진짜 수치와 측정 수치와의 상관계수라 간주할 수 있다.

예를 들어 혈압의 척도인 혈압계의 신뢰도에 대해 말하자면 신뢰도=0.50이란 개인의 진짜 혈압과 혈압계로 측정한 수치와의 상관도가 0.50밖에 되지 않는다는 뜻이다. 한편 일반 지능의 척도인 IQ 테스트의 신뢰도는 0.90~0.99이므로 개인의 일반 지능과 그 IQ 테스트 점수의 상관 관계는 0.90~0.99가 된다. 즉 지능을 측정하는 쪽이 혈압을 측정하는 것보다 두 배 가까이나 정확하다는 뜻이다.

그럼에도 불구하고 혈압 같은 것은 존재하지 않는다고 말하거나 혈압이란 문화적으로 구축된 개념이라고 주장하는 사람이 있으면 꼭 한번 만나보고 싶다.

오해 4 : 지능을 결정하는 것은 유전자가 아니다, 오직 환경(교육 및 사회화)뿐이다

이 역시 지능과 관련되어 흔히 볼 수 있는 오해이다. 확실히 지능이라는 것은 100% 유전자만으로 결정되는 것은 아니다. 그렇지만 지능에 대한 유전자의 영향은 무척이나 크다.

'유전율'이라는 것은 인간의 형질에 대하여 유전자가 미치는 영향의 정도를 말한다.[7] 유전율이 1.0이라면 그 형질은 100% 유전으로 결정되며 환경은 아무런 관계도 없다. 제1장에서 말한 것처럼 헌팅턴병 같은 일부 유전성 질환은 유전율이 1.0으로 100% 유전자만으로 발병 유무가 결정된다. 질병 유전자를 가진 사람은 어떤 식으로 생활하더라도 또 어떤 환경에 있더라도 반드시 그 질병이 발생한다. 타고나는 눈의 색깔이나 머리카락의 색깔도 유전율 1.0의 예라 할 수 있다. 혈액형도 마찬가지. 그렇지만 그런 소수의 예외를 제외하면 인간의 형질 중 유전율이 1.0인 것은 거의 존재하지 않는다.

반대로 유전율 0이라는 것은 특정 형질에 대해 유전자는 전혀 영향을 끼치지 못하며 그 형질을 가지느냐 못 가지느냐는 100% 환경으로 결정된다는 뜻이다. 하지만 인간의 형질 중 유전율이 0인 것은 존재하지 않는다. 인간의 형질은 모두 어느 정도는 유전자의 영향을 받는 것이다[학문의 세계에서는 '터크하이머(Turkheimer)의 행동유전학 제1법칙'이라고 부른다.].[8]

대부분의 성격 특성과 관련된 형질—정치적으로 진보주의자인지 보수주의자인지, 얼마나 이혼할 가능성이 있는지 등—은 대부분 유전율이 0.50이다. 즉 50% 정도는 유전으로 결정된다.[9] 또한 퍼스낼리티의 형질과 사회적 태도에 대해서는 대체로 '50 대 0 대 50의 법칙'이 적용된다.[10]

무슨 뜻인지 설명하면 일단 50% 정도는 유전에 의하고(유전자의 영향). 다음으로 행동유전학에서 말하는 '공유 환경'(가정 내의 육아와 같은 행위. 형제자매를 비슷한 존재로 만드는 요인)은 그 영향이 0%라고 한다. 나머지 50% 정도는 '비공유 환경'(가정 밖에서의 사건 및 체험. 형제 자매를 다른 존재로 만드는 요인)의 영향인 것이다. 이로 인해 알 수 있는 것은 가정 내에서의 양육은 아이가 어떤 어른이 될지에 거의 영향을 주지 않는다는 사실이다.[11]

혹시나 오해하지는 않을까 이야기하지만 아이의 성장에 부모가 중요하지 않다는 말은 아니다. 어디까지나 '육아(부모가 아이를 기르는 방법)'는 중요하지 않다고 말하는 것뿐이다. 그런 까닭에 양자로 들어간 아이는 보통 성장하면 자신을 길러준 양부모는 전혀 닮지 않고 한 번도 만나지 못한 생물학상의 부모(혹은 다른 가정에 맡겨진 쌍둥이 형제)를 닮는 것이다.[12]

'50 대 0 대 50의 법칙'의 얼마 되지 않는 예외 중 하나가 지능이다. 지능에 대해서는 유전율이 더욱 높아진다. 일반 지능의 유전율은 어릴 때는 0.40 전후지만 성인이 되면 0.8 전후까지 상승한다 성인의 지능은 80% 정도가 유전으로 결정되는 것이다.

알아차렸겠지만 지능의 유전율은 평생에 걸쳐 상승을 계속하며 나이가 들수록 중요성이 높아진다. 언뜻 이상하게 여겨질지 모르지만 사실은 그렇지도 않다. 성인에게 있어 주위 환경이란 자신의 유전 구성의 일부라고도 할 수 있다. 그렇지만 아이는 다르다. 아이는 주위의 성인(부모나 연상 형제, 교사, 이웃 사람 등)이 만든 환경 속에서 살지 않으면 안 된다. 그에 비해 성인은 아이보다 훨씬 자유롭게 자신이 사는 환경을 결정할 수 있다. 그러므로 성인이 되면 원래의 유전적 경향과 환경이 대체로 일치하는 것이다.

성인의 경우 환경이 지능에 미치는 영향이란 유전자의 영향을 의미한다. 유전자가 거의 환경을 결정하기 때문이다. 이처럼 유전자의 영향은 평생에 걸쳐 점점 높아진다.

유감스럽게도 교육을 받아도 지능은 향상되지 않는다. 순서가 반대이기 때문이다

오해 4와 관련해 또 한 가지 자주 접할 수 있는 오해가 "책을 많이 읽고 좋은 학교에 가서 좋은 교육을 받으면 지능은 올라 간다."라는 것이다. 확실히 그런 일들 사이에는 강한 상관 관계가 존재한다. 자주 책을 읽는 사람일수록 지능이 높고, 좋은 학교에 다니는 사람일수록 지능이 높고, 좋은 교육을 받은 사람일수록 지능이 높다.

그렇지만 사실은 세상 사람들이 생각하는 것과는 순서가 반대이다. 실제로는 지능이 높은 사람일수록 책을 많이 읽고, 좋은 학교에 가서(부모의 지능이 높기 때문에 여유로운 사정도 있음) 좋은 교육을 받을 수 있기 때문이다.

어린 시절의 경험이 성인이 된 이후의 지능에 영향을 미치는 것은 분명하다. 그렇지만 어린 시절의 경험에 의해 성인이 된 후 지능이 내려가는 일은 있어도 올라가는 일은 절대 없다.

예를 들면 어린 시절 병에 걸리거나 다치거나 영양 섭취가 부족했을 경우, 성인이 된 후의 지능에도 악영향을 끼쳐 원래의 유전적 소질을 발휘하지 못하는 경우가 많다. 하지만 어린 시절의 경험 덕분에 어른이 된 뒤 원래 가지고 있는 유전적 경향을 능가할 정도로 지능을 발휘하는 일은 결코 없는 것이다.

모순된 것처럼 들릴지도 모르겠지만 풍요롭고 안전하고 평등한 나라일수록 성인의 지능을 결정하는 요인으로 유전자의 중요성이 높아진다. 가난한 나라에서는 병에 걸리거나 다치거나 영양 부족에 걸린 아이가 많으며 그런 아이들의 경우 유전자와 성인이 된 후의 지능과의 상관 관계가 떨어진다.

미국처럼 풍요로운 나라에서는 무서운 병에 걸리거나 영양실조에 걸리는 아이는 지금은 거의 없으므로 그런 불리한 환경 조건도 대부분 없어졌다. 그만큼 아이들에게 환경의 차이가 거의 없을뿐더러 지능에 대한 환경의 악영향도 거의 없다(통계학적으로는 모든 개인에게 차이가 없는 요인은 인간의 형질에 아무 영향을 끼치지 않는다).

이처럼 아이들이 자라는 환경이 평등해질수록 유전자의 영향력은 높아진다. 1921~1936년에 태어난 스코틀랜드인들을 대상으로 한 추적 조사에서는 11세 이후가 되면 지능에 거의 변화를 찾을 수 없었다.[13] 11세 때의 지능은 80세 때의 지능과 무척 강한 상관 관계가 있다.

그러므로 세상 사람들의 오해와는 달리 지능은 대부분 유전으로 결정된다(물론 성인의 경우에도 100%라는 것은 아님). 인간이 가진 수많은 형질과 특징 가운데에서도 지능은 가장 유전율이 높다. 예를 들자면 지능의 유전율은 키와 거의 동일하다.[14] 모두가 알고 있는 것처럼 키가 큰 부모에게서 키가 큰 아이가 태어난다. 키에 대한 유전의 영향이 강하다는 사실을 의심하는 사람은 없다. 그럼에도 불구하고 지능에 대한 유전의 영향은 그렇지 않다로 강하게 부정하는 것이다.

유전율에 대한 재미있는 이야기가 있다. 특정 형질의 유전율과 그 적응도(생존과 번식에서의 중요성)는 일반적으로 반비례한다는 것이다. 적응도가 높은 형질일수록(생존과 번식에 중요한 것일수록) 유전율은 내려가는 것이다.[15] 왜냐하면 생존과 번식을 위해 꼭 필요한 형질이라면 그 종에 포함되는 모든 개체가 그 형질을 가장 적당히 가장 유효한 형태로 갖추지 않으면 곤란하기 때문이다. 진화의 논리에서 그런 중요한 형질에서 개체 차이가 나오는 것은 '허락하지 않는다'. 생존과 번식에 있어 비교적 중요하지 않은 형질에 한해 개체 차이를 '허락하는' 것이다. 그러므로 양적 유전학의 기본 원칙에 따르면 일반 지능의 유전율이 극히 높다는 사실은 일반 지능이 생존과 번식에 있어 그다지 중요하지 않다는 것을 시사한다. 이는 이 책의 주장과도 일치한다.

일반 지능은 어떤 식으로 진화해 왔는가

제1장에서 이야기한 것처럼 진화심리학에서는 인간의 마음을 '진화에 의해 형성된 다양한 심리 메커니즘의 총체'로 인식한다. 이 메커니즘은 각각 특정 영역에 대응한다. 어떤 문제에 적응하기 위해 진화한 선천적 심리 메커니즘은 인간의 생활에서 특정 장면에서밖에 도움이 되지 않는 것이다.

일례를 들자면 상대방이 하는 거짓말을 꿰뚫어 보는 심리 메커니즘은 극히 초기에 진화된 능력이지만[16] 그것이 도움이 되는 것은 사회적 거래라고 하는 특정 영역에 한정된다. 공정한 거래라면서 사기를 치려는 사람이 있으면 그것을 꿰뚫어 볼 수 있다는 것이다.

하지만 생활의 다른 장면에서는 이 심리 메커니즘은 도움이 되지 않는다. 모국어를 배우는 데에도 도움이 되지 않으며 한정된 부모의 자원을 아이들에게 어떻게 분배할지를 결정하는 데도 도움이 되지 않는다(부모는 무의식적으로 아이들에 대한 애정에 차이를 두며 편애한다).[17] 게다가 지인의 얼굴을 분별하는 데도 도움이 되지 않는다.

마찬가지로 어린아이가 엄마에게 모국어를 배울 때 도움이 된다고 알려진 '언어 습득 기구'[18]도 사회적 거래에서 사기인지 아닌지 구별하는 데 도움이 되지 않으며 부모의 자원을 분배하거나 지인의 얼굴을 구별하는 데도 도움이 되지 않는다. 분명히 말하자면 모국어의 습득이라고 하는 목적 이외에는 아무 도움이 되지 않는 것이다. 거기에 덧붙이자면 성인이 된 뒤 제2, 제3의 언어를 습득하는 데에도 도움이 되지 않는다. 그렇기 때문에 외국어를 습득하는 일은 힘든 일인 것이다. 어렸을 때 당신이 자연스럽고 쉽게 모국어로 말할 수 있었던 것은 타고난 그런 능력을 가지고 있었기 때문이다.

'진화에 의해 형성된 심리 메커니즘'이 전부 특정 영역에만 대응한다는 것은 심리 메커니즘이 해결하려고 하는 적응상의 문제 자체가 모두 특정 영역에서 일어난다는 뜻이다. 생존과 번식 문제라는 것은 반드시 특정 영역에서만 발생한다. 우리 조상들의 환경에는 특정 영역에 한정되지 않는 일반적인 문제가 없었다. 즉, 조상들의 환경에는 IQ 테스트 같은 '일반적인 문제'는 존재하지 않았기 때문에 당연히 컴퓨터와 같은 '일반적인 해결책'도 진화하지 않았다.

이렇게 생각하면 인간의 뇌에는 특정 영역에 대응한 해결책이 가득 차 있다고 말할 수 있을 것이다. 그렇지만 잠깐 기다려 보자. 일반 지능이란 보통 특정 문제에 대응하기 위한 것이 아니라 더욱 폭넓은 일반적인 문제에 대응하는 존재라 여겨진다. 그렇다면 그런 '일반 지능'의 존재를 진화심리학에서는 어떻게 설명하면 좋을까?

실제로 일반 지능은 진화심리학의 세계에서도 오랜 시간 중대한 수수께끼로 인식되었다. 일반 지능의 진화를 이론상 어떻게 설명할 수 있을까? 이하는 나의 생각이지만 현재 일반 지능이라 불리는 존재는 애당초 진화의 관점에서 보면 예외적이고 우발적인 문제에 대해 적응하고 발달한 것이다. 즉, 일반 지능도 어디까지나 특정 영역에 대응하는 적응이라고 볼 수 있다.[19] 이게 대체 무슨 뜻일까? 지금부터 설명하겠다.

인류 진화의 무대가 된 플라이스토세(약 160만 년 전부터 1만 년 전까지)는 놀라울 만큼 안정적인 기간이었다. 100만 년 이상 환경이 거의 변하지 않은 것이다. 우리 조상들은 평생 아프리카의 사바나에서 수렵 채집 생활을 했다. 그들의 조부모 역시 평생 사바나에서 수렵 채집 생활을 했으며 그들의 아이들과 손자들도 마찬가지였다.

그런 변화가 없는 환경은 현대를 사는 우리들로서는 상상하기 어렵다. 우리 조부모 세대에는 농업에 종사하는 사람이 대부분이었지만 지금은 거의 없다. 지금은 대부분의 사람이 직종을 불문하고 어느 정도 컴퓨터를 사용해 일을 하고 있다. 이

컴퓨터라는 장치도 조부모 시대는 물론이고 부모의 시대에도 없었다.

플라이스토세에 살았던 조상들의 환경이 극히 안정적이었던 덕분에 우리들의 마음은 다양한 적응적 진화를 이루었다. 예를 들어 플라이스토세 때에는 달고 기름진 음식을 좋아하는 사람일수록 많은 칼로리를 얻을 수 있었으며 오래 살고 아이도 많이 낳았다.[20] 또 포식자에게 습격당하기 어려운 곳에 거처를 정한 사람도 덕분에 오래 살 수 있었으며 아이도 많이 남겼다.[21]

어떤 심리 메커니즘이 진화하기 위해서는 안정적인 환경이 필요하다(이는 심리적인 것에서부터 육체적인 것까지 모든 적응적 진화의 전제 조건이다). 통상 진화는 천천히 진행되고 수만 년부터 수십만 년이 걸린다. 그러므로 문제 자체가 끊임없이 변화하는 상황에서는 그것을 해결하는 심리 메커니즘이 진화할 틈이 없는 것이다.[22] 오늘날 우리가 수없이 많은 심리 메커니즘을 진화에 의해 습득하고 있다는 사실은 조상들의 환경이 얼마나 일관되게 안정되었는지를 대변해 준다.

전문 용어로 표현하자면 진화의 속도는 '도태압'의 강도에 의해 결정된다. 이 말은 특정 형질이 무언가 적응상의 문제를 푸는 데 있어, 더 나아가 생존과 번식에 있어 얼마나 중요한가를 뜻한다. 특정 형질의 진화 속도는 그 적응도에 비례한다. 즉 그 형질의 획득과 번식 능력과의 관계에서 결정되는 것이다.

만약 지구 근처에서 초신성 폭발이 일어났고 그로 인해 발생한 우주선의 영향으로 빨간 머리카락을 가진 사람 말고는 모두 아이를 낳을 수 없는 몸이 된다고 하면 불과 한 세대 만에 지구상의 모두가 빨강 머리가 될 것이다. 빨강 머리가 아닌 사람은 아이를 낳을 수 없기 때문이다. 하지만 도태압이라고 하는 것은 대체로 그보다 훨씬 약하다(예를 들자면 우주선의 영향으로 빨강 머리를 가진 사람들이 다른 사람들보다 5% 정도 번식 능력이 높아졌다는 식). 따라서 대부분의 경우 특정 형질이 진화를 이루기 위해서는 수많은 세대를 거쳐야 한다.

우리 조상들의 환경에서는 세대가 바뀌어도 적응상의 문제는 거의 변하지 않은 탓에 그것을 해결하는 심리 메커니즘을 한 번 익혀 놓으면 그것으로 충분했다. 그런 의미에서 조상들은 적응상의 문제를 해결하기 위해 특별히 생각할 필요가 없었다.

예를 들어 무엇을 먹으면 좋을지는 딱히 생각할 필요가 없었다. 무조건 맛있게 느껴지는 것(달고 기름지며 칼로리가 높은 것)을 먹으면 오래 살고 건강하게 있을 수 있었다. 잘못된 음식을 좋아하는 사람들—화려한 색깔의 버섯을 먹거나 완전 채식주의 식사를 한 사람들—은 오래 살지 못하고 그다지 자손도 남기지 못했다. 그렇기 때문에 그런 사람들의 심리 메커니즘은 현대의 우리들에게 이어지지 않았다. 바꿔 말하자면 진화라는 거대한 힘이 우리를 대신해 생각해 주고 밥상을 차려준 것이나 마찬가지였다.

그렇게 우리 조상들은 올바른 길로 인도되었고 개별 문제에 대한 심리 메커니즘을 하나씩 획득했다. 대부분의 경우 조상들이 스스로 생각해서 문제를 해결할 필요는 없었다.

하지만 조상들의 환경이 아무리 안정적이고 변화가 없었다고 해도 가끔은 진화의 관점에서 예외적이고 우발적인 문제도 있었을 것이다. 그럴 때에는 우리 조상들도 머리를 써서 해결책을 마련하지 않으면 안 되었을 것이다. 예를 들어 다음과 같은 문제를 생각할 수 있다.

(1) 조상들이 노숙을 하고 있을 때 가까이에 있는 커다란 나무에 벼락이 떨어져 불이 붙었다. 그 불은 주위의 건조한 초목에 옮겨붙었고 점점 확산되었다. 어떻게 하면 좋을까? 불이 확산되는 것을 막을 방법은 있을까? 가족을 데리고 도망치는 방법은?(참고로 벼락은 같은 곳에 두 번 떨어지지 않는다는 서양 속담처럼 이런 일은 딱 한 번뿐인 우발적인 문제임은 분명하다.)

(2) 한 번도 경험하지 못한 가뭄이 오고 말았다. 평소 견과류와 산딸기류가 풍부했던 곳에 가보아도 전혀 보이지 않았다.

동물도 거의 발견할 수 없다. 평상시 먹거리를 전혀 구할 수 없는 상황이다. 이대로는 굶어 죽을 것이다. 무엇인가 먹을 수 있는 것은 없을까? 어떤 것이라면 안전하게 먹을 수 있을까? 어떻게 먹거리를 조달하면 좋을까?

(3) 갑작스러운 홍수로 강물이 불면서 강의 폭이 평소의 몇 배로 넓어졌다. 그런 상황에서 어쩌다 강 기슭에 혼자 남고 말았다. 동료들은 모두 강 반대편에 있다. 한시라도 빨리 합류하고 싶지만 강의 급류를 어떻게 건너면 좋을까? 걸어서 건널까? 아니면 뭔가 물에 뜰 만한 탈것을 만들어 건너는 편이 좋을까? 그럴 경우 어떤 재료가 좋을까? 나무? 돌?

이렇게 진화의 관점에서 볼 때 예외적이고 우발적인 문제가 조상들의 환경에 상당히 빈번하게 일어났다고 하면(일어나는 문제는 매번 다른 종류)[23] 그리고 그것들이 생존과 번식에 심각한 위협이 되었다면 무엇인가 유전적 변이가 일어나 자신의 머리로 생각하거나 추리하는 능력이 발달했을 가능성이 있다. 그리고 그런 능력이 진화의 과정에서 선택되었다. 그것이 오늘날 '일반 지능'이라 불리는 것의 정체인 것은 아닐까?

그런 의미에서 일반 지능은 어디까지나 특정 영역에 대한 심리 메커니즘으로서 진화했다. 그러니까 우리 조상들의 환경에는 존재하지 않았고 따라서 대응할 심리 메커니즘도 존재하지 않았던 문제—진화의 관점에서 보면 예외적이고 우발적인 문제—라는 의미에서의 '특정 문제'인 것이다.

이런 관점에서 보면 현대의 생활에서 일반 지능이 보편적으로 중요해진 것은[24] 단순히 현재의 환경이 진화의 역사라는 관점에서 완전히 새롭기 때문일지도 모른다. 조상들의 환경에서는 일반 지능은 지금만큼 중요하지 않았으며 다른 특정 영역에 대응하는 심리 메커니즘(사기 행각을 알아차린다거나 모국어를 습득한다거나 하는 메커니즘)과 다르지 않았을 것이다. 왜냐하면 일반 지능이 조상들의 삶에 도움이 된 것은 진화의 관점에서 예외적인 문제에 한정되기 때문이다(예외적인 문제는 그 정의상 분명 적었을 것이다). 사기 행각을 꿰뚫어 보는 메커니즘이 사회적 거래에서만 도움되고 모국어 습득 메커니즘이 모국어를 배울 때만 도움되는 것과 마찬가지인 것이다.

진화에 의해 생성된 심리 메커니즘 중에서 일반 지능이 한층 더 중요하게 된 것은 단순히 과거 1만 년 동안 생활 환경이 격변한 탓이고, 오늘날 우리가 안고 있는 문제 대부분이 진화라는 관점에서 예외적이고 새로운 것이기 때문이다. 일반 지능이 중요하다는 사실 자체가 진화의 역사에서는 전례를 찾아볼 수 없는 것이다.

이 이론에서 다음과 같은 것들을 예상할 수 있다. 지능이 높은 사람 쪽이 지능이 낮은 사람보다 문제를 잘 해결할 수 있다면 그것은 진화의 관점에서 볼 때 예외적인 새로운 문제에 한정된다. 반대로 말하자면 진화의 시점에서 우리 조상들이 일상적으로 해결할 필요가 있었던 흔하디 흔한 문제에 대해서는 오히려 지능이 높은 사람 쪽이 약할 것이다.

게다가 일반 지능을 어디까지나 특정 영역에 대응하는 심리적 메커니즘이라고 한다면 일반 지능의 수준은 다른 특정 영역에 대응하는 심리 메커니즘의 수준과는 관계가 없을 것이다. 일반 지능의 진화를 둘러싼 이 이론에 대해서는 다음 장에서 몇 가지 증거를 들어 검증한다.

지능에 따른 분류

지능에 대한 장을 마치기 전에 '지능에 따른 분류'를 소개하고자 한다. 지금부터 이 책에서 몇 번이나 사용할 이 개념은 지능의 수준에 따라 사람들을 다섯 개의 카테고리로 분류한다. 이 분류법은 다른 학자가 고안한 것이지만[25] 나도 예전부터 내 저작물에서 사용해 왔다.[26] 각 지능별 분류명은 편의상 부르기 쉽게 붙인 것으로 특별한 의미는 없다.

아주 영리함(IQ>125=미국 인구의 약 5%)

영리함(110<IQ<125=미국 인구의 약 20%)

보통(90<IQ<110=미국 인구의 약 50%)

둔함(75<IQ<90=미국 인구의 약 20%)

아주 둔함(75>IQ=미국 인구의 약 5%)

각 카테고리가 어떤 이미지인지 쉽게 이해할 수 있도록 조금 더 설명을 하면 미국 백인 중 학사 학위를 받은 사람의 75%는 '아주 영리함'에 속하고 '아주 둔함'에 속하는 사람은 한 명도 없다. 한편 고교 중퇴자의 64%는 '아주 둔함'에 속하고 '아주 영리함'에 속하는 사람은 한 사람도 없다.[27]

지능은 언제 중요한가
(혹은 중요하지 않은가)

사바나-IQ 상호 작용설

사바나 원칙(제2장)과 일반 지능 진화에 대한 이론(제3장)은 논리적인 귀결을 통해 사바나 원칙에 약간의 수정이 이루어진다. 진화의 흐름 속에서 예외적이고 새로운 문제에 대처하기 위해 진화한 것이 일반 지능이라면 사바나 원칙('인간의 뇌는 조상들의 환경에 없었던 존재나 상황을 잘 이해하지 못하며 제대로 대응할 수 없다.')과도 관계가 있을 것이다. 즉, 사바나 원칙은 지능이 높은 사람보다 낮은 사람에게 강하게 적용될 것이다. 진화의 관점에서 새로운 상황에 대해서는 지능이 낮은 사람보다 높은 사람 쪽이 잘 이해하고 대응할 것이다. 하지만 진화의 관점에서 극히 평범한 존재나 상황에 대해서는 지능이 높은 사람일수록 유리하다고 단정할 수는 없지 않을까?

그러므로 나는 '사바나-IQ 상호 작용설'[1]을 제창하고 싶다. 이 가설은 사바나 원칙에 지능의 관점을 도입하여 보다 정밀한 이론으로 발전시킨 것이다. 그리하면 사바나 원칙은 다음과 같이 수정된다.

사바나-IQ 상호 작용설

지능이 낮은 사람일수록 조상의 환경에는 없었고 진화의 관점에서 볼 때 새로운 존재와 환경을 잘 이해하지 못하며 제대로 대응하지 못한다. 그러나 조상의 환경에도 있었으며 진화의 관점에서 볼 땐 당연하거나 익숙한 존재와 상황에 대해 잘 이해할 수 있을지 제대로 대응 가능할지는 일반 지능과는 관계가 없다.

제2장에서 소개한 '이해'의 정의를 떠올려 주길 바란다. 이해한다는 것은 정말로 논리적이고 과학적이며 실증적으로 바르게 사물의 구조를 파악하는 일이다. 지금부터 생활의 다양한 장면들을 통해 사바나-IQ 상호 작용설을 검증해 보겠다.

다시 'TV 속 친구'

앞의 제2장에서 2002년 내가 했던 연구를 소개했다.[2] 그 연구에 따르면 'TV 속 친구'(TV에서 자주 본 인물)를 현실 친구와 혼동하는 사람이 있으며 특정 TV 프로그램을 자주 보는 사람은 교우 관계에 대한 만족도가 높다. 마치 실제로 친구가 많이 있고 자주 만나는 듯한 착각을 하기 때문이다.

이는 사바나 원칙으로 보면 당연한 일이다. 다른 사람의 리얼한 전자 이미지(영상) 따위는 우리 조상들의 환경에 없었기 때문에 인간의 뇌는 그런 이미지가 가공된 것이라고 생각하지 못한다. 그렇다, 우리 조상들의 환경에서 다른 사람의 리얼한 이미지를 보게 된다면 그 이미지는 당연히 살아 있는 인간일 수밖에 없었다. 그러므로 TV에서 다른 사람의 이미지를 보고 그 사람이 자신을 죽이려는 등의 위해를 가하지 않으면(TV 출연자는 대부분 그럴 것이다.) 인간의 뇌는 그런 이미지(영상)를 진짜 친구라고 착각한다.

그 뒤 2006년이 되어 사바나-IQ 상호 작용설에 대한 아이디어를 정리한 나는 2002년의 연구에서 사용한 GSS 데이터를 다시 분석해보았다. 이번에는 'TV 속 친구'와 현실의 친구를 혼동하는 경향과 개인의 IQ 사이에 상관 관계가 있는지를 조

사한 것이다.[3]

그러자 예상했던 대로 상관 관계가 발견되었다. 과거 2002
년 시점에서는 이러한 혼동 경향이 인간의 보편적인 성질이라
고 나는 생각하였다(사바나 원칙에 의해 그렇게 예상한 것이다). 그
러나 재분석 결과 그런 경향은 지능이 평균 이하인 남녀에 한
정된 것임을 알 수 있었다. 이는 사바나-IQ 상호 작용설과 일
치한다. 지능이 평균 이상인 사람은 TV를 많이 보아도 교우 관
계에 대한 만족도가 높아지지 않았다.

아무래도 사바나 원칙을 통해 예상된 진화에 있어서의 뇌의
한계—TV에 비치는 전자적인 인간의 이미지가 살아 있는 인
간이 아니라는 사실을 이해하지 못한다—라는 것은 지능이 높
은 사람은 그다지, 혹은 전혀 해당되지 않았던 것이다. TV를
진심으로 즐기기 위해서는 의심하는 마음은 방해가 된다. 영
화에서 반복해서 등장하는 인물이 높은 출연료를 받고 고용된
전문가이며 대본에 따라 연기하고 있는 것뿐이라고 생각하면
아무래도 즐길 수 없기 때문이다. 이렇게 생각하면 왜 지능이
낮은 사람일수록 TV에 빠지는지도 쉽게 이해가 된다.

물론 이 책에 적혀 있는 다른 여러 사실과 마찬가지로 일반
지능과 TV를 좋아하는 경향 사이에는 마이너스적인 상관 관
계가 있다는 것은 어디까지나 일반론에 지나지 않으며 예외도

많이 존재한다. 개인적으로는 나도 TV를 무척 좋아한다. 그렇지만 두뇌가 명석한 동료 학자들 중에는 TV를 전혀 보지 않는 사람도 많다. 자택에 TV가 없는 사람마저 있다.

그런 사람들에게 나는 불만이 많았다. TV를 전혀 보지 않으면 공통되는 화제가 없어 할 이야기가 없는 것이다. 코미디 작가인 티나 페이(Tina Fey)와 마찬가지로 TV는 미국이라는 나라의 가장 위대한 문화라고 나는 생각한다. 수없이 존재하는 그 훌륭한 작품들을 보지 않는 사람이 있다니 정말로 안타까운 일이다. 그렇다고 해도 사바나–IQ 상호 작용설을 생각하면 다수의 지적인 사람들이 TV를 보지 않는 것은 이상한 일이 아니다.

TV나 영화를 보면서 영화 속 인물에 말을 거는 습관이 있는 사람이 당신 주위에도 있을 것이다. 이런 습관 역시 'TV 속 친구'와 현실 친구를 혼동하기 때문에 즉, 화면에 비치는 전자적인 인간의 이미지를 살아 있는 인간이라고 착각하는 것에서 비롯된다. 그러므로 지능이 낮은 사람일수록 TV 화면이나 영화 스크린에 자주 말을 걸 것이다. 그리고 그런 사람들은 그야말로 TV와 영화를 한없이 사랑하는 사람들인 것이다. 지능이 낮은 사람은 화면에 비치는 화상을 진정한 의미에서는 이해하지 못하고 있으며, 살아 있는 인간이 아닌 만큼 말을 걸어도 대답해주지 않는다는 사실을 자신도 모르게 잊는 것이다.

다시 포르노

제2장에서 설명했던 것처럼 인간의 뇌는 남자든 여자든 포르노—즉, 성적으로 흥분한 남녀의 리얼한 사진 혹은 영상—을 진정한 의미로는 이해하지 못한다. 그런 것들은 조상들의 환경에서는 존재하지 않았기 때문이다. 사바나 원칙에 의해 남녀 모두 'TV 속 친구'를 현실 친구라고 착각하는 것과 마찬가지의 이유로 포르노에 등장하는 남녀 배우를 현실 속 성적 파트너라고 혼동하는 것이다. 그렇다면 포르노 배우와 현실의 성적 파트너를 혼동하는 것도 'TV 속 친구'와 현실의 친구를 혼동하는 것처럼 일반 지능과 관계가 있는 것은 아닐까?

캘리포니아 주립대학교 플러튼 스쿨의 젊은 심리학자 콤비 호르헤 A 로메로(Gorge A. Romero)와 애런 T. 고츠(Aaron T. Goetz)가 그 가설이 사실이라는 것을 증명해 주었다.[4]

로메로와 고츠는 이 연구에서 남성 응답자에게 세 가지 항목을 질문하여 조사했다.

(1) 여성의 성욕과 성 행동에 대해 어떤 인식을 가지고 있는가

(2) 얼마나 포르노를 시청하는가

(3) 일반 지능의 수준은 어느 정도인가

분석 결과 남성의 포르노 시청 경향과 여성이 얼마나 성적으로 문란하다고 생각하는가(즉, 현실의 여성이 포르노 여자 배우처럼 행동할 것이라 착각하는 정도) 사이에는 플러스적인 상관 관계가 있었다. 포르노를 자주 보는 남성일수록 여성이 성적으로 문란하다(많은 남성과 성적 관계를 가지며 모르는 사람과 하룻밤을 즐기는 일이 많다.)고 생각하는 경향이 있다. 즉, 포르노에 출연하는 여자 배우들이 그러듯이 가벼운 마음으로 섹스를 즐기고 오럴 섹스를 하며 애널 섹스를 받아들이고 3P를 한다고 생각하는 것이다.

그러나 현실의 여성과 포르노에 등장하는 여자 배우를 혼동하는 경향은 지능이 낮은(평균보다 표준 편차가 하나 이상 낮은) 남성에 국한된다. 지능이 평균이거나 평균 이상(평균보다 1표준 편차 이상 높은)인 남성에게는 나타나지 않았다.

이 연구는 사바나-IQ 상호 작용설을 멋지게 실증해 주었다. 남성의 뇌는 현실의 여성과 포르노 배우를 혼동하고 만다. 그 결과 현실의 여성도 포르노 배우처럼 행동하고 성적으로 문란

하며 특이한 성행위를 즐긴다고 착각한다. 그러나 그러한 경향은 지능이 평균 이하의 남자에게 나타난다.

이 연구에서는 또 일반 지능이 동일한 수준인 남자끼리도 비교했다. 그러자 포르노 시청이 많은 것만으로는 이러한 경향은 강해지지 않는다는 사실을 알 수 있었다. 즉, 지능이 평균 이하인 사람이 대량으로 포르노를 보는 경우에 한해 현실의 여성과 포르노 속의 여성을 혼동한다는 것이다.

천재들의 결점

사바나-IQ 상호 작용설에 따라 생활의 영역을 진화의 관점상 새로운 존재와 당연한 존재로 나누어 보면 분명한 대조를 이룬다. 그 사실의 가장 알기 쉬운 예가 천재들의 프로파일일 것이다. 여기서 소개하는 연구는 '수학 영재 연구 프로젝트'라는 것으로 미국의 대학입시 시험인 SAT 성적을 바탕으로 진짜 천재라고 인정된 5,000여 명을 추적 조사한 것이다.[5]

미국에서는 보통 고등학교 최종 학년인 17세 때 SAT를 치른다. 그러나 본 조사의 대상이 된 신동들은 13세가 되기 전에 SAT를 치렀고 게다가 그들의 성적은 상위 0.01%에 포함된다(1만 명 중 1위에 해당). 구체적으로는 800점 만점인 SAT의 수학적 논리력 테스트에서 700점을 넘거나 언어적 논리력 테스트에서 630점을 넘어야만 한다. 참고로 그들의 IQ는 155를 넘는다.

SAT는 지식의 습득 정도가 아니라 논리적 사고력을 측정하는 테스트로 IQ 테스트와 비슷하다. 덧붙여서 미국에는 또 한 가지 ACT라고 하는 대학 입시 시험도 있지만 이쪽은 지식의 습득 정도를 측정하는 시험이다.[6] ACT 공식 HP에 따르면 "ACT는 학력 검사로 학생이 학교에서 배운 지식을 측정하기 위한 것이고 SAT는 적성 검사로 논리적 사고력과 언어 운용력을 조사하기 위한 것이다."라고 한다.[7]

이러한 천재들은 예상대로 진화의 관점에서 새로운 영역(정규 학교 교육과 자본주의 경제에서의 고용 등)에서는 훌륭한 성공을 거두고 있다.

예를 들자면 그들의 절반 이상(남성의 51.7%, 여성의 54.3%)이 박사 학위를 취득했다. 미국 국민 전체에서 박사 학위 취득자는 1%밖에 되지 않는데 말이다. 게다가 그중 5.3%는 MBA를 취득했으며 거의 전원이 미국 내에서 상위 10위권 안에 드는 학교에서 MBA 프로그램을 수료했다. 그들 중 절반 가까이 (45.8%)는 대학 교수 혹은 엔지니어나 과학자이며 13.6%는 의사나 변호사이다.

또 그들 중 5분의 1 정도(21.7%)는 30대 초반에 미국 내 상위

50위권 안의 대학에서 정교수가 되었다(상위 50위권 내의 대학뿐 아니라 어떤 대학이든 30대 초반에 정교수가 되는 일은 거의 없다.) 남성의 3분의 1, 여성의 5분의 1은 2003~2004년 연봉이 10만 달러(약 1억 2천만 원)를 넘는다. 아직 30대 초반임에도 그렇게나 번 것이다. 보너스로 남성의 17.8%, 여성의 4.3%는 특허를 가지고 있다. 참고로 미국 국민 전체를 기준으로 하면 평균 취득률은 1% 정도이다.

아무리 흠을 잡으려 해도 이 연구의 대상자들이 엄청난 성공을 거둔 것은 분명하다. 학업의 성과, 업무상 경력, 수입, 창의성 등 어느 것을 기준으로 하든 흠잡을 것이 없다. 그러나 지금 예로 든 것은 모두 진화의 관점에서는 새로운 것, 즉 1만 년 이상 전의 조상들의 환경에는 없었던 것이었다.

그렇다면 IQ가 155가 넘는 이들 천재들은 진화의 관점에서 당연하고 익숙한 일에 대해서도 우수한 성적을 거두었을까?

남녀가 짝을 지어 아이를 낳고 기르는 일은 진화의 관점에서 보면 극히 보편적인 일이다. 물론 현대에는 그 일을 방해하는 것들이 여러 가지 발명되었지만(콘돔, 정자 은행, 인터넷, 포르노 등) 그럼에도 우리는 1만 년 전 조상들과 마찬가지로 지금도 번식을 행하고 있다.

남녀가 만남부터 짝을 짓기까지의 흐름은 지금도 옛날과 다름없다. 우선 시각적, 생리적으로 상대에 매력을 느낀다. 이어 말이나 신체를 매개로 하여 교류한다. 그리고 서로 상대를 배우자로 선택한다(이때 사회적 지위나 육체적 매력, 인격 및 성품이 기준이 된다. 이 기준들은 모두 유전자의 질이나 부모로서의 능력을 나타내는 것이기 때문이다). 그리고 전희와 성교를 행한다. 마지막으로 친구와 가족 등에게 배우자를 소개한다(받아들여지는 경우도 있지만 반대를 당하는 경우도 있다).

또한 우리는 지금도 우리 조상들과 마찬가지로 아이를 낳고 기른다. 지금의 아이들도 친부모 밑에서 자라는 경우도 있고 홀어머니와 친족 밑에서 자라는 경우도 있으며 친어머니와 계부에 의해 자라는 경우도 있다. 오늘날 인간의 생활에서 결혼과 육아만큼 진화의 역사를 연면히 이어온 것은 좀처럼 찾기 쉽지 않다. 그런 만큼 사바나-IQ 상호 작용설에 입각해 예상해 보면 결혼과 육아만큼은 지능이 높은 사람일수록 성적이 나쁘지 않을까?

그것은 사실인 모양이다. 교육이나 고용 면에서 화려한 성공을 거둔 것과는 반대로 '수학 영재 연구 프로젝트'의 대상자는 진화의 관점에서는 극히 당연하고 익숙한 일인 결혼과 육아에서는 고전을 면치 못하였다.

예를 들자면 남성의 64.9%, 여성의 69.0%가 33세의 시점에서 아직 아이가 없었다. 미국 국민의 평균을 보면 30~34세 사이에 아이가 없는 사람의 비율은 26.4%이다. 게다가 동 조사의 대상자는 부모가 된 사람이라도 아이가 한 명뿐인 경우가 많았다. 그로 인해 아이의 수는 평균적으로 남성이 0.61명, 여성이 0.44명이었다. 미국 국민 전체를 기준으로 하면 30~34세 사이의 여성이 가진 아이의 수는 평균 1.59명이다. 극히 높은 지능을 가지고 있으면서도 결혼과 육아라고 하는 진화의 관점에서는 극히 당연하고 익숙한 일은 오히려 바닥을 면하지 못하고 있는 듯하다.

여기서 결혼과 육아 같은 일에는 지능이 높은 것이 유리하지 않다(오히려 불리하다)는 증거로 영국의 이론물리학자 스티븐 호킹(Stephen Hawking)이 CNN의 토크 프로그램 '래리 킹 라이브'에 출연했을 당시의 에피소드를 소개하겠다. 방송 출연은 1999년 크리스마스 때로 마침 밀레니엄을 앞에 두고 다음과 같은 대화가 오고 갔다.

래리 킹	교수님의 가장 큰 고민은 무엇인가요? 가장 많은 시간 생각하는 것 말입니다.
스티븐 호킹	여성입니다.
래리 킹	탑승하신 걸 환영합니다.

사바나–IQ 상호 작용설에 입각한 예상에 꼭 들어맞는다. 다른 사람도 아니고 케임브리지 대학교의 루카스 수학 석좌 교수(과거 아이작 뉴튼이 있었던 자리)인 동시에 현대 영국 최고의 지성인으로서 우주의 기원과 운명을 파헤치는 인물이라 할지라도 남녀 관계와 같은 진화의 관점에서는 당연하고 익숙한 일은 특별히 뛰어나지 못했던 것이다. 그런 부분은 오히려 래리 킹이 유리할지 모르겠다. 그는 고졸이지만 지금까지 여덟 번 결혼했으며 다섯 아이가 있다.

보통 사람들과 비교해 보자

이처럼 지능이 높은 사람들은 진화의 역사에서 새로운 영역과 평범한 영역에서 명암이 확실하게 갈리지만 이러한 지능의 영향은 '수학 영재 연구 프로젝트' 대상자에게 국한되는 것은 아니다. 지능의 고저는 인생을 통틀어 거의 모든 면에서 그 사람의 성공에 영향을 끼친다.[8] 학업부터 고용, 범죄, 복지에 대한 의존, 또 예의 및 시민의식에 이르기까지 일반적으로 지능이 높은 사람일수록 바람직한 결과를 얻을 수 있다.

미국인의 생활을 대략 살펴보면 이러한 패턴에서 극히 드문 예외로 들 수 있는 것이 결혼과 임신 및 육아이다. 잠깐 제3장

마지막에 소개한 '지능에 따른 분류'를 떠올려주길 바란다. 그 중에서는 '아주 영리함' 카테고리에 속하는 사람들이 가장 결혼을 하지 않는 경향이 있다. '아주 영리함'에 속하는 미국 백인 여성 중 30세까지 결혼하는 사람은 67%에 지나지 않지만 다른 카테고리의 사람들은 그 숫자가 훨씬 높다(72%~81%). 또 '아주 영리함' 카테고리에 속하는 백인의 초혼 연령은 25.4세 이지만 '아주 둔함' 카테고리의 사람들은 21.3세, '둔함'에 속하는 사람들은 21.5세이다. 지능이 높은 사람일수록 결혼이 늦는 것을 알 수 있다.

이러한 패턴은 임신 및 육아에서도 거의 동일하다. 예를 들어 일반 지능이 높다고 해서 건강한 아기를 낳을 수 있는 것은 아니다. '아주 영리함'에 속하는 백인 여성으로부터 태어난 아기 중 5%는 저체중아다. '영리함'에 속하는 여성에게서 태어난 아기는 저체중아의 비율이 1.6%, '보통'에 속하는 여성에게서 태어난 아기는 3.2%다. '아주 영리함'에 속하는 여성보다 저체중아의 비율이 높은 것은 '둔함'에 속하는 여성(7.2%)와 '아주 둔함'에 속하는 여성(5.7%)뿐이다.[10]

IQ가 높은 것이 유리하게 작용하지 않는 것은 아이가 조금 더 성장한 뒤에도 마찬가지다. '아주 영리함'에 속하는 여성의 아이는 운동 신경 및 사교성 면에서 뒤처지거나 행동에 중대한 문제가 있기 쉽다. 구체적으로 말하면 '아주 영리함'에 속하는 백인 여성의 아이 중 10%는 운동 신경과 사교성 지표에서 하위 10% 내에 포함되어 있다. '영리함'에 속하는 여성의 아이는 이 비율이 5%이고, '보통'에 속하는 여성의 아이는 6%이다. 마찬가지로 '아주 영리함'에 속하는 여성의 아이 중 11%는 문제 행동과 관련된 지표의 하위 10% 안에 들어 있다. '영리함'에 속하는 여성의 아이는 그 비율이 6%이며 '보통'에 속하는 여성의 아이는 10%이다.[11]

여기서 주목해야 할 점은 '아주 영리함'에 속하는 여성의 아이들이 껴안게 되는 문제가 사교성과 행동 면뿐 아니라 출생 시 체중과 운동 기능의 발달 같은 신체적인 면에도 있다는 것이다. 전자에 대해서는 무엇이 '정상'인가 하는가에 대한 기준이 문화에 따라 각기 다를 수 있지만 후자는 정상의 기준이 객관적이며 바뀔 이유가 없으므로 이해하기 쉽다.

'아주 영리함'에 속하는 백인 여성은 결혼이 늦으므로 출산 연령도 높아진다. 그런 만큼 태어나는 아이가 신체상 행동상 문제를 안기 쉬운 것도 어머니의 출산 연령이 높다는 점과 아버지의 나이가 많을수록 정자에 위험한 변이가 일어나기 쉽다는 점과 관계가 있을 것이다.[12]

그렇다, 이것이야말로 내가 하고 싶은 말인 것이다. 지능이 높은 여성은 그 지능을 활용해 빨리 결혼하거나 건강한 아이를 낳으려고 하는 것이 아니다. 빨리 결혼해 건강한 아이를 낳으면 확실히 번식에 성공할 수 있음에도 말이다. 지능이 높은 사람일수록 좋은 교육을 받고 많은 돈을 벌게 되지만 그것은 모두 진화의 관점에서는 새로운 행위다. 그리고 실제 지능이 높은 사람들은 결혼과 육아라고 하는 진화의 관점에서 볼 때 당연하고 익숙한 일은 잘 처리한다고 할 수 없다. 그 때문에 "너무 똑똑해서 아이를 낳지 않는 경우도 있는 것일까?" 하고 고개를 갸우뚱하는 학자도 있다.[13]

규칙의 예외
=번식 행위에도 진화의 관점에서 새로운 요소가 있다

물론 오늘날 사회에서 지능이 높은 사람이 배우자로서 혹은 부모로서 좋지 않다고 말하는 것은 아니다. 현재의 환경(진화의 역사에서 전례가 없는)에서는 여러 의미에서 지능이 높은 사람일수록 좋은 배우자 혹은 좋은 부모가 될 수 있다. 현대 사회에서도 진화의 관점에서 새로운 영역—교육이나 경제, 형사 재판, 또 건강 유지 및 수명—등은 대체로 지능이 높은 사람일수록 바람직한 결과를 얻기 때문이다.[14] 교육 수준이 높고 유복하고 건강하고 법적 문제를 일으키지 않는다면 분명 좋은 부모가 될 수 있을 것이다.

꽤 오래전이지만 문맹인 10대 어머니가 탈수증으로 자신의 아이를 죽게 만들었다는 뉴스가 있었다. 이 어머니는 유아용 가루 우유에 있는 사용서를 읽지 못해 가루를 물에 녹이지 않고 그대로 아기에게 준 것이었다.

그렇지만 애당초 이런 비극이 일어난 것은 가루 우유의 사용법이 글자로 쓰여 있었기 때문이다. 즉, 이 어머니 역시 조상들의 환경이었다면 훌륭하게 아이를 키웠을 것이다. 우리 조상들의 환경에서는 육아에 일반 지능 등은 우선 필요하지 않았을 것이다. 인간이라면 누구나 가지고 있는 다른 심리 메커니즘으로 충분히 아이를 키울 수 있었을 것이다. 조상들의 환경에서는 누구도 글자 같은 것은 읽을 필요가 없었기 때문이다.

그리고 현대의 피임 기술도 진화의 관점에서 당연하고 익숙한 행위(번식) 중에서 현대에서만 볼 수 있는 요소다. 아마도 우리 조상들의 환경에서는 남녀의 성행위가 시종일관 이루어졌을 것이다. 자연계에서 가능한 피임 기술이라고 하면 금욕(교배를 하지 않는 것)을 제외하면 임신과 수유(수유 중에는 월경이 사라짐) 정도밖에 없었다. 그러므로 조상들은 오늘날 우리보다 더 많은 아이를 두었을 것이다. 그렇지만 태어난 아이의 많은 수는 감염증과 영양 부족 또 다른 위협(다른 사람이라든지 동물에 의한 포식도 포함)에 의해 죽었을 것이 틀림없다.[15] 조상들의 환경에서 성인이 될 때까지 살아남는 아이의 수는 현대보다 훨씬 적을 것이다.

그렇게 생각하며 남녀가 성교를 해서 아이를 낳는 일은 조상들의 시대부터 이어져온 당연한 일이지만 피임 기술(콘돔이라든지 다른 피임약)에 의해 출생률을 의식적으로 컨트롤하는 일은 진화의 역사에서는 전례가 없는 일이다. 따라서 사바나−IQ 상호 작용설을 통해 예상해 보면 지능이 높은 사람일수록 피임이라고 하는 인위적 수단에 의해 출생률을 의식적으로 제어하는 것이 아닐까?

이 또한 사실인 듯하다.[16] GSS 데이터를 살펴보면 지능이 낮은 사람(엄밀하게 말하면 언어 지능이 평균 이하인 사람)은 평생 섹스를 한 상대의 수와 자녀의 수 사이에 양의 상관 관계가 있다. 그러나 지능이 높은 사람(언어 지능이 평균 이상인 사람)은 반대로 양자 사이에 음의 상관 관계가 나타나는 것이다. 지능이 낮은 사람은 섹스 상대가 많을수록 아이의 수도 많아지지만 이는 다수의 상대와 성행위를 하는 만큼 당연한 일이다. 그러나 지능이 높은 사람은 섹스 상대가 많을수록 반대로 아이의 수가 줄

어든다. 섹스하는 상대의 수가 늘어도 아이의 수가 늘지 않는다는 것은 피임을 잘했다고밖에 생각할 수 없다.

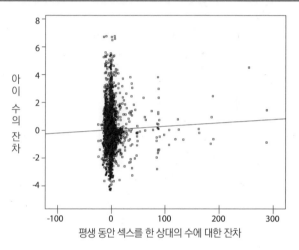

그림 4-1. 지능이 낮은 사람들이 평생 동안 섹스를 한 상대의 수와 아이 수 사이의 상관 관계

앞의 그래프(그림 4-1)는 언어 지능이 평균 이하인 사람들의 평생 섹스를 한 상대의 수와 아이의 수의 상관 관계를 나타낸 것이다. 여기에서는 연령과 인종, 성별, 교육 수준, 혼인력, 종교 등과 같은 요인의 영향을 배제했지만 오른쪽 위로 기울어진 회귀선이 보여주는 것처럼 증가 관계가 존재한다.

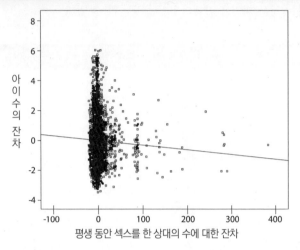

그림 4-2. 지능이 높은 사람들이 평생 동안 섹스를 한
상대의 수와 아이 수 사이의 상관 관계

이어 언어 지능이 평균 이상인 사람도 같은 상관 관계가 성
립하는지 살펴보자(그림 4-2). 이번에는 오른쪽 아래로 기울어
진 회귀선에서 알 수 있는 것처럼 평생 동안 섹스를 한 상대의
수와 아이의 수 사이에는 감소 관계가 존재한다.

두 그래프의 대비가 나타내는 것처럼 현대 미국에서는 지능
이 높은 사람일수록 (진화의 역사에서는 새로운) 피임 기술을 효
율적으로 사용하는 듯하다.

지능과 인간관계

인간관계도 진화의 역사에서 보면 극히 당연하고 익숙한 영역이다. 우리 조상의 환경에서도 친구나 동료, 적이 있었으며 교류도 반드시 필요했다. 부모와 자식, 형제 등의 친족도 있었다. 이처럼 사람과의 교류에는 새로운 것이라고는 아무것도 없다.

오늘날과 마찬가지로 조상들의 환경에서도 그런 사람들과 좋은 관계를 유지하는 것은 (적은 차치하고) 극히 중요했다. 신뢰할 수 있는 친구 혹은 동료를 가지는 일은 생존과 번식에 불가결했으며[17] 친족과 사이좋게 지내는 일은 번식의 성공도를 높이는 중요한 수단이었다.[18] 그러므로 사바나-IQ 상호 작용설에 따라 예상해 보면 진화의 역사에서 사람들과 좋은 관계를 쌓는 능력은 일반 지능과는 전혀 관계가 없을 것으로 추정된다.

미국에서 만들어진 조사 데이터가 이 가설을 증명해 주고 있다.[19] 미국에서는 지능이 높은 사람일수록 친구와의 교류가 확실히 많다. 그러나 조상들의 시대에서는 당연히 교류했을 친구 이외의 사람들 예를 들어 이웃이라거나 형제자매, 그 외의 친족들과는 지능이 높은 사람일수록 분명히 교류가 적다. 친족과 친하게 지내는 일은 번식의 성공도를 높여주는 중요한 수단임에도 지능이 높은 사람일수록 친족과의 교류를 피하는 것에는 어떤 의미가 있을까?

지능과 방향감각

아프리카 사바나에서 우리 조상들이 보냈던 수렵 및 채집 생활에서는 길을 잃지 않는 방향감각이 필수였으며 방향감각의 유무가 말 그대로 생사를 갈랐다. 가끔은 며칠에 걸쳐 수렵 및 채집이라는 긴 여행을 한 뒤 우리 조상들은 자력으로 돌아오는 길을 찾아내야만 했다. 지도도 없고 표지판도 기준이 될 만한 건물도 위성 내비게이션 시스템도 없었던 시대였다. 돌아오는 길을 찾지 못하는 것은 바로 죽음을 의미했다.

그런 까닭에 나는 다음과 같이 예상할 수 있었다. 정확한 방향감각을 갖추고 헤매는 일 없이 이동하는 것은 진화의 역사에서 당연한 일이었으며 그러기 위한 심리 메커니즘도 발달되었을 것이다. 또 사바나―IQ 상호 작용설에 따라 일반 지능은 그런 방향감각과는 관계가 없을 것이다.

이 가설을 증명해주는 연구를 두 가지 소개한다.[20] 먼저 캐나다의 요크 대학교에서 행한 독창적인 실험부터다.

실험의 주최자는 참가자를 데리고 숲으로 가 함께 이리저리 돌아다녔다. 당연히 숲속에는 기준이 될 만한 것도 지도도 없다. 특정 지점에 도착하면 참가자에게 출발 지점이 어느 쪽인가 물어보고 참가자들을 선두에 세워 다시 출발 지점까지 돌아오게 했다. 실험 결과 참가자들의 길 안내 능력과 일반 지능 사이에는 아무런 상관도 없었다. 참고로 일반 지능의 측정은 '레이븐 누진행렬 검사'를 통해 이루어졌다(제3장에서 말한 것처럼 레이븐 누진행렬 검사는 일반 지능의 척도로서 현시점에서 가장 뛰어난 것이다).

이어서 미국 애리조나 대학교의 연구자들은 비슷한 실험을 가상 공간에서 행했다.[21] 컴퓨터 화면에 비친 가공의 '방' 안을 실험 참가자들은 조이스틱을 조작해 돌아다녔으며, 바닥 어딘가 놓인 눈에 보이지 않는 '타깃'을 찾았다. 참가자가 그것을 (처음에는 모르고) 밟으면 삐 하는 소리가 났다. 그 뒤에도 방 안에서 방향을 바꿔 돌아다니다가 다시 같은 장소에 돌아온 타깃을 발견해야 했다. 그 일을 몇 번이나 반복했다.

실험 데이터에 따르면 방 안을 돌아다니다 방향을 짐작하고 보이지 않는 타깃으로 돌아오는 능력과 참가자들의 일반 지능 사이에는 아무 관계도 없었다. 그런 까닭에 공간적인 방향감각과 일반 지능에는 아무 관계가 없다고 하는 결론이 내려졌다. 대부분의 일에서는 지능이 높은 사람일수록 잘하는 것을 생각하면 방향감각 면에서는 지능이 높은 사람이 유리하지 않다는 사실은 주목할 만하다.

지능과 운동

우리의 조상들은 수렵 채집민이었으므로 항상 몸을 움직였다. 그런 활동적인 이동 생활에다 칼로리 섭취량도 적었기 때문에 조상들의 환경에서는 비만 같은 것은 쉽게 찾아볼 수 없었을 것이다. 현대의 기준으로 보면 우리 조상들은 그야말로 건강하고 활동적인 생활을 보내고 있었다. 그렇게 생각하면 일상적으로 '운동을 위한 운동'을 하는 것 즉, 건강 유지와 체중 관리를 위해 운동을 하는 일은 아마도 진화의 역사 속에서 새로운 일일 것이다. 그러므로 사바나-IQ 상호 작용설을 대입하면 오늘날에는 지능이 높은 사람일수록 일상적 또는 규칙적으로 운동을 할 것이라 예상할 수 있다.[22]

최근 이루어진 두 가지 연구를 살펴보면 이 역시도 사실인 듯하다.[23] 첫 번째 연구에서는 운동의 빈도와 일반 지능 사이에 분명한 양의 상관 관계가 나타났다.[24] 두 번째 연구에서는 규칙적인 운동을 계획적으로 하는 사람은 그렇지 않은 사람보다 지능이 높고 그 차이는 1표준 편차 이상(122.50 대 106. 25)임을 밝혀냈다. 단, 이 연구는 지능과 '성실함' 사이에 관련이 있기 때문은 아니다.[25] 아무래도 지능이 높은 사람일수록 '운동을 위한 운동'이라고 하는 진화의 역사에서 새로운 생활 습관을 좋아하는 모양이다.

물론 일반적으로 지능이 높은 사람일수록 앉아서 일하는 사무직일 가능성이 높다. 반대로 지능이 낮은 사람일수록 육체적으로 힘든 노동을 많이 한다. 그러므로 지능이 높은 사람일수록 운동을 할 필요가 있는 것은 사실이다.

그러나 첫 번째 연구에서는 응답자의 교육 수준과 소득, 직업의 차이가 분석에 영향을 주지 않도록 제어했고 두 번째 연구에서는 참가자가 전원 대학생이었다(그중 86.3%는 여성으로 육체적으로 힘든 노동을 할 가능성은 낮음). 그러므로 지능이 높은 것과 자발적인 운동 사이에 관계가 있는 것은 분명한 듯하다. 그러나 더욱 확실한 결론을 내리기에는 조금 더 연구가 필요하다 하겠다.

개인의 기호 및 가치관에서 볼 수 있는 '지능의 역설'

사바나–IQ 상호 작용설에 대한 논의는 이 정도로 하고 드디어 이 책의 핵심 이론이라 할 수 있는 '지능의 역설'로 가보자. 지능의 역설이란 사바나–IQ 상호 작용설을 개인의 기호와 가치관에 적용시킨 것이다. 이 이론을 사용하면 일반 지능이 개인의 기호와 가치관에 어떤 영향을 미치는지를 설명할 수 있다.

지능이 높은 사람일수록 진화의 관점에서 새로운 사물이나 상황을 잘 이해하고 능숙하게 대처할 수 있지만 거기에는 다양한 사고방식과 삶의 방식도 포함된다(이런 것들이 그들의 기호와 가치관을 만들기 때문). 어떤 사람이라도 잘 이해하지 못하는 것을 좋아하거나 직업으로 삼기는 힘들다. 물론 이해하는 것과 좋아하는 것은 같지 않다. 어떤 사물이나 상황을 이해할 수 있다고 해서 모두가 그것을 좋아하는 것은 아니지만 좋아하게 되는 사람은 어느 정도 있을 것이다. 그렇지만 잘 이해하지 못한 것을 좋아하는 사람은 극히 드물 것이다. 내 생각에 사람은 진짜로 이해할 수 있는 것이 아니면 좋아하지도 않고 소중히 여기지도 않는다. 즉, 충분한 조건은 아니라 해도 무엇인가를 좋아하기 위해서는 먼저 이해하는 것이 전제조건이 된다.

그 때문에 사바나—IQ 상호 작용설을 기호와 가치관의 영역에 적용시키면 지능이 높은 사람이 대충 어떤 것을 좋아하고 소중히 여기는가가 보인다.[26] 그런 이유로 나는 '지능의 역설'을 다음과 같이 표현하고 싶다.

지능의 역설

지능이 높은 사람일수록 우리 조상들의 환경에는 없었던, 진화의 관점에서는 새로운 기호와 가치관(즉 조상들과는 다른 기호 및 가치관)을 갖기 쉽다. 그러나 조상들의 환경에도 있었던, 진화의 관점에서는 당연하고 익숙한 기호와 가치관(즉 조상들과 같은 기호 및 가치관)을 가질지는 일반 지능과 관계가 없다.

제1장에서 이야기한 것처럼 내가 '자연스럽다'는 말을 사용할 때는 '사람이라는 종은 진화의 과정에서 그렇게 되도록 만들어졌다'라는 의미다. '부자연스럽다'는 말은 '사람이라는 종은 진화의 과정에서 그렇게 되도록 만들어지지 않았다'라는 의미다. 그러므로 지능의 역설이라는 말은 바꿔 말하면 '지능이 높은 사람일수록 진화의 과정에서 부자연스러운 기호와 가치관을 가지기 쉽다'는 것이다. 바로 이 점이 지능의 역설의 핵심이다. 지능이 높은 사람일수록 생물학적 설계를 외면하고 진화의 과정에서 뇌에 부여된 제약과 한계를 벗어나 부자연스럽고 때로는 생물학적으로는 어리석은 기호와 가치관을 가지기 쉽다.

이 책의 나머지 부분에서는 진화의 역사에서 당연하고 익숙한 것인가 아니면 새로운 것인가 하는 관점을 통해 다양한 기호와 가치관을 다루고자 한다. 그런 것들에 지능의 역설을 적용시키면 어떤 것이 눈에 보일까? 바로 지금, 처음으로 지능 연구와 가치의 문제가 만나는 것이다.

보수주의자보다 진보주의자 쪽이
지능이 높은 것은 무엇 때문인가?

진보주의란 무엇인가?

진보주의(liberalism)나 보수주의(conservatism) 같은 정치사상을 정확히 정의하는 것은 어렵다. 게다가 진보주의나 보수주의라는 것의 의미는 시대와 장소에 따라 달라진다. 영국의 자유민주당은 중도적이지만 일본의 자유민주당은 보수적이다. 또 영국을 비롯한 유럽의 '보수주의자' 쪽이 미국의 민주당원보다 훨씬 더 진보적이다. 원래 계몽주의 시대에 '자유주의'라는 이름으로 등장한 정치 철학은 오늘날에는 '고전적 자유주의', '자유지상주의' 등으로 불리며 현대 미국에서 사용되는 '자

유주의'와는 전혀 다르다.[1]

이 책에서 사용되는 '진보주의'의 정의는 현대 미국의 자유주의의 그것이다. 그러니까 나는 잠정적으로 진보주의를 (보수주의에 대립하는 존재로서) '유전적으로 관계가 없는 다른 사람의 행복을 진심으로 바라며 그를 위해 자신의 재산을 나누어도 좋다고 하는 태도'라고 정의하겠다. 현대의 정치적 경제적 상황에서 이런 태도는 보통은 정부나 정부가 행하는 사회 복지 정책에 더 많은 세금을 내는 것을 뜻한다.

즉, 진보주의자들은 세율을 올려 소득 분배를 늘림으로써 평등한 결과를 현실화하려고 한다. 반면, 보수주의자는 기회의 평등(평등주의)을 지지하면서도 결과의 불평등에 대해서는(기회의 평등이 담보되어 있는 한) 상관없다고 여긴다. 진보주의자가 어디까지나 결과의 평등을 지향하는 것과는 대조적인 셈이다.

이와 같이 정의하면 진보주의라는 것은 진화의 역사에서 새로운 것이다. 우리 조상들은 현대 미국에서 사용하는 의미의 진보주의자가 아니었다. 인간도 (다른 생물과 마찬가지로) 진화를 통해 익힌 특성으로 다음과 같은 상대에게밖에 이타적인 행위를 하지 않는다. 바로 유전학적인 친족[2], 사회적인 교류를 반복한 친구나 동료[3], 또 혼척 관계가 사람들의 집단[전문 용어로 딤(deme)] 및 같은 민족 집단의 성원[4]이다. 그렇다, 인간은 진화에 의해 자민족 중심적인 경향을 가지게 된 것이 수학적으로 증명되어 있는 것이다.

수리사회학자인 조셉 J. 위트마이어(Joseph M. Whitmeyer)에 따르면 인간은 자신이 결혼할지도 모르는 상대(혹은 자신의 아이들이나 손자들이 결혼할지도 모르는 상대)를 소중히 여기는 경향, 즉, 혼척 관계에 있는 사람들을 편애하는 경향—자민족 중심주의—를 진화의 과정에서 발달시켰다고 생각할 수 있다.[5]

그러나 인간은 만날 일도 교류할 일도 없는 완전한 타인에게 이타적일 수 있게끔 되어 있지는 않다. 이것은 아마도 우리의 조상들이 불과 150명 정도의 유전적 근연자끼리 모여 그 작은 집단에서 평생을 살았기 때문일 것이다. 몇천 때로는 몇백만 명이나 되는 사람이 모여 사는 대도시나 국가 같은 것은 진화의 역사에서 새로운 존재인 것이다.[6]

그렇다고 해도 우리의 조상들이 진보주의자가 아니었다는 사실은 어떻게 확인할 수 있을까? 진화의 과정에서 조상들이 어떤 가치관을 가지고 있었는지를 합리적으로 추측하기 위해 나는 두 종류의 자료를 참조했다.

첫 번째는 10권이나 되는 대작 『세계문화백과사전(The Encyclopedia of World Cultures)』을 찾아보았다.[7] 이 책은 인류학적으로 알려진 인간의 문화(1500여 개)를 빠짐없이 상세히 해설하고 있다.

이어서 전 세계의 전통 사회(수렵 및 채집, 목축, 단순 농업)와 관련된 수많은 민족지 중 5권을 골랐다.[8] 현대의 수렵 채집 사회는 플라이스토세에 살았던 조상들의 사회와 완전히 똑같지는 않지만 현시점에서 가장 좋은 비교 재료이므로 조상들의 생활상을 추측할 때 자주 이용된다.

이들 민족지에 따르면 다양한 자원, 특히 식량을 자기 부족 내 다른 사람과 나누는 일은 수렵 채집민 사회에서는 극히 흔한 일이었다. 한편 다른 부족과의 거래는 우리 조상들의 생활에서도 그랬을지 모르겠지만[9] 적어도 현대의 수렵 채집민이 다른 부족 사람에게 공짜로 자원을 나눠 주었다는 증거는 없다.[10] 수렵 채집민 부족에서는 모두가 유전적인 의미에서 친족이거나(남성의 경우) 함께 사는 친구 혹은 동료였다(여성의 경우). 그로 인해 부족의 구성원 간에 자원을 나누었어도 앞에서 정의한 진보주의의 발현이라고는 말하기 어렵다.

이들 민족지의 기술에서 다음과 같이 생각하는 것이 타당할 것이다. 식량 등의 자원을 유전적인 근연자와 나누는 일은 보편적인 인간의 본성이라 할 수 있다. 그러나 만난 적도 없고 만날 일도 없는 완전한 타인에게 그런 자원을 나눠 주는 일은 진화의 관점에서 볼 때 인간의 본성이라 할 수 없다. 그러므로 지능의 역설을 통해 추측하자면 지능이 높은 사람일수록 진보주의자일 가능성이 높은 것이다.

진보주의자가 보수주의자보다 지능이 높다?

이는 사실인 듯하다. 통계 분석 결과 지능이 높은 아이일수록 성인이 된 뒤 정치적으로 진보주의가 되기 쉽다는 사실을 알게 되었다(분석에 있어 연령과 인종, 교육 수준, 소득, 종교 등의 관련 요인의 영향은 제외했음).[11] 중학교, 고등학교에서 측정한 지능 수준에 따라 7년 후의 정치적 자세를 분명히 예상할 수 있는

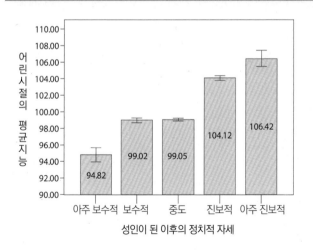

그림 5-1. 어린 시절의 지능과 성인이 되었을 때 진보주의자가 될 가능성 사이의 상관 관계

것이다. 미국에서는 중고등학교 시절 지능이 높은 사람일수록 20대에 들어 정치적으로 진보주의자가 된다.

그림 5-1을 보길 바란다. 20대 전반의 나이에 자신이 '아주 보수적'이라고 생각하는 사람들의 중고등학교 시절 평균 IQ가 94.82였던 것에 비해 자신이 '아주 진보적'이라고 생각하는 사람은 106.42였다. 이 그림을 통해 성인이 된 후의 정치적 자세와 사춘기 때의 IQ와의 관계는 수학 용어로 표현하면 '단조 증가'인 것을 알 수 있다. 한쪽이 증가하면 다른 한쪽도 증가하는 것이다.

미국의 젊은이들을 '아주 진보적'인 사람과 '아주 보수적'인 사람으로 구분한 뒤 어린 시절의 IQ를 비교해 보면 11포인트 차이가 나는데 이것은 두 개의 큰 그룹의 평균적인 차이치고는 매우 큰 것으로 통계적으로 유의미한 수준이다. 이 그림의 결과가 우연일 확률, 예컨대 지능과 진보주의는 아무런 관계가 없을 확률은 10만 분의 1에도 미치지 못한다.[12]

과거의 연구가 나타내는 것처럼 일반적으로 여성은 남성보다 진보적이고 흑인은 백인보다 진보적이지만[13] 통계 분석의 결과를 보면 어린 시절 지능이 성인이 된 뒤의 정치적 자세에 미치는 영향은 성별과 인종의 영향보다 두 배 가까이 강하다.

Add Health와 GSS 양쪽 데이터를 분석한 결과 지능의 역설을 통해 할 수 있는 예측이 사실임이 확인되었다. 지능이 높은 사람일수록 진화의 관점에서 볼 때 새로운 가치관에 이끌리고 정치적으로 진보적이 된다. 반대로 지능이 낮은 사람일수록 지능의 관점에서 볼 때 당연하고 익숙한 가치관에 이끌리기 마련이므로 정치적으로 보수적이 된다. 또한 이런 지능과 정치적 자세와의 관계는 미국에만 한정된 이야기가 아니다.

예를 들어 영국에서는 미국적 의미에서의 '진보', '보수'는 존재하지 않는다(미국의 기준으로 보면 영국인은 전원 '사회주의자'로, 영국 국민 사이에 진정한 의미에서의 정치적 대립은 존재하지 않는다고 해도 과언이 아니다). 그렇지만 영국 전역에서 추출한 사람들을 대상으로 한 대규모 추적 조사에 따르면 5세와 10세 시점에서 지능이 높은 아이일수록 34세가 된 시점에 '녹색당'이나 '자유민주당'을 지지하는 경향이 높다.[14]

하지만 영국의 정당은 진보인가 보수인가 하는 차원에서는 미국의 정당만큼 확실한 차이가 없는 까닭에 이 결과가 지능의 역설이라는 맥락에서 어떤 의미를 지니는지는 나도 판단하기 어렵다.

참고로 진보적인 사람 쪽이 보수적인 사람보다 평균 지능이 높다는 사실이 실증됨으로써 보수파 사람들이 오랜 시간 계속해 온 불평 한 가지가 증명되었다. 보수파들은 자주 대중 매체,

연예계, 학회 등을 진보파가 좌지우지한다고 투덜거렸는데 지능의 역설을 통해 생각하면 보수파의 이러한 불평은 타당하다.

그렇다, 그것은 사실인 것이다. 경제학에서 말하는 길항력이 작동하는 일부 분야(예를 들어 사업)는 차치하고 거의 대부분의 영역에서 진보파가 지배권을 쥐고 있다. 이런 일이 가능한 것은 딱히 그들이 진보적이기 때문이 아니라 단순히 그들 쪽이 보수파보다 평균 지능이 높기 때문이다. 진화의 역사에서 볼 때 새롭기 그지없는 현대의 삶은 어떤 영역이든 진보파가 높은 지위를 차지하기 쉬운 것이다.

물론 이러한 일반화에는 항상 예외가 존재한다. 다양한 영역을 하나하나 살펴보면 진보파가 지배하지 못한 영역도 있다. 그러나 양자의 역학 관계는 균형을 이루고 있다고는 말하기 어려우며 전체적으로 볼 때 기울어진 것은 분명하다.

대중 매체를 예로 들자면 AM 라디오의 토크 프로그램은 대부분 보수적이지만 이 세상에 무수하게 많은 대중 매체(신문, 잡지, TV, 라디오, 영화, 인터넷 등) 중에서는 소수파다. 그리고 다른 대중 매체는 어디든 진보 편향이 강하다. 제10장에서 자세히 이야기하겠지만 AM 라디오의 토크 프로그램이 보수적이라고 해도 FM 라디오의 토크 프로그램(특히 NPR=내셔널 퍼블릭 라디오. 미국의 독립 라디오국 네트워크)은 진보주의적 색채가 무척 강하다. 케이블 TV의 뉴스 채널에서는 FOX 뉴스는 상당히 보수적이지만 반대로 말하면 수많은 케이블 TV의 뉴스 채널에서 보수적인 곳은 이곳 정도이며 다른 곳은 진보 일색이다.

따라서 진보파는 거의 모든 영역에서 대부분의 조직을 지배하고 있다고 해도 과언은 아니다(단, 미국의 일반 대중은 대체적으로 보수적이지만).

진보주의자가 보수주의자보다 지능이 높다면 왜 진보주의자들은 그렇게 어리석은가?

진보주의자 쪽이 보수주의자보다 지능이 높다고 하는 결론은 지능의 역설을 통해 내릴 수 있는 예상과 일치하지만 실제 일반인들의 일상 감각과는 다를지 모른다. 진보주의자 쪽이 지능이 높다면 이 세상에 있는 진보주의자들, 특히 할리우드와 학계 사람들은 왜 그렇게 어리석은 언동을 하거나 지나치게 회의적인 태도로 신용을 잃는 사람이 많은 것일까?

영국 버킹엄 대학교 교수(이론의학)이자 학술지 '의료 가설(Medical Hypotheses)'의 편집장도 지낸 브루스 G. 찰턴(Bruce G. Charlton)이라면 그 이유를 설명해 줄 듯하다. '의료 가설' 2009년 12월호 논설에서[15] 찰턴은 다음과 같은 주장을 펼쳤다. 진보주의자들을 포함해 지능이 높은 사람들은 어떤 의미에서 '영리한 바보(clever sillies)'라고 할 수 있다. 추상적·논리적 사고력을 사교 및 대인 관계 영역에 잘못 사용하기 때문이다.

이 책의 제3장에서 설명한 것처럼 일반 지능이란 자신의 머리로 논리적으로 생각할 수 있는 능력을 말하며 진화의 관점에서 볼 때 신기한 문제에 대응해 발달된 심리 메커니즘이다. 반면에 진화의 시점에서 볼 때 익숙한 다른 문제에 대해서는 별도 전용 심리 메커니즘이 존재한다. 우리 조상들의 환경에도 존재했던 사교 및 교제상의 문제(생식 행위라든가 육아, 사회적 교류, 개인의 인간관계 등)에 대해서는 누구나 그것을 해결하는 능력을—지능이 높든 낮든 관계없이—갖추고 있는 것이다.

찰턴의 주장에 따르면 일반 지능을 제외한, 진화에 의해 형성된 심리 메커니즘(즉, 인간의 본성)의 총체가 흔히 말하는 '상식'이라는 것의 정체가 된다. 상식은 누구나 갖추고 있다. 그러나 지능이 높은 사람은 지능이 높은 데서 기인하는 사고력을 잘못 사용하여, 진화의 관점에서 볼 때 극히 당연하고 익숙한 문제에도 분석적이고 논리적으로 생각하는 경향이 있으며 그 결과 실패한다는 것이다.

간단히 말하자면 진보주의자들을 비롯해 지능이 높은 사람들은 상식이 부족한 것이다. 상식에 따르려고 해도 높은 지능이 방해를 하는 것이다. 그들은 느낌만으로 충분한 장면에서도 생각을 하고 만다. 대인 관계처럼 일상적인 장면에서는 대체로 생각보다도 느낌 쪽이 중요하다.

나 개인적으로는 찰턴의 '영리한 바보'라는 표현을 좋아하지 않는다. 그렇지만 그의 분석은 그야말로 정확하다고 생각한다. 찰턴도 지적했듯이 상식이라고 하는 것은 명백하게 인류의 보편적인 성질이다. 우리의 조상들은 '상식'이라는 편리한 도구가 없었다면 포식자를 비롯해 적이 바글바글한 상황에서 하루도 살아남지 못했을 것이다. 그렇기 때문에 상식은 진화의 과정에서 사교 및 교제 영역을 담당하는 심리 메커니즘이라는 자격으로 인간의 본성이 된 것이다.

일반적으로 인간의 문화라는 것은 표면적인 차이에도 불구하고 넓은 의미에서는 본질적으로 동일하다. 즉, 인간의 문화는 하나밖에 존재하지 않는다. 그렇게 공통된 인간의 문화에는 사람들 앞에서 행동하는 방법과 사람들을 대하는 방법에 대한 '상식'도 포함된다. 그러므로 하나의 사회에서도 민족과 문화, 정치, 계급 등 배경이 다른 사람들이 같은 상식을 공유하는 것이며 그렇기 때문에 전 세계의 사람들은 같은 상식을 공유하고 있는 것이다.

하지만 상식이 적용되는 것은 진화의 관점에서 볼 때 당연하고 익숙한 영역으로 한정된다. 진화의 관점에서 신기한 영역, 예를 들어 매킨토시를 작동시키는 방법이라든가 비행기를 조종하는 방법에 대해서는 상식이 적용되지 않는다. 그렇지만 컴퓨터 실습실이나 복잡한 기내에서의 행동에 대해서는 상식이 통용된다. 아주 먼 옛날 혼잡했던 동굴에서의 행동 방식과 같기 때문이다.

이처럼 상식이란 진화의 관점에서 볼 때 당연하고 익숙한 것, 즉 자연스러운 것이다. 그런 까닭에 지능을 역설을 통해 예상해 보면 지능이 높은 사람일수록 상식에 의존하지 않을 것이다. 그러니까 지능이 높은 사람은 진화의 관점에서 볼 때 극히 평범한 문제를 해결할 때에도 진화의 관점에서 볼 때 특이한, 상식 밖의, 어리석은 방법을 생각한다는 것이다. 이것이야말로 '지능의 역설' 그 자체라 부를 수 있을 것이다.

참고로 내가 '지능이 높다(intelligent)'의 동의어로 '똑똑하다(smart)', '영리하다(clever)' 등의 단어를 사용하지 않는 것은 이와 같은 이유 때문이다. 같은 이유로 '지능이 낮다(unintelligent)'의 동의어로 '바보같다(dumb)', '어리석다(stupid)' 등의 단어도 쓰지 않는다. '지능이 높다'는 것은 제3장에서도 말했듯 과학적으로 말하면 다양한 지능 테스트를 이용해, 혹은 '레이븐 누진 행렬 검사'처럼 g(일반 지능) 부하량이 높은 검사법을 사용해 측정한 일반 지능의 수준이 높은 것을 뜻한다.

반면 '현명하다' 혹은 '어리석다' 같은 말들은 지능보다 오히려 상식과 관련된 것이다. 내가 아는 한, 진보주의자처럼 지능이 높은 사람일수록 '어리석고'(상식이 없고) 보수주의자처럼 지능이 낮은 사람일수록 '현명하다'(현실적인 상식을 갖추고 있음). 그렇다, 지능이 높은 사람일수록 어리석고 지능이 낮은 사람일수록 현명한 것이다. 정말이지 이 사실이야말로 역설이 아닌가.

미국의 풍자 TV 애니메이션 '사우스 파크(South Park)'는 멋지게 이 역설을 그려내고 있다. '사우스 파크' 중 한 편인 '고 갓 고(Go God Go)' 12편에서는 '현자'(무신론자인 수달 장로)가 세계적으로 유명한 진화생물학자이자 동물학자인 리처드 도킨스(Richard Dawkins)에 대해 이렇게 말한다.

"아마 도킨스는 그렇게 현명하지는 않을 거야. 아니, 분명 지능은 높겠지. 그렇지만 지능이 높은 수달이라면 나도 지금까지 몇인가 만나 봤지만, 그중엔 정말이지 상식이 없는 녀석도 있더라고."

찰턴의 '영리한 바보' 설과 내 지능의 역설을 조합시키면 일반 지능과 상식의 정도에 마이너스적인 관련이 있음을 알 수 있다. 게다가 리처드 도킨스와 같은 인물이 극도로 높은 지능을 갖추었으면서도 무척이나 어리석고 상식이 부족한 이유도 알 수 있다. 그 이유는 전적으로 그들의 지능이 아주 높기 때문이다. 진화심리학의 선구자인 고든 G. 갤럽(Gordon G. Gallup Jr.)이 단적으로 표현한 것처럼 과학의 세계에서는 비상식적인 것이 오히려 상식인 것이다.[16]

높은 지능은 수컷 공작의 꽁지깃과 마찬가지?

이밖에도 진보주의자와 같이 지능이 높은 사람이 어리석은 생각을 하기 쉬운 이유가 있을 것이다. 노르웨이계 오스트레일리아인 저널리스트인 매즈 앤더슨(Mads Andersen)에게 개인적으로 들은 이야기지만 진보주의자 쪽이 보수주의자보다 어리석은 이유에 대해 그는 흥미로운 가설을 두 가지 들었다. 그 가설은 둘 다 이스라엘의 생물학자 아모츠 자하비(Amotz Zahavi)의 '핸디캡 이론'에 근거를 둔다.[17]

핸디캡의 가장 두드러진 예는 수컷 공작의 꽁지깃이다. 정교하게 장식된 수컷 공작의 긴 꽁지깃은 적응상으로는 아무런 가치가 없다. 생존에 도움이 될 만한 구체적인 이익이 없다는 것이다. 좀 더 확실하게 말하자면 살아남을 가능성을 떨어뜨릴

뿐이다. 길고 정교하게 만들어진 꽁지깃을 가진 개체일수록 포식자에게 붙잡히기 쉽기 때문이다. 게다가 좌우 대칭되는 무늬를 가진 꽁지깃을 유지하는 것은 생물학적 비용이 높다. 즉, 비용만 많이 들고 이점은 없는 것이다.

그러나 자하비에 따르면 바로 그 부분이 포인트라고 한다. 수컷 공작은 암컷 공작에게 이런 식으로 어필한다는 것이다. "봐, 우수한 유전자를 가진 나니까 빨리 달릴 수도 있고 이렇게 큰 꽁지깃을 가지고도 포식자들을 따돌릴 수 있는 거야! 그렇지만 다른 녀석들은 그러질 않으니까 꽁지깃이 짧아야지만 포식자를 피할 수 있는 거라고. 만약 녀석들이 나처럼 긴 꽁지깃을 가지게 되면 바로 잡아먹힐걸? 그건 그렇고, 넌 어느 쪽 유전자를 자손들에게 남겨주고 싶어?"

실제로 암컷 공작은 길고 정교하게 좌우로 대칭되는 무늬를 가진 수컷 공작과 교배를 하고 싶어한다. 생물학적으로 보면 그런 꽁지깃을 유지하는 것은 비용이 많이 들고 생존상으로도 분명 불리하다. 암컷 공작이 그런 수컷과 교배를 하고 싶어하는 것은 교배 결과 태어나는 수컷에게도 똑같이 길고 정교하게 만들어진 좌우로 대칭되는 무늬의 꽁지깃이 있을 것이고 다른 암컷을 유혹할 수 있을 것이기 때문이다.

이와 비슷한 것으로 "한쪽 팔을 묶고 싸운다."는 표현이 있다. 한쪽 팔을 묶고도 이길 수 있는 사람은 당연히 양팔을 사용하지 않으면 이길 수 없는 사람보다 강하고 유전적으로 뛰어나다는 뜻이 된다. 자하비 등 생물학자에 따르면 수컷 공작의 긴 꽁지깃처럼 언뜻 쓸모없어 보이는 특성 중 많은 수는 핸디캡으로 즉 유전적 적응도가 높다는 것을 상대방에게 과시하기 위한 시그널(전문 용어로 '정직한 시그널'이라고 함)로 진화했다고 생각할 수 있다.

이러한 특성은 소유주의 번식 성공도를 높이므로 성 도태 프로세스에서 선택받았을 것이다. 하지만 소유주의 생존 가능성을 높이는 것은 아니므로 자연 도태 프로세스에는 선택되지 않았다.

앤더슨이 제기한 가설은 자하비의 핸디캡 이론을 발전시킨 것이다. 그의 주장에 따르면 우선 지능이 높은 사람일수록 지능이 높다는 것을 보여주기 위해 말도 안 되는 이상한 생각을 품기 쉽다는 것이다. 상식은 진화의 역사에서 조우했던 문제에 대처해 온 인간 모두에게 주어지는 것이므로 무엇인가 문제에 직면했을 때 우선은 상식에 따르는 것이 가장 취하기 쉬운 해결 방법이다. 그러나 지능이 높은 사람일수록 상식으로 해결한다는 '간단한' 방법을 꺼린다. 그리고 상식으로 판단하면 좋을 문제까지도 괜히 복잡하게 생각한다. 지능이 높은 까닭에 어렵게 생각하고 마는 것이다. 딱히 어렵게 생각하지 않아도 해결할 수 있는 경우에도 말이다.

자주 지적되는 것처럼 학문의 세계에서는 이미 이런 상황이 일어나고 있다.[18] 예를 들어 문예비평처럼 특정 견해가 옳은가 그른가에 대한 외부의 객관적인 기준이 없는 분야(어떤 이론이라도 사실을 통해 검증해야만 하는 자연 과학과는 큰 차이가 있음)라든지 사회학처럼 비과학적 분야(무엇이 사실인지를 둘러싸고 의견이 정리되지 않고 실증적인 데이터보다 정치사상 쪽이 우선됨)에서는 '독자반응 이론'이나 '사회구성주의' 같은 복잡하고 기괴한 이론을 부르짖는 학자가 칭송받는 풍조가 있다.

앤더슨이 말한 것처럼 이런 학자들은 무의식적으로 이렇게 말하는 것이다. "여길 좀 봐, 난 지능이 너무 높기 때문에 상식적으로 간단하고 명백한 해답은(설사 그것이 진실이라도) 필요가 없어. 바보스러울 만큼 복잡한 이론을 세울 수 있거든. 이런 일은 전부 내가 지능이 높기 때문에 할 수 있는 거야!"

앤더슨은 이어 다음과 같이 지적한다. 정치적으로 진보적인 사람들, 특히 할리우드와 학문의 세계에 사는 사람들은 대체로 유복한 까닭에 충실한 복지를 지향하는 진보적인 정책을 지지하더라도 개개인에게는 아무런 이익이 없다. 그들 역시 자신의 힘을 과시하고 있는 것이다. 이미 많은 돈을 저축하였고 앞으로도 계속 벌 능력이 있으므로 세금이 올라도 낼 수 있으며 국가의 돈을 다른 사람에게 나눠 주어도 괜찮다는.

만약 그들에게 돈을 벌 능력이 없다면 굳이 많은 세금을 낸들 자신에게는 직접적으로 혜택이 없는 복지 사업에 신경 쓸 여유 같은 건 없을 것이다. 간단히 말해 그들은 무의식적으로 "여길 좀 봐, 난 너무 돈이 많기 때문에 전혀 모르는 사람들을 위해서 돈을 마구 내다 버려도 아깝지가 않다고!" 하고 말하는 것이다.

앤더슨의 두 가지 주장은 모두 옳다고 나는 생각한다. 그리고 그의 설명은 앞에서 소개한 찰턴이나 내가 한 설명과도 반드시 모순되지는 않는다. 오히려 앤더슨의 주장은 왜 지능이 높은 사람일수록 진보주의자가 되기 쉬운지, 유전적 적응도와 높은 지적 능력을 보여주려고 어리석은 생각을 품는지, 그 이유를 다른 형태로 알려주는 것이라 할 수 있다.

한쪽이 옳으면 다른 한쪽은 반드시 틀리다고 단정할 수는 없다. 양쪽 모두 옳고 서로 보완할 수 있는 가설 역시 존재하는 것이다.

IQ와 민족의 가치관 사이의 관계

'지능의 역설'은 일반 지능이 개인의 기호와 가치관에 어떤 영향을 끼치는지를 다루지만 거기에 머무르지 않고 국가 간의 차이(기질, 제도, 법률 등)에도 적용이 가능하다. 개인 수준과 마찬가지로 국가 수준에서도 집합적인 기호와 가치관 차이가 있다. 국가의 제도와 법률은 무수히 많은 개인의 기호와 가치관이 모여 사회적 수준에서 만들어진 것이다.

지능이 높은 사람일수록 진보주의자가 되기 쉽다는 사실은 미국, 영국 양국의 데이터가 보여주었다 생각할 때, 그렇다면 당연히 사회적 수준에서도 평균 지능이 높은 국민은 진보주의 쪽이 많을 것이다. 각종 데이터를 통해 이러한 대규모 차원에서도 지능의 역설이 작용하는 사실을 확인할 수 있다.

경제 발전과 교육 수준, 공산주의의 역사, 지리적 입지, 정부의 규모 등 관련 요인의 영향을 통계적으로 제외해도 평균 지능이 높은 사회일수록 진보주의적인 경향을 강하게 볼 수 있다.[19] 일반적으로 사회 전체의 평균 지능이 높을수록 한계 세율(소득의 증가분에 대한 과세율)도 높아진다. 한계 세율의 수준을 보면 그 사회의 구성원들이 유전적으로 관계가 없는 다른 사람을 위해 자신의 재산을 얼마나 나눌 용의가 있는지 추측할 수 있다. 그리고 한계 세율이 올라갈수록 간접적으로 소득의 불평등이 감소한다. 즉, 지능이 높은 나라의 국민일수록 소득세를 많이 내며 소득의 분포가 평등한 것이다.

실제로 사람들의 평균 지능은 그 사회의 한계 세율과 소득 불평등 수준을 결정하는 최대 요인이다. 평균 지능(IQ)이 1포인트 오를 때마다 한계 세율이 0.5포인트 올라간다. 평균 지능이 10포인트 높은 사회에서는 개인의 소득세 부담률이 5% 높다는 것이다.

이처럼 지능의 역설은 개인의 기호와 가치관의 차이는 물론이고 국가 간의 기질과 제도, 법률의 차이, 국가별 가치관의 차이도 설명이 가능하다.

제6장

신을 믿는 사람보다 믿지 않는 사람 쪽이
지능이 높은 것은 무엇 때문인가?

신앙의 기원을 알아보자

신앙이란 문화적으로 보편적인 것이다. 일반적으로 어떤 인간 사회에도 신앙은 존재한다.[1] 그렇지만 최근 진화심리학 이론에 따르면 신앙심—인지를 초월한 힘을 믿는 일—자체는 진화상의 적응은 아닌 것으로 나타났다.[2] 신앙심이란 오히려 다른 심리 메커니즘의 진화에 따르는 부산물이라고 추정된다[이러한 심리 메커니즘은 '물활론적 편향(animistic bias)'[3], '매개자 탐지 메커니즘(the agency-detector mechanism)'[4] 등으로 불림]. 그렇다면 우리가 '신'이라 부르는 것의 정체는 대체 무엇일까?

여기서 시계 바늘을 10만 년 전 아프리카 사바나로 되돌려 우리 조상들의 삶을 상상해 보자. 우리 조상들은 매일 다양한 '원인을 확실히 알 수 없는 상황'과 조우했을 것이다. 만약 당신이 캄캄한 밤에 근처에서 부스럭거리는 소리가 들리거나 혹은 숲 속을 걷고 있는데 커다란 과일이 나무에서 떨어져 머리에 부딪혔다면 어떤 생각이 들까?

본질적으로 애매모호한 상황이므로 두 가지 해석이 가능할 것이다. 하나는 '생명이 없는 물체에 의한 우연한 힘'이 작용했다고 생각하는 것(산들바람이 불어 나뭇잎이 흔들리면서 부스럭거리는 소리를 내었다거나 익은 과일이 중력으로 우연히 머리 위에 떨어졌다든가 하는). 또 하나는 '생명체에 의한 의도적인 힘'이 작용했

그림 6-1. 오류 관리 이론으로 본 신앙심		
	실제 상황	
	생명체에 의한 의도적인 힘	물체에 의한 우연한 힘
추론 생명체에 의한 의도적인 힘	올바른 추리	제1종 과오(위양성) 결과=피해망상
물체에 의한 우연한 힘	제2종 과오(위음성) 결과=죽음의 위기	올바른 추리

다고 생각하는 것(어둠 속에 포식자가 숨어 있고 당장이라도 달려들지 모른다거나 울창한 나뭇잎 사이에 적이 숨어 있었고 당신 머리 위에 과일을 던졌다거나 하는). 과연 어느 쪽일까?

그림 6-1을 보면 전부 네 개의 선택지가 있다. 왼편 위쪽과 오른편 아래쪽 케이스에서는 올바르게 추리하고 있다. 이 미지의 상황이 '물체에 의한 우연한 힘'과 '생명체에 의한 의도적인 힘'에 의해 야기된 것임을 알아맞힌 것이다. 올바르게 추리하면 딱히 곤란해질 일은 없다.

그러나 추리하기 위한 소재가 불충분하므로 항상 바르게 추리할 수는 없을 것이다. 앞에 언급한 그림에서의 오른쪽 위 왼쪽 아래 칸에서는 추리를 잘못했다. 사실은 '물체에 의한 우연한 힘'에 의해 일어난 상황인데 '생명체에 의한 의도적인 힘'이 했다고 착각하면 통계학에서 말하는 '제1종 과오'(위양성)를 일으키게 된다. 즉 위험한 상황이 아닌데도 위험하다고 생각하는 것이다.

반대로 '생명이 있는 자에 의한 의도적인 힘'에 의해 일어난 상황임에도 '생명이 없는 물체에 의한 우연한 힘'이라고 오해하면 통계학에서 말하는 '제2종 과오'(위음성)을 일으키게 된다. 위험한 상황인데도 위험하지 않다고 착각하는 것이다.

추리를 잘못하면 어느 상황이든 곤혹스럽겠지만 앞에서 예로 든 두 종류의 잘못(제1종 및 제2종 과오)은 따라오는 결과 차이가 너무나도 크다.

우선 제1종 과오를 범하면 피해망상에 걸릴 것이다. 항상 겁에 질려서 있지도 않은 포식자와 적의 모습을 찾을 것이다. 한편 제2종 과오는 치명적이다. 태평스럽게 있다가 포식자나 적에게 잡아먹힐 것이다. 그런 만큼 아무리 생각해도 죽는 것보다는 피해망상에 걸리는 편이 훨씬 낫다. 그러므로 진화의 프로세스에서는 아무 위험이 없는 상황에서도 '생명체에 의한 의도적인 힘'을 떠올리게끔, 즉 제2종 과오를 절대로 범하지 않도록 마음의 구조가 발달되었을 것이다.

여기서 한 가지 문제가 도출된다. 마음의 추리 작용에 있어 제1종, 제2종 과오를 범하는 확률을 동시에 내릴 수는 없는가 하는 것이다. 제1종 과오를 저지르지 않도록 하면 반드시 제2종 과오를 범하기가 쉬워진다. 반대로 제2종 과오를 저지르지 않도록 하면 반드시 제1종의 과오도 저지르기 쉬워지는 것이다. 이 말은 인간의 마음이 두 종류의 과오를 저지르지 않도록—포식자 및 적이 가까이 있음에도 없다고 착각하여 공격당하는 일이 없게끔—진화되었다고 하면 당연히 인간의 마음은 제1종 과오를 범하기 쉽게 되어 있을 것이다.

피해망상에 걸려 항상 오들오들 떨면서 동시에 태평스럽게 있을 수는 없다. 이 두 개의 심적 태도는 양립할 수 없는 것이다. 고로 위험할지도 모르지만 확실히 알 수 없는 상황에서는 인간의 마음은 위험을 느끼고 경계하도록 되어 있다.

그림 6-2. 연기 탐지기의 원칙

실제 상황

		화재	화재가 아님
추리	화재	올바른 추리	제1종 과오(위양성) 결과=한밤중에 강제로 일어나게 됨
	화재가 아님	제2종 과오(위음성) 결과=죽을 위험이 있음	올바른 추리

여기서 화재 경보용 연기 탐지기를 예로 들어보겠다(그림 6-2). 연기 탐지기는 당연한 말이지만 자연 도태나 성 도태라고 하는 진화의 프로세스에 의해 만들어진 것이 아니다. 기술자가 설계한 것이다.[5] 그렇지만 인간의 마음과 마찬가지로 연기 탐지기도 추리를 잘못할 수 있다. 화재가 아닌 경우에도 화재가 일어났다고 '생각'하면 경보를 울리게 될 수도 있고(제1종 과오) 혹은 화재가 일어났음에도 화재가 아니라고 '생각'하면 경보를 울리지 않을 수 있다(제2종 과오). 연기 탐지기가 제1종

과오를 저지르면 한밤중에 자다가 강제로 일어나야만 된다. 반면 제2종 과오를 저지르면 화재임에도 경보가 울리지 않고 계속 자게 될 것이고 불에 타 죽을지도 모른다.

새벽 3시에 연기 탐지기 때문에 잠에서 깨면 무척이나 짜증스럽다. 그러나 연기 탐지기가 제2종 과오를 저질러 화재가 일어났음에도 경보가 울리지 않는다면 어떻게 될까? 그런 경우를 생각하면 한밤중에 가끔 잠에서 깨는 번거로움 등은 아무 일도 아니다. 그러므로 연기 탐지기를 설계하는 기술자는 화재가 의심될 때는 경보를 울리도록, 제1종 과오를 저지르기 쉽도록 일부러 그렇게 설계한다. 진짜 화재가 일어났을 때 탐지기가 울리지 않는 사태(제2종 과오)를 반드시 피하기 위해서다.

이처럼 연기 탐지기는 연기나 화재 가능성에 민감하게 반응하도록 되어 있다. 사람의 마음과 마찬가지로 연기 탐지기도 '피해망상' 조짐이 있는 것이다. 이를 '연기 탐지기의 원칙'이라고 부른다.[6]

진화심리학의 최근 이론에서는 인간 마음의 추리 작용도 연기 탐지기처럼 진화해 온 것이 아닌가 하고 있다. 가능한 한 제2종 과오를 피하기 위해 만들어졌고 당연한 결과로서 제1종 과오를 저지르기 쉽게 되었다는 것이다. 그리고 이런 태생적인 인지 편향에서 초자연적인 힘을 믿는 마음이 나타난 게 아닌가 하고 생각하는 것이다.

제2종 과오보다 제1종 과오를 저지르기 쉽다고 하는 것은 쉽게 말해 완벽한 자연 현상의 경우에도 '생명체에 의한 의도적인 힘'이 작용했다고 생각한다는 것이다. 이러한 경향은 '물활론적 편향' 혹은 '매개자 탐지 메커니즘' 등으로 불린다. 기술자가 사용하는 '연기 탐지기의 원칙'과 동일한 것이 진화에도 존재하는 것이다.

예를 들어 우리 조상들의 환경에서 수풀이 불타고 있다고 가정하자. 단순히 '우연한 힘'일지도 모르지만(벼락이 떨어져 불이 옮겨붙었다거나 하는) 어쩌면 '의도적인 힘'이 작용한 것일지도 모른다(신의 계시)고 생각하게 될 것이다. '물활론적 경향' 혹은 '매개자 탐지 메커니즘'의 작용에 의해 인간은 후자를 고르게끔 만들어져 있기 때문이다. 원인을 분명히 알 수 없는 물리적인 자연 현상에서 신의 손(물활론적인 어떤 존재의 의도)을 보는 것이다.

이처럼 신앙심(초자연적인 힘을 믿는 인간의 성질)은 진화에 의해 획득된 것이 아니다. 신앙 자체는 진화적인 적응이 아닌 '물활론적 경향' 혹은 '매개자 탐지 메커니즘'의 부산물인 것이다. 이는 피해망상적인 경향임은 틀림없으나 그로 인해 목숨을 구할 수 있으므로 분명 적응의 결과이다.

이제까지 알아본 바와 같이 인간은 신을 믿게끔 진화된 것이 아니라 피해망상적인 성향을 가지게끔 진화된 것이다. 그리고 피해망상적인 성향이기 때문에 인간은 신을 믿는 것이다.

여기까지의 이야기를 읽고 '파스칼의 도박'을 떠올리는 사람도 있을 것이다. 17세기 프랑스의 철학자 블레즈 파스칼(Blaise Pascal, 1623~1662)은 신이 존재하는지 어떤지는 확인할 수 없지만 그래도 신을 믿는 쪽이 합리적이라고 말했다. 신이 실제로 존재함에도 신의 존재를 믿지 않으면(제2종 과오) 지옥에 떨어져 영원한 고통을 맛볼 것이다. 반대로 신이 실제로는 존재하지 않더라도 신의 존재를 믿는다면(제1종 과오) 종교 의례에 드는 약간의 시간과 노력이 쓸모없어질 뿐이다. 제2종 과오를 범했을 때의 대가와 비교하면 제1종 과오를 범했을 때의 대가는 아무것도 아니다. 그런 까닭에 신을 믿는 쪽이 합리적인 것이다.

신을 믿는 일은 자연스러운 일인가?

진화심리학의 최신 이론에 따르면 초자연적인 힘을 믿는 마음은 제2종 과오보다도 제1종 과오를 범하기 쉽다는 진화의 과정에서 몸에 익힌 심리적 경향에서 유래하는 것으로 보인다.

이 이론이 옳다면 종교나 신앙심이 진화상의 기원을 갖는다는 의미가 된다. 진화의 관점에서 볼 때 신을 믿는 일은 익숙하고 자연스러운 것이며 신을 믿지 않는 일은 새롭고 기묘한 일인 것이다.

진화의 과정에서 우리 조상들이 어떤 신앙을 가졌는지를 합리적으로 추리하기 위해 제5장에서 진보주의에 관련된 조사에 이용했던 것과 같은 민족지적 자료를 살펴보자.

『세계문화백과사전』[7]에 실려 있는 현재 전 세계 1,500개 이상 존재하는 문화 가운데 무신론이나 무신앙에 대한 기술이 있는 것은 19개밖에 없다. 이들 19개 문화는 모두 인류 조상의 고향인 아프리카 사하라 사막 이남에서 멀리 떨어진 곳에 위치하며 한 곳의 예외도 없이 예전에 공산주의 사회였던 곳이다. 그루지아의 압하지아인, 그루지아의 아자리아인, 알바니아인, 불가리아인, 러시아의 추바시인, 체코인, 러시아의 독일계 주민(독일 본국의 독일인이 아님), 러시아의 집시, 러시아의 이텔멘인, 러시아의 칼미크인, 러시아의 카라칼파크인, 러시아의 한국계 주민(한반도의 한국인이 아님), 라트비아인, 러시아의 응가나산인, 러시아의 니브히인, 폴란드인, 투르크맨인, 우크라이나의 농민, 베트남인 등의 문화가 그것으로, 같은 사전에 실려 있는 비공산주의권 사회에서는 무신론이라든지 무신앙의 존재를 나타내는 기술은 하나도 찾을 수 없었다.

『세계문화백과사전』뿐 아니라 제5장에서 소개했던 민족지도 몇 권 참조했지만 그 어느 것에도 자신이 사는 땅의 신앙을 부정하는 사람들에 대한 이야기는 나와 있지 않았다.[8] 물론 현대의 수렵 채집민은 진화의 역사 속에 존재했던 우리 조상들과 동일하지 않다. 그럼에도 불구하고 몇 가지 사실은 분명히 알 수 있었다.

인류학적으로 알려져 있는 인간의 문화(1,500개 이상) 중에서 어느 정도 무신론자가 있는 문화는 19개밖에 되지 않으며 모두 과거 공산주의였거나 현재도 공산주의 사회인 곳이다. 따라서 무신론은 보편적인 인간의 성질이 아니며 오늘날 세계 각지에서 무신론을 볼 수 있는 것은 20세기 공산주의의 산물이라는 결론을 내릴 수 있다. 그렇다는 것은 지능의 역설을 통해 생각하면 지능이 높은 사람일수록 무신론자가 되기 쉽다.

이런 예상을 증명하듯 Add Health와 GSS의 데이터를 분석하면 지능이 높은 아이일수록 성인이 된 뒤 무신론자가 되었다.[9] 통계 분석에서 연령, 성별, 인종, 교육 수준, 소득, 종교 등 관련 요인의 영향을 제외해도 지능이 높은 사람일수록 무신론자가 되는 경향이 존재했다.

지능과 교육은 일반적으로 강한 플러스 상관 관계가 있지만

(제3장에서도 설명한 것처럼 지능이 높은 사람일수록 좋은 교육을 받는 경향이 있기 때문) 신앙심과 관련해서는 지능과 교육이 역방향으로 작용한다. 지능이 높은 사람일수록 신앙심이 희박하고, 교육 수준이 높은 사람일수록 신앙심이 두터운 것이다.

따라서 다음과 같은 말을 분명히 할 수 있다. 지능이 높은 사람일수록 신앙심이 희박한 것은 교육 수준이 높기 때문이 아니다. 교육을 받기 때문에 신앙심이 약해지는 것이 아니기 때문이다. 그 이유를 설명하자면 지능이 신앙심에 미치는 영향을 측정할 때 교육 수준은 항상 일정하게(영향이 미치지 않도록) 제

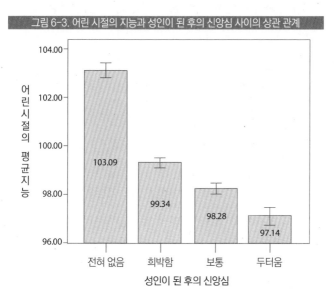

그림 6-3. 어린 시절의 지능과 성인이 된 후의 신앙심 사이의 상관 관계

어하기 때문이다. 그 결과 예상과 달리 교육 수준이 높은 사람일수록 신앙심이 약해지기는커녕 오히려 강했던 것이다.

그림 6-3을 보면 20대 초반의 청년 중 자신이 '신앙심이 두텁다'고 생각하는 사람은 중고등학교 시절의 평균 IQ가 97.14였다. 대조적으로 '신앙심이 전혀 없다'라고 생각하는 청년의 중고등학교 시절의 평균 IQ는 103.09이다. 이 데이터는 다른 데이터와 마찬가지로 수만 명 이상이나 되는 미국인을 조사한 샘플에서 얻은 평균치로 두 개의 대조적인 카테고리에서 6포인트나 IQ에 차이가 있는 것은 통계적으로 유의미한 큰 차이다. 이 결과가 우연히 발생했을 확률, 즉 지능과 신앙심 사이에 아무 관계가 없을 확률은 10만 분의 1이 되지 않는다.

과거의 연구가 나타내는 것처럼 일반적으로 여성 쪽이 남성보다 훨씬 신앙심이 두텁지만[10] 이번 분석 결과 성별의 차이보다 어린 시절의 지능 쪽이 두 배나 성인이 된 후의 신앙심에 커다란 영향을 끼치는 것을 알게 되었다. 게다가 통계 처리에 의해 신앙의 차이(응답자가 가톨릭인지 개신교인지 유대교인지 아니면 다른 신앙을 가지고 있는지)가 가지고 오는 영향을 제외해도('신앙을 가지고 있지 않은' 그룹을 참조군으로 설정) 역시 어린 시절의 지능은 성인이 된 뒤의 신앙심에 유의미한 영향을 끼친다.

사회에 대한 영향

지능이 높은 사람일수록 무신론자가 되기 쉽다면 사회적 차원에서도 평균 지능이 높은 집단일수록 전체적으로 신앙심이 약할 것이다. 즉, 집단 전체의 지능이 올라갈수록 무신론자가 늘어날 것이다. 그리고 이 생각은 사실인 듯하다.[11]

각국을 대상으로 통계 분석을 행한 결과, 경제 발전, 교육 수준, 공산주의의 역사, 지리적 입지 등 관련 요인의 영향을 배제해도 국민의 평균 지능과 신앙심 사이에는 유의미한 관계가 있었으며 평균 지능이 높을수록 신앙심은 떨어졌다. 평균 지능이 높은 사회일수록 신을 믿는 사람이 비율이 떨어지며 사람들에게 있어 신의 중요도는 떨어진다. 자신은 신앙심이 강하다고 생각하는 사람이 적은 것이다. 사람들의 지능이 오를수록 대체로 신을 믿지 않게 된다.

제5장에서 소개한 한계 세율과 소득의 불평등 이야기와 마찬가지로 사람들의 평균 지능은 신앙심의 수준을 결정하는 최대 요인이다. 예를 들어 평균 지능(IQ)이 1포인트 오를 때마다 신을 믿는 사람들의 비율이 1.2% 떨어지며 자신은 신앙심이 강하다고 생각하는 사람의 비율도 1.8% 떨어진다. 평균 지능만으로 각 국가별 신앙심의 차를 70퍼센트 정도는 설명할 수

있는 것이다.

이처럼 지능의 역설은 개인이라는 미시적 차원에서 신앙심 같은 기호나 가치관을 설명할 수 있지만 사회라는 거시적인 차원에서도 국가별 가치관이라거나 기호, 성격의 차이를 설명할 수 있다.

제7장

지능이 높은 남성일수록
한 사람만 사귀는 경향이 강한 것은 무엇때문인가?
그리고 지능이 높은 여성에게는
그런 경향이 없는 것은 무엇 때문인가?

인간은 애초부터 일부다처제를 취해 왔으며
단혼제는 취하지 않았다

　용어에 대한 정의가 혼동되기 쉬우므로 서두에 혼인 제도의
차이를 설명해 두겠다[1]. '단혼제'란 남녀 한 쌍이 결혼하는 형
태를 말하고, '일부다처제'란 한 남성이 여러 여성과 결혼하는
형태, '일처다부제'란 한 여성이 여러 남성과 결혼하는 형태를
뜻한다. '복혼(polygamy)'이라는 단어도 일부다처제의 동의어
로 자주 쓰이지만 정확히는 일부다처제와 일처다부제 양쪽 모
두를 가리킨다. 하지만 의미가 애매하므로 특별히 일부다처제

와 일처다부제 양쪽을 가리키고 싶은 경우를 제외하고는 과학적인 논의에서는 피하는 편이 좋은 단어다. 왜 '일부다처제'와 '복혼'이 같은 의미로 사용되었는지를 말하자면 일처다부제 사회는 전 세계적으로도 극히 드물며(일처다부라고 하는 제도 자체가 절멸의 씨앗을 품고 있음) 복혼 사회는 사실상 모두 일부다처제였기 때문이다.

거의 모든 인간 진화의 역사에서 우리의 조상들은 단혼이 아니라 가벼운 일부다처제를 영위했다. 그렇지만 어떻게 그런 사실을 알 수 있는 것일까? 혼인 제도는 뼈와 달리 화석으로 흔적을 남기지 않는다. 그렇다면 우리 조상들이 어떤 혼인 제도를 취하고 있었는지(일부다처제인지 단혼제인지) 어떻게 알 수 있는 것일까? 사실은 그 역시도 뼈를 통해 알 수 있다. 무슨 말인지 설명하도록 하겠다.

특정 종이 어느 정도로 일부다처에 가까운지는 일반적으로 체격에서의 성적 이형성(암수의 체격 차이)과 상관이 있다. 성적 이형성이 강한(암컷보다 수컷 쪽이 큰) 종일수록 일부다처라고 말할 수 있다.[2] 왜 그런 것인지에는 두 가지 설이 있다. 첫 번째는 일부다처인 종에서는 수컷끼리 경쟁해서 암컷을 독점하려고 하는 까닭에 수컷의 몸집이 커졌다고 하는 설.[3] 두 번째로는 일부다처인 종은 암컷이 빨리 성숙해서 번식을 시작하는 편이 유리한 까닭에 암컷의 몸이 작아졌다고 하는 설이 있다.[4] 이 밖에도 성 도태 작용도 체격의 성적 이형성을 일으킨다. 여성이 키가 큰 남성을, 남성이 키가 작은 여성을 배우자로서 선호하면 체격의 남녀 차이가 벌어진다는 것이다.

나는 개인적으로 암컷의 번식설이 맞다고 생각한다.[5] 완전한 단혼제 사회가 존재한다면 남녀의 체격은 완전히 똑같을지도 모른다. 그러나 인간 사회는 정도 차이는 있지만 항상 일부다처제를 취해 왔다.[6] 게다가 한 사회에서의 여성의 평균 신장은 그 사회의 일부다처제 강도에 따라 일부 영향을 받는다. 즉, 일부다처제 경향이 강한 사회일수록 여성의 평균 신장이 낮아지지만 남성의 평균 신장은 변화가 없는 것이다.[7]

어쨌거나 확실한 것은 어떤 종이든 어떤 인간 사회든 일부다처제의 정도와 체격의 성적 이형성 정도 사이에는 플러스 상관관계가 있다는 것이다. 그 때문에 엄격한 단혼제라 할 수 있는 긴팔원숭이는 성적으로 단일형이며(즉, 남녀의 크기가 거의 같음), 고도의 일부다처제를 영위하는 고릴라는 체격 면에서 성적 이형성 정도가 크다.

이 관계가 극단적으로 나타나는 것이 남방바다코끼리(Southern elephant seals)다. 남방바다코끼리 수컷은 평균 50마리 정도의 암컷을 자신의 하렘에 둔다. 다시 말해 한 번의 번식기에 암컷과 교미할 수 있는 수컷은 겨우 2%에 지나지 않으며 나머지 98%는 번식상 완전한 패자가 되는 것이다. 남방바다코끼리의 이와 같은 번식 시스템은 극단적인 것이라 할 수 있으며 그 결과 수컷은 암컷보다 8배 가까이 몸이 무겁다.[8] 그로 인해 교미 중에 암컷이 수컷의 몸에 눌려 압사당하는 일도 드물지 않다.

다행히 인간의 남성은 평균적으로 여성보다 17% 정도 무거울 뿐이다.[9] 그리고 그런 기준에서 보자면 인간은 살짝 일부다처제라 할 수 있다. 고릴라만큼(혹은 남방바다코끼리만큼) 일부다처는 아니지만 긴팔원숭이처럼 엄격한 단혼제는 아니다.

이 비교 결과를 증명하듯 세계의 전통 사회를 폭넓게 조사한 연구에서도 전통 사회의 대다수(83.39%)가 일부다처제를 취하고 있으며 단혼제는 16.14%, 일처다부제는 0.47%밖에 되지 않는다.[10] 전 세계에 산재한 전통 사회에서 이렇게 일부다처제가 만연하다는 사실과 앞에서 이야기한 비교 결과를 조합하면 인류 진화의 역사를 통해 우리 조상들은 대체로 일부다처제를 취해 온 것은 분명한 듯하다.

어떤 사회에서든 일부다처제를 통해 여러 아내를 가진 남성은 숫자상 소수다.[11] 남녀비를 대략 50 대 50으로 생각하면 일부다처혼을 하는 남성은 최대 50%를 넘지 못한다. 반수의 남성이 각각 두 명의 아내를 취한다면 나머지 반수는 여성과 결혼을 하지 못한다. 세 사람 이상의 아내를 취하는 남성이 있으면 여성과 결혼하지 못하는 남성은 더욱 증가할 것이고 일부다처혼을 하는 남성의 비율 역시 더욱 저하될 것이다. 즉, 어떤 사회든 일부다처혼을 하는 남성의 비율은 반드시 50%를 하회한다. 일부다처제 사회에서는 태반의 남성이 한 사람의 아내밖에 얻지 못하거나 한 사람도 얻지 못한다.

하지만 진화의 역사 내내 적어도 일부 남성은 일부다처혼을 하였다. 그리고 그렇게 많은 아내를 가진 남성들은 자신의 유전자를 가진 많은 수의 자손을 남길 수 있었다. 그런 남성은 단혼을 한 남성이나 독신 남성보다 많은 아이를 두었기 때문이다. 하지만 인류 진화의 역사에서 일부다처제가 살짝 우세했다고 해서 여성이 항상 일부다처제의 정식 남편에게 정절을 지킨 것은 아니었다. 남성 생식기에 대한 해부학적 연구에 따라 진화의 역사상 여성에게는 약간의 바람기가 있었던 사실이 분명히 밝혀졌다.[12]

그림 7-1. 혼인 제도 : 단혼제 대 일부다처제

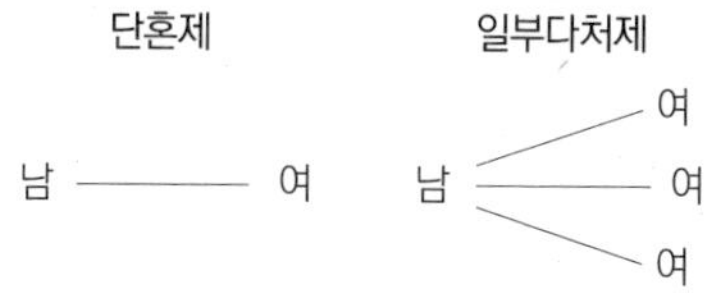

단혼제   일부다처제

남 ——— 여   남 ⟨ 여 / 여 / 여

그림 7-1에서 알 수 있는 것처럼 일부다처제에서는 한 남성이 여러 여성과 결혼한다. 즉 일부다처제에서도 여성은 (제도상으로는) 한 남성하고 결혼하였으며 이 점에서는 단혼을 하는 여성과 다를 것이 없다. 일부다처혼을 한 여성도 단혼을 한 여성도 한 남성과 성적 관계를 가진다는(가져야 한다는) 점에서는 동일한 것이다.

대조적으로 일부다처혼의 남성은 동시에 여러 여성과 관계를 가지기 때문에 이 점에서는 단혼을 한 남성과 큰 차이가 있다. 단혼을 한 남성은 한 여성하고만 관계를 가지기 때문이다. 이처럼 인간 진화의 역사를 통해 남성은 동시에 여러 여성과 관계를 맺고 여성은 (제도상으로는) 한 남성과만 관계를 맺었다.

오늘날 사회에서는 단혼제 아래 서로 맹세한 한 사람의 상대와만 성적 관계를 맺는 것—이를 '성적 배타성'이라 부른다—이 당연한 일처럼 여겨지고 있다. 그러나 인류의 혼인 제도 역사를 생각하면 이러한 현대 시스템은 남성에게 전례가 없는 일이다. 반면 여성에게는 당연한 일이다. 그러한 사실을 지능의 역설을 통해 생각해 보면 지능이 높은 남성일수록 '성적 배타성'이라는 가치관을 중시하겠지만 여성의 경우 지능이 높은 것과 '성적 배타성'이라는 가치관 사이에는 관계가 없을 수도 있다.

지능의 역설을 통한 이러한 예상을 증명이라도 하듯 Add

Health의 데이터를 분석한 결과 지능이 높은 소년일수록 성인 초기(20대)의 조사에서는 성적 배타성을 중시하는 경향을 볼 수 있었다. 통계 분석에 있어 연령이나 인종, 교육 수준, 소득, 종교, 혼인 횟수 등 관련 요인의 영향을 배제하는 경우, 중고등학교 때 지능이 높은 사람일수록 7년 뒤의 시점에 성적 배타성이라는 가치관을 중시하였다.

한편, 여성의 경우는 같은 요인의 영향을 배제한 경우 어린 시절의 IQ와 성인이 된 이후의 성적 배타성 간의 관계는 찾을 수 없었다. 즉 여성은 지능이 높아도 성적 배타성을 중요시하지 않는다. 또한 어린 시절의 지능이 성적 배타성이라는 가치관에 끼치는 영향을 남녀별로 비교하면 남성 쪽이 4배나 강했다. 여성 쪽은 어린 시절의 지능과 성인이 된 이후의 성적 배타성 사이에 유의미한 관련이 전혀 없었다.

지능이 높은 남자일수록 바람을 피우지 않는다?

타블로이드지를 보면 가끔씩 비슷한 종류의 제목이 달린 기사를 발견할 수 있다. 예를 들어 이런 제목들이다. "바람기가 많은 남자는 지능이 낮다"[13](메트로지), "어리석은 남자보다 머리가 좋은 남자 쪽이 바람을 잘 피우지 않는다—조사 결과"[14]

(뉴욕 데일리 뉴스지), "지능이 높은 남자는 바람을 잘 피우지 않는다"[15](데일리 텔레그라프지) 등등. 이들 매체의 선정적인 보도 행태와 제5장에서도 언급한 '지능이 높은 것'과 '머리가 좋은 것'에 대한 혼동은 차치하더라도 이러한 헤드라인은 옳은 것일까? 앞서 소개한 데이터는 지능이 높은 사람일수록 아내나 연인에게 정절을 지킨다는 뜻인 것일까?

대답은 아마도 '아니요'일 것이다. 그렇지만 그 이유를, 그러니까 지능이 높은 남자가 사실은 바람을 잘 피우는 이유를 설명하기 전에 살짝 옆으로 빠져 진화생물학의 중요한 개념인 '암컷의 선택'에 대해 이야기하겠다.

암컷의 선택

수컷보다 암컷 쪽이 열심히 육아를 하는 포유류라는 종(인간을 포함)의 세계에서 배우자를 선택하는 것은 암컷이지 수컷이 아니다.[16] 언제 누구와 성교를 할지는 모두 암컷이 결정하는 것이다. 이는 인간이라고 예외는 아니다.

'암컷의 선택'이라는 법칙이 인간에게도 작용한다는 사실을 멋지게 실증한 연구 두 가지를 소개한다.

1989년 고전적인 연구에서 두 명의 사회심리학자 러셀 D.

클라크(Russell D. Clark)와 일레인 해트필드(Elaine Hatfield)는 젊고 매력적인 남녀를 고용해 대학 캠퍼스에서 이성 학생들에게 접근시켰다.[17] 즉 여성은 남학생에게 남성은 여학생에게 각각 접근해 "캠퍼스에서 당신을 본 뒤 계속 신경이 쓰였어요." 하고 말한 뒤 다음 세 가지 질문 중 한 가지를 던진 것이다.

"오늘 밤 데이트 할래요?"

"오늘 밤 내 방에 올래요?"

"오늘 밤 같이 잘까요?"

그리고 상대방의 반응을 단순히 '예'와 '아니요'로 기록했다. 실험은 1978년과 1982년 2회 이루어졌다.

결과는 다음과 같았다.

'예'의 비율							
1978년				1982년			
	부탁 내용				부탁 내용		
조사원의 성별	데이트	방	섹스	조사원의 성별	데이트	방	섹스
남성	56%	6%	0%	남성	50%	0%	0%
여성	50%	69%	75%	여성	50%	69%	69%

그야말로 상식적인 결과인지도 모르지만 특히 두 가지 점에서 흥미로운 사실을 발견할 수 있다.

먼저 1978년과 1982년 양쪽 모두 핸섬하지만 처음 보는 남성으로부터 섹스를 하자는 말에 응한 여성은 한 사람도 없었다. 다음으로 대다수의 남성(1978년은 78%, 1982년은 69%)은 처음 보는 미녀가 섹스를 하자는 말에 동의했다. 참고로 데이트를 하자는 말에 동의한 남성은 그보다 훨씬 적었다(1978년, 1982년 모두 정확히 50%).

즉, 데이트를 하자는 유혹에는 넘어가지 않은 남성도 많이 있지만 그런 남성들도 섹스를 하자는 유혹에는 넘어가는 경우가 많다는 것이다. 여성 쪽도 처음 보는 상대와의 데이트에 동의한 사람의 수는 1978년 조사에서는 남성보다 많았으며 1982년 조사에서도 남성과 동일했지만 그래도 섹스를 하자는 말에 동의한 여성은 한 사람도 없었던 것이다.

이 고전적인 연구는 최근인 2009년 덴마크에서 다시 재현되어 마찬가지로 비슷한 결과를 얻었다. 단, 덴마크의 조사에서는 섹스를 하자는 말에 동의한 사람의 비율이 여성 2%, 남성 38%로 예전 미국에서의 조사(0% 대 75%)와 비교하면 남녀 차이가 그다지 크지 않았다.[18]

덴마크 조사에서 흥미로운 점은 당시 교제 상대가 없었던 여성 중에 섹스를 하자는 말에 동의한 사람은 한 사람도 없었으나(미국의 조사와 동일) 교제하는 상대가 있는 여성 중에서는 섹스에 동의한 사람이 4%를 나타냈다. 여성에게 말을 건 남성 조사원은 모두 신체적으로 매력이 높은 사람이었기 때문에 이 결과는 그야말로 진화심리학에서 말하는 '좋은 유전자의 성 도태 이론'[19]과 일치한다.

이 이론에 따르면 여성은 지위가 높고 유복하며 자신의 아이에게 투자해 줄 것 같은 남성과 결혼하고 싶어하지만 한편으로는 유전자적 자질이 높은 핸섬한 남성에 의한 임신을 원하며 그렇게 생긴 (불의의) 아이를 오랜 시간 함께해 온 상대 사이에서 태어난 아이처럼 보이려고 한다는 것이다. 그러나 교제 상대가 없으면 여성이 부정을 저지르는 일도 불가능하므로 그런 관점에서 보면 교제 상대가 있는 여성이 처음 보는 핸섬한 남자와 섹스에 동의하는 일도 이해할 수가 있다.

원래 미국에서 있었던 실험에서는 섹스를 하자는 유혹을 거절한 남성은 대부분 여성 조사원에게 '사과'했다고 한다. 그리고 결혼한 탓에 혹은 여자 친구가 있는 탓에 잠을 잘 수가 없다고 말했다고 한다. 이는 반대로 말하면 만약 결혼을 하지 않았다면, 혹은 여자 친구가 없었다면 잠을 잤을 거라는 말이다. 실제로 덴마크의 실험에서는 교제 상대가 있는 남성보다 없는 남성 쪽이 '예'라고 말하는 경우가 훨씬 많았다(18% 대 59%). 한편 여성 쪽은 남성 조사원이 함께 자자고 말하면 '화를 내는' 사람이 많았다고 한다.

클라크와 해트필드의 연구는 '암컷의 선택'이 얼마나 강한지를 그 어떤 연구보다 확실하게 실증했다. 그렇기 때문에 고전이 된 것이다. 충분히 매력적인 젊은 여성이 유혹하면 대부분의 남성들은 그 여성과 잠을 자지만 충분히 매력적인 젊은 남성이 같은 일을 해도 여성과 잘 수 없다. 언제 누구와 섹스를 할지는 여성 쪽에서 결정하는 것으로 남성에게는 결정권이 없는 것이다.

여성 측에 주도권이 있다는 사실을 나타내는 연구를 하나 더 소개한다. 학술지 '산과&부인과(Obstetrics& Gynecology)'의 2008년 9월호에 게재된 기사[20]에 따르면 하와이대학교의 블리스 카네시로(Bliss Kaneshiro) 등의 연구진은 여성의 BMI(신체 질량 지수)와 성 행동 간의 관련을 조사했다. 조사 대상자는 '보통' 체중(BMI < 25)인 여성 3,600명, '과체중'인 여성(25 < BMI < 30) 1,643명, '비만'인 여성(BMI > 30) 1,447명으로 연령은 15세에서 44세까지.

통계 분석 결과 성적 지향, 처음 성교를 가진 연령, 이성과의 성교 빈도, 평생 혹은 현재의 성적 파트너 숫자에 관해 보통 체중의 여성과 과체중 및 비만인 여성 사이에 유의미한 차이는 없었다. 그 말을 통설과는 달리 과체중 혹은 비만 여성은 보통 체중의 여성과 비교해 첫 경험을 한 연령도 늦지 않고, 섹스의 빈도도 적지 않으며, 교제 상대의 수도 적지 않다는 것이다. 뿐만 아니라 남성과의 성교 경험이 있는가에 대해서는 과체중인 여성(92.5%)와 비만인 여성(91.5%) 쪽이 보통 체중의 여성(87.4%)보다 유의미하게 많았다.

이성에 대한 기호와 관련된 연구는 전 세계적으로 이루어지고 있지만 대부분의 연구에서 남성은 보통 체중 범위 내의 허리 대 히프의 둘레 비율이 낮은 여성을 선호하는 경향이 있다.[21] 남성은 너무 마른 여성도 좋아하지 않고 너무 뚱뚱한 여성도 좋아하지 않는다. 그러므로 언제 누구와 섹스할지를 만약 남성 쪽에서 결정한다면 과체중 여성과 비만 여성은 보통 체중의 여성보다 섹스를 할 수 없을 가능성이 있다.

단순하게 생각해도 많은 남성들은 과체중인 여성이나 비만 여성을 군이 섹스 상대로 고르지 않을 것이다. 과체중 여성이나 비만인 여성 쪽이 보통 체중의 여성보다 더 많이 섹스를 할 수 있는 상황이 되기 위해서는 언제 누구와 섹스를 할지를 여성이 결정하고, 남성에게는 거의 결정권이 없는, 그런 경우에 한정된다.

남성이 여성을 유혹하는 경우 여성은 두 가지 대답이 가능하다. '예' 혹은 '아니요'. 한편 여성이 남성을 유혹할 때 남성이

할 수 있는 대답은 다음 두 가지다. '예' 혹은 '예, 감사합니다'. 현실적으로 '아니요'라는 선택지는 없다. 어쩌면 남성들도 과체중 여성이나 비만인 여성에게 "예, 감사합니다."라는 말을 하지 않을 수도 있겠지만 카네시로 등의 연구에 따르면 "예." 라고 답할 것은 거의 분명하다.

이와 같은 역학 관계에 의해 여성은 대부분 자신의 희망을 실현할 수 있지만 대부분의 남성은 그런 일이 불가능하다. 어느 날 아침 한 남자가 잠에서 깨어 이런 맹세를 했다고 하자. "좋아, 오늘 밤에는 꼭 여자와 잘 거야." 하지만 엄청나게 잘생기지 않은 한 남자의 결의는 틀림없이 실패할 것이다. 실제로 젊은 남자들 중 많은 수는 매일 아침 이런 기대를 했다가 밤에 혼자 쓸쓸히 잠이 든다. 하지만 여성이라면—어떤 여성이라도—아침에 눈을 뜨고 '오늘 밤엔 누군가와 자야지.'라고 생각하면 거의 대부분 이루어진다. '암컷의 선택'이라는 힘은 이렇게 강력하다.

'암컷의 선택'은 '지능이 높은 남성이 성적 배타성을 중요시하는 사실'과 어떤 관계가 있는가?

만약에 배우자를 고르는 결정권이 주로 남성 측에 있어 남성은 언제든 누구와도 섹스가 가능하다고 하자. 그런 경우 지능이 높은 남성일수록 한 사람의 여성과 교제하겠다는 가치관(즉 성적 배타성)이 강하므로 부정은 잘 저지르지 않을 것이다. 하지만 현실적으로 결정권은 여성 측에 있다. 그리고 그 사실에는 여러 가지 요소가 얽혀 있다.

첫 번째 요소는 지능이 높은 사람일수록(남성도 여성도) 지위가 높고 유복하다는 사실이다. 적어도 진화의 역사 속에서 새로운 오늘날의 환경에서는 그렇게 말할 수 있다.[22] 그리고 여성은 지위가 높고 경제력이 있는 남성을 배우자로 삼고 싶어한다.[23] 두 번째 요소는 지능이 높은 사람일수록(남녀 모두) 신체적 매력이 높은 경향이 있다는 점이다.[24]

NCDS의 데이터를 사용한 최근의 연구에 따르면 두 명의 다른 심판에 의해 '매력적'이라고 판정을 받은 사람의 IQ는 104.2, '매력적이지 않다'고 판정받은 사람의 IQ는 91.8로 12.4포인트나 차이가 있었다. IQ의 차이는 심판이 둘 다 소녀일 때의 비교(103.6 대 92.3)보다도 둘 다 소년일 때의 비교(105.0 대 91.4) 쪽이 컸다.[25] 게다가 NCDS 데이터에서 볼 수 있는 지능과 신체적 매력 사이의 강한 상관 관계는 우연하게도 지능과 교육 사이의 상관 관계의 강도와 완전히 동일하다. 즉 두 관계 모두 상관 관계는 r=0.381이었다. 이 말은 혹시 IQ 테스트를 이용하지 않고 누군가의 지능을 추정하고 싶다면 학교 교육을 받은 연수를 근거로 삼아도 좋고 신체적 매력을 근거로 삼아도 괜찮다는 뜻이다.[26]

어느 쪽이든 여성은 잘생긴 남성과 교제하고 싶어하고 특히 단기적인 관계(우연한 섹스 혹은 불륜)에 그런 경향이 강하다.[27]

세 번째 요소는 일반 지능이 키와 강한 상관 관계가 있다는 것이다. 남성도 여성도 지능이 높은 사람은 지능이 낮은 사람보다 유의미하게 키가 크다.[28] 그리고 여성은 키가 큰 남성을 연인으로 선택하고 싶어한다.[29]

그러므로 만약 단순하게 사회적 지위와 소득, 재산, 신체적 매력, 키 차이를 고려하지 않고 지능이 높은 남성과 지능이 낮은 남성을 비교하면 우선 틀림없이 지능이 높은 남성 쪽이 바람을 피우기 쉽다는 결과가 나온다. 이는 반드시 남자의 지능이 높기 때문이 아니라 그들이 사회적 지위가 높고 경제력이 있으며 신체적으로 매력적이고 키가 크기 때문이다. 만약 지위와 소득, 재산, 신체적 매력, 신장 같은 요인의 영향을 제외한 뒤 비교해 보면 지능이 높은 남성 쪽이 바람을 잘 피우지 않는다는 결과가 나올 것이다.

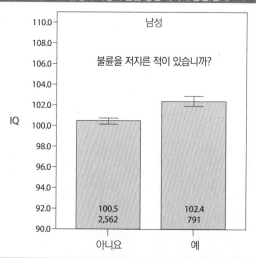

그림 7-2. 남성의 지능과 불륜 경험 사이의 상관 관계

남성

불륜을 저지른 적이 있습니까?

아니요: 100.5 / 2,562
예: 102.4 / 791

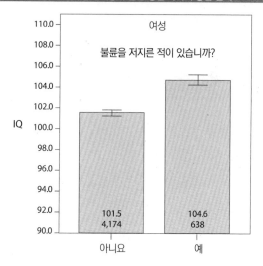

그림 7-3. 여성의 지능과 불륜 경험 사이의 상관 관계

여성

불륜을 저지른 적이 있습니까?

아니요: 101.5 / 4,174
예: 104.6 / 638

하지만 내가 아는 한 관련 요인의 영향을 모두 배제한 상태에서 일반 지능과 불륜의 상관 관계를 조사한 사람은 아직 없다. 남성의 일반 지능이 실제 성 행동(불륜 등)에 영향을 끼친다면 어느 정도인지를 확인하기 위해서는 새로운 연구가 필요하다.

그렇다고 해도 GSS 데이터(그림 7-2, 그림 7-3)를 보면 지능이 높은 남성(및 여성)일수록 바람을 피우기 쉽다는 인상을 강하게 받는다. 불륜을 저지른 적이 있는 남성의 평균 IQ는 불륜을 저지른 적이 없는 남성보다(크지는 않지만) 유의미하게 높다(102.4 대 100.5). 그리고 여성은 그 차이가 조금 더 컸다(104.6 대 101.5).

교육과 소득, 사회 계층, 또 인종, 연령, 현재의 혼인 상태, 자녀의 수, 종교, 신앙심 등의 요인의 영향을 배제하더라도 여전히 남녀 모두 IQ와 불륜 사이에는 유의미한 관련이 있다. IQ의 영향은 남성보다 여성 쪽이 상당히 강한 것처럼 보인다.

지능이 낮은 여성보다 지능이 높은 여성 쪽이 불륜을 저지를 가능성이 높은 것은 무슨 이유에서일까? 나 역시 정확한 이유는 모른다. 다만 흥미로운 것은 여성의 불륜과 관련해서도 지능과 교육은 역시 정반대의 영향을 끼친다는 것이다. 지능이 높은 여성일수록 불륜을 저지르기 쉽고, 교육 수준이 높은 여성일수록 불륜을 저지르지 않는다.

공교롭게도 GSS에서는 응답자의 신장과 신체적 매력을 측정하지 않은 탓에 그런 영향을 배제하고 분석하는 일은 불가능하다. Add Health와 NCDS는 양쪽 모두 신장과 신체적 매력을 측정하기는 했지만 응답자의 불륜 경험까지는 조사하지 않았다. 그런 까닭에 남성의 지능과 바람을 피우기 쉽다 사이의 유의미한 상관 관계가 '지능 높은 남성일수록 신체적인 매력과 신장이 높다'고 하는 경향 때문인지는 아직 알 수 없다.

한 가지 주의해야 할 점은 지능의 역설이 다루는 것은 어디까지나 개인의 기호와 가치관 같은 사람들이 머릿속에서 품는 소망과 욕구로, 반드시 사람들의 실제 행동과 연결되지는 않는다. 만약 사람들이 자신의 행동을 자유롭게 선택할 수 있다면 자신의 소원이나 욕구에 따라 행동하겠지만 항상 그러한 선택의 자유가 있는 것은 아니다. 그리고 배우자 고르기 및 섹스와 관련해서는 남성 쪽에 거의 선택권이 없는 것이다.

지능과 혼인 제도

그런데 남성의 지능과 성적 배타성이라는 가치관 사이의 관련성은 사회에 어떤 의미를 가지는 것일까? 남성 개개인에게서 볼 수 있는 그런 관련성은 사회라고 하는 커다란 차원에 어떤 영향을 미칠까?

혼인 제도(단혼제인지 일부다처제인지)는 그 집단의 평균 지능과 무척 강한 관련이 있다고 알려져 있다.[30] 전 세계 187개 국에서 측정한 평균 지능과 일부다처제 사이의 상관계수는 -0.615다. 경제 발전 및 교육의 평균 수준, 지리적 입지, 이슬람교 신앙, 소득의 불평등과 같은 요인의 영향을 배제하는 경우, 특정 집단의 평균 지능은 그 사회가 어느 정도 일부다처제를 취하고 있는가와 굉장히 강한 연관성이 있다. 높은 지능일수록 일부다처제가 적다(단혼제가 많다).

1999년 메리 C. 스틸(Mary C. Stil)과 공동으로 집필한 논문에서[31] 나는 특정 사회의 일부다처제 정도를 결정하는 최대 요인은 소득의 불평등이라고 주장했다. 소득의 분포가 불평등한 사회일수록 일부다처제가 확산된다. 왜냐하면 남성 쪽의 소득에서 불평등이 크면 여성 쪽 입장에서는 가난한 남자를 독점하기보다 부자인 남자를 나누는 쪽이 경제적으로 이득이 되기 때문이다. 조지 버나드 쇼(George Bernard Shaw, 내가 근무하는 런던 정치 경제 대학교의 창설자 중 한 사람)의 명언을 빌리자면 "모성 본능에 따라 여성은 삼류인 남자의 소유물을 독점하기보다 일류인 남자를 열 명이서 나눠 가지는 쪽을 택한다."[32]인 것이다.

하지만 남성 쪽의 소득 불평등이 적어지면 이는 성립하지 않게 된다. 보다 평등한 소득 분배가 이루어지면 여성은 '일류 남자를 열 명이서 나눠 가지기'보다 '삼류 남자의 소유물을 독점'하는 쪽을 선택할 것이다.

1999년 논문에서 말한 것처럼 소득의 불평등은 사회의 일부다처제 비율을 높이는 요인이다. 하지만 집단의 평균 지능 쪽이 훨씬 더 강력한 요인이라는 사실을 알게 되었다. 실제로 생각할 수 있는 요인 중에서 집단의 평균 지능만큼 일부다처제 비율을 좌우하는 것은 없으며 그 영향력은 이슬람교의 신앙보다 강할 정도다. 그렇다, 이슬람권 국가에서는 비이슬람권 국가보다 일부다처제가 많이 존재하지만 평균 지능이 그 사회의 일부다처제 비율에 미치는 영향은 이를 능가할 정도로 더욱 강력한 것이다.

제8장

아침형 인간보다 저녁형 인간 쪽이
지능이 높은 것은 무엇 때문인가?

내가 개일 리듬(24시간 주기의 리듬, circadian rhythm)에 처음으로 흥미를 가진 것은(왜 저녁형 인간이 있는가 하면 아침형 인간도 있는가 하는 문제) 뉴질랜드의 크라이스트처치(뉴질랜드 남섬 북동 연안에 있는 도시−편집자주)에서 1년간 살았을 때였다. 내가 사는 곳은 크라이스트처치의 번화가 중 한 곳인 리카턴 거리에 있었다. 집에서 리카턴 거리를 조금 걸어 내려가면 '카운트다운'이라는 이름의 슈퍼가 있었다. 연중무휴에 하루 24시간 영업하는 가게였다.

나는 종종 새벽 3시쯤에 카운트다운으로 물건을 사러 갔다. 언제 가도 가게 안은 아시아계 손님들로 붐비고 있었다. 최근

아시아 각국에서 뉴질랜드로 폭발적인 이주가 일어나고 있지만 그때는 그 이전으로 당시 크라이스트처치에서 아시아계는 아직 소수파에 불과했다. 크라이스트처치에서 대부분의 시간대는 아시아계 사람들을 그다지 볼 수 없었으나 새벽 3시, 24시간 영업을 하는 슈퍼만큼은 달랐던 것이다.

그 무렵부터 나는 이런 의문을 품게 되었다. 어쩌면 아시아계 사람들은 다른 인종보다 저녁형 경향이 강하기 때문에 새벽에 슈퍼에 모이는 것일까. 나는 그때까지 개일 리듬에 인종의 차이가 있을지도 모른다는 생각은 하지 않았다. 우연히 뉴질랜드에서 살면서 새벽 3시 슈퍼에 아시아계 사람들을 자주 목격함으로써 떠올리게 된 것이다. 그리고 새벽에 출몰하는 아시아계 쇼핑객들에 대한 수수께끼가 풀린 것은 그로부터 한참 뒤의 일이었다.

유전적 경향 안에서 선택이 가능

개인의 선택이라고 하는 것은 유전자적 영향과 양립할 수 없거나 대립하는 것이 아니다. 유전율(개개인의 행동 차이를 얼마나 유전적 요인으로 설명 가능한지를 나타냄)이 1.0이라도 되지 않는 한 유전자라고 하는 것은 단순히 큰 틀을 정할 뿐이다. 그러므로 커다란 유전적 제약 안에서 한 사람 한 사람은 자유롭게 선택할 수 있는 여지가 남아 있다.

예를 들어 유전정치학[1]이라고 하는 신흥 학문 분야 학자들은 개개인이 선거에서 투표를 할지 말지 하는 대략적인 경향은 두 개의 유전자에 의해 결정된다는 사실을 밝혀냈다.[2] 어떤 선거가 있을 때 투표를 하러 갈지 말지 하는 선택이 어느 정도 유전에 의해 결정된다는 뜻이다.[3]

그렇지만 실제로 투표를 하러 갈지 말지는 개개인의 선택에 달려 있으며 게다가 지난번 선거에서 투표했던 후보자가 이겼는지 졌는지 하는 등의 환경적(비유전적) 요인도 투표를 하러 가느냐 마느냐를 좌우할 것이다. 지난번 선거에서 투표한 후보자가 이겼다면 이번에도 투표할 마음이 생길 것이고 졌다면 이번에는 안 하고 싶은 마음이 생길 것이다.

마찬가지로 유전적인 영향이나 제약에 의해 개개인의 기호와 가치관이 사전에 규정되는 것은 아니다. 유전적인 경향에 얽매이면서도 어떠한 기호와 가치관을 가질지는 개개인이 선택 가능한 것이다. 제3장에서 간단히 소개했던 '터크하이머의 행동유전학 제1법칙'에 따르면[4] 대부분의 인간 형질은 모두 부모로부터 자식에게 유전되며 적어도 몇 가지는 유전자에 영향을 받는다. 그러므로 유전적인 경향이 모든 것을 결정하고 개인에게 선택할 여지가 없다고 하면 인간은 무엇 하나 스스로 고를 수 없다는 말이 된다. 그러나 현실적으로 인간은 유전적 경향을 짊어진 채로도 스스로 선택을 하고 있다.

예를 들어 정치사상[5]이나 신앙심[6] 같은 것은 유전적인 배경이 있다는 사실이 오늘날 밝혀졌다. 타고난 유전적 경향에 따라 진보주의자가 되기 쉬운 사람이 있는가 하면 보수적이 되기 쉬운 사람도 있고 또 쉽게 신을 믿는 사람이 있는가 하면 신을 믿기 어려워하는 사람도 있다. 지능이 높은 아이는 성인이 된 뒤 진보주의자가 되기 쉽고 신을 믿지 않는 경향이 있는 것은 제5장과 제6장에서 살펴보았다.[7] 마찬가지로 아침형 인간이 될지 저녁형 인간이 될지도 어느 정도는 유전적으로 결정되어 있다. 하지만 아침형이 될지 저녁형이 될지를 개인의 의지로 고를 수 없는 것은 아니다. 개개인이 선택할 수 있는 여지도 있는 것이다.

저녁형 생활은 진화의 역사라는 관점에서 보면 보통 일이 아니다

자연계에서는 단세포 생물부터 인간을 포함한 포유류에 이르기까지 사실상 모든 종에 개일 리듬이라 불리는 하루의 활동

주기를 볼 수 있다. "이렇게 시간을 측정하는 구조 즉 '생물 시계' 덕분에 생명체는 낮과 밤에 관련된 물리학적 환경의 변화를 예측하고 거기에 대비할 수 있다. 그렇기 때문에 하루 중 올바른 시간에 올바른 행동이 가능한 것이다."[8] 포유류의 경우 개일 리듬을 제어하는 것은 뇌의 시상하부에 있는 '시신경 교차 상핵(SCN)'이라고 하는 두 개의 신경 세포군이다.[9]

유전학자들은 이미 특정한 일련의 유전자가 SCN을 제어하여 포유류의 개일 리듬을 컨트롤한다는 사실을 밝혀내었다.[10] 997쌍의 한국인 쌍둥이를 대상으로 한 행동유전학적 연구에 따르면 아침형/저녁형의 경향(어느 쪽이 될지)의 유전율은 0.45로 비공유 환경의 영향도 55%를 받지만 공유 환경의 영향은 전혀 볼 수 없었다고 한다.[11] 그런 까닭에 개일 리듬에도 제3장에서 소개한 50 대 0 대 50의 법칙이 상당히 적용되는 듯하다.

"자연적인 조건이라면 대부분의 동물들은 자는 시간과 일어나는 시간을 결정하는 수면 주기와 같은 개일 리듬에 의해 제어, 조정된다. 그러나 인간에게는 체내 시계(생물 시계)와 그에 의해 결정된 주기적인 활동을, 의식적으로 무시하는 능력을 갖추고 있다."[12] 개일 리듬에는 개인적 차이가 있으며 비교적 저녁형인 인간도 있지만 인간은 기본적으로 주행성(주간에 활동하는) 종이다. 마찬가지로 현존하는 원숭이 및 유인원은 거의 모

두 주행성이다.[13]

인간은 밖에서 돌아다닐 때 상당히 많은 부분을 시력에 의지하고 있지만 진정한 야행성 종과는 달리 어둠 속이나 빛이 아주 적은 상황에서는 물체를 보지 못한다. 우리 조상들 역시 불을 다루게 되기까지는 야간에 사용할 수 있는 인공적인 조명은 없었다. 조상의 환경에서 밤에 활동하면 야행성 포식자에게 공격당할 위험이 있었다. 그런 까닭에 우리 조상들은 날이 밝으면 일어나고 해가 지면 잠을 잤다고 생각해도 무방할 것이다. 그렇게 태양으로부터 받은 자연의 빛을 최대한 활용했다. 그런 만큼 '나이트 라이프'(어두운 야간에 이루어지는 습관적, 조직적 활동)은 진화의 역사에서 새로운 것이라 할 수 있을 것이다.

우리 조상들이 어느 정도 야행성 활동을 했는지 확인하기 위해 이번에도 역시나 세계의 전통 사회에 대한 민족지적 기록을 살펴보았다. 전 10권의 『세계문화백과사전』[14]은 인류학적으로 알려진 인간의 문화를 전부 자세하게 해설한 대작이지만 거기에 실려 있는 전통 사회의 문화 중에서도 야행성 활동에 언급한 개소는 한 곳도 없었다. 색인을 봐도 '야행성', '밤', '저녁', '어둠', '철야' 등의 항목은 없다. '달'에 대한 언급은 약간 보였지만 모두 종교적인 성격의 것이었다('달의 신', '어머니로서의 달', '달 숭배' 등), 유일한 예외가 '야간의 연애'였지만 이는 혼인 전 남녀에 의한 성행위를 가리키는 것으로 사회적으로 인정된 문화다. 덴마크인이나 핀란드인 사이에서 볼 수 있지만 양쪽 모두 완전한 서양의 문화권으로 우리 조상들의 환경과는 거리가 먼 것이다.

그리하여 나는 제5장과 제6장에서도 이용한 민족지 5권을 조사했다.[15] 이런 민족지들은 대부분 조사 대상인 부족 사회의 전형적인 하루 흐름이나 일상을 소개한다.

그런 기록을 읽어보니 전통 사회에서는 하루가 일출 직전에 시작되어 일몰 직후에 끝났음을 알 수 있었다. "야노마미족 마을에서는 모두 아침 일찍부터 활동을 시작한다."[16]든가 "태양이 뜨기 시작하는 아침 6시 무렵 하루가 시작한다."[17]는 식이었다. 해가 지고 어두워진 뒤 일어나는 일상적인 활동이라고 하면 사람들이 서로 이야기를 하거나 방문하는 정도로 그러다가 모두 잠이 드는 것이다. "하루의 마지막에 행하는 방문은 빠지지 않고 이루어졌지만 그래도 어두워졌을 무렵에는 대개의 경우 마을은 조용해졌다."[18], "밤에는 대부분 집에서 가족과 이야기를 하며 조용히 지낸다. 만월일 때만 주위가 밝게 보이므로 이때라는 듯 사람들은 밤을 새워 사교의 꽃을 피운다."[19], "저녁을 먹으면 남은 시간은 노래를 하거나 농담을 하며 즐긴다. 그러다 잠이 오면 하나 혹은 둘 정도의 핵가족별로 난로를 둘러싸고 잠을 잔다."[20] 등의 기록도 있었다.

이들 민족지에서 내가 발견한 야행성 활동이라면 방문해 서로 이야기를 나누거나 연설을 하는 일 정도를 제외하면 무코고도족의 남성이 깜깜한 밤에 사라진 동물을 찾으러 가는 정도였다(물론 동물이 없어진 경우에 한정됨).[21]

이와 관련해 인류가 진화한 무대가 적도에서 가까운 사하라 이남의 아프리카라는 사실도 중요할 수 있다. 그 근처는 하루의 길이가 1년 내내 거의 비슷하다. 그러므로 '날이 새는 것과 동시에 일어나고 해가 지는 것과 동시에 잔다'와 같은 습관이 있었다면 하루의 길이는 1년 내내 거의 비슷했을 것이다.

하지만 위도가 더 높은 곳에서는 같은 습관이 있더라도 하루의 길이는 1년 내내 달라진다(여름은 길고 겨울은 짧음). 극단적인 예를 들면 북극권과 가까운 곳은 여름은 밤이 되어도 하루가 끝나지 않고, 겨울은 아침이 되어도 하루가 시작하지 않는다. 그로 인해 고위도 지역 주민이 1년 내내 매일 비슷한 길이의 하루를 보내고 싶다면 새벽에 일어나고 일몰 후에도 일어나 있어야 한다. 참고로 평균 기온의 영향을 제외해도 고위도 지역의 주민일수록 평균 지능이 높은 경향이 있다.[22]

이처럼 전통 사회에 대한 민족지적 증거를 통해 생각하면 우리들의 조상은 아마 주행성 생활을 기본으로 했을 것이다. 일상적으로 야간에 활동하는 일은 진화의 관점에서 볼 때 새롭고 기묘한 일이라 할 수 있다. 따라서 지능의 역설로 예상해 보면 지능이 높은 사람일수록 아침에 일어나는 시간이 늦고 밤에 자는 것도 늦는 저녁형 인간인 것이 아닐까?

2009년 내가 카자 페리나(Kaja Perina)[23]와 공동으로 논문을 쓰기 전까지 지능과 개일 리듬의 관련을 다룬 연구는 하나뿐이었다.[24] 이 1999년 연구에 따르면 미국 공군의 신병으로 이루어진 작은 샘플에서는 저녁형 인간 쪽이 아침형 인간보다 유의미하게 지능이 높았다. 이 결과는 지능의 역설을 이용한 예상과 일치한다.

Add Health 데이터의 분석을 통해서도 지능의 역설에 따른 예상이 옳음을 확인해 준다. 관련이 있을 만한 요인(연령, 성별, 혼인 상태, 부모의 지위, 교육 수준, 소득, 종교, 현재 학교에 다니는가, 노동 시간의 길이)이 주는 영향을 배제하면 지능이 높은 아이일수록 성인이 된 뒤 저녁형 생활을 보내게 된다. 지능이 높은 사람일수록 평일 저녁에도 주말 저녁에도 잠이 드는 것이 늦으며 평일 일어나는 시간도 늦다(단, 주말은 일반 지능이 높을수록 저녁형이 되는 경향이 그다지 현저하지 않으며 통계적으로 유의미한 차이가 없다).

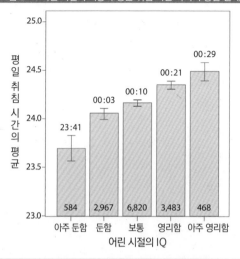

그림 8-1. 어린 시절의 지능과 평균 취침 시간 사이의 상관 관계

평일 취침 시간의 평균

아주 둔함	둔함	보통	영리함	아주 영리함
23:41	00:03	00:10	00:21	00:29
584	2,967	6,820	3,483	468

어린 시절의 IQ

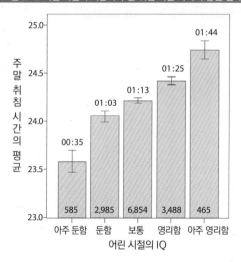

그림 8-2. 어린 시절의 지능과 주말 취침 시간 사이의 상관 관계

주말 취침 시간의 평균

아주 둔함	둔함	보통	영리함	아주 영리함
00:35	01:03	01:13	01:25	01:44
585	2,985	6,854	3,488	465

어린 시절의 IQ

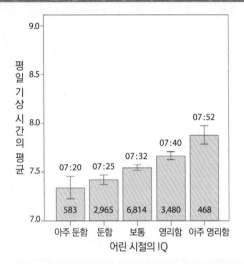

그림 8-3. 어린 시절의 지능과 평일 기상 시간 사이의 상관 관계

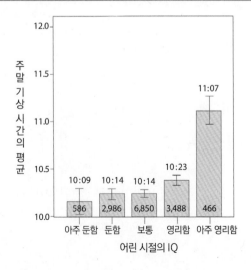

그림 8-4. 어린 시절의 지능과 주말 기상 시간 사이의 상관 관계

이들 그림(그림 8-1, 그림 8-2, 그림 8-3, 그림 8-4)을 보면 어린 시절의 IQ와 성인이 된 뒤의 저녁형 생활 사이에는 단조적 양의 상관 관계가 있음을 알 수 있다. 양자의 절대차는 그다지 크지 않다. 예를 들어 '아주 둔함'에 속하는 아이(IQ<75)는 성인 초기의 조사에서 잠자리에 드는 시간이 평균 23시 41분이 었지만 '아주 영리함'에 속하는 아이(IQ>125)는 평균 0시 29분이었다. 대체적으로 중고등학교 시절 지능이 높은 사람일수록 성인 초기 조사에서 밤을 자주 새우거나 아침에 늦잠을 자는 경향이 보였다. 이들 네 개의 그림에서 볼 수 있는 명확한 패턴이 완전히 우연히 나타났을 확률, 즉 어린 시절의 IQ와 성인이 된 뒤의 개일 리듬 사이에 아무 관련이 없을 확률은 1만 분의 1 이하이다.

아시아계는 다른 인종보다 저녁형인가?

그렇다면 아시아계는 실제로 다른 인종보다 저녁형 경향이 있는 것일까? 새벽 3시 크라이스트처치의 카운트다운에서 내가 받은 인상은 옳은 것이었을까? 안타깝게도 뉴질랜드 국민에 대해 조사한 데이터는 없지만 미국 국민을 대상으로 한 Add Health 데이터를 보는 한 확실히 그런 경향은 있는 듯하다.

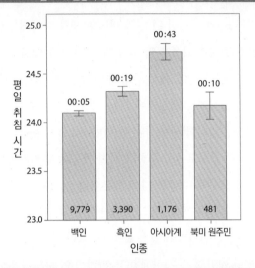

그림 8-5. 인종과 평일 취침 시간 사이의 상관 관계

평일 취침 시간

00:05 | 00:19 | 00:43 | 00:10

9,779 | 3,390 | 1,176 | 481

백인 | 흑인 | 아시아계 | 북미 원주민

인종

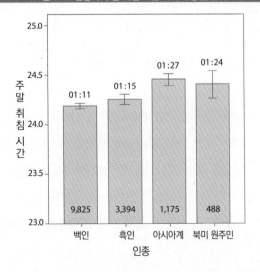

그림 8-6. 인종과 주말 취침 시간 사이의 상관 관계

주말 취침 시간

01:11 | 01:15 | 01:27 | 01:24

9,825 | 3,394 | 1,175 | 488

백인 | 흑인 | 아시아계 | 북미 원주민

인종

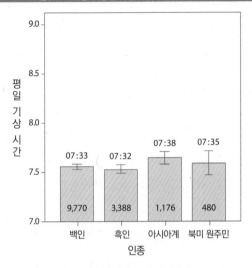

그림 8-7. 인종과 평일 기상 시간 사이의 상관 관계

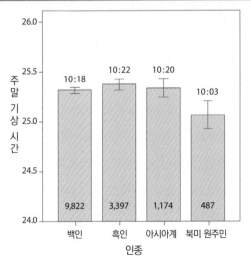

그림 8-8. 인종과 주말 기상 시간 사이의 상관 관계

다른 어떤 인종(백인, 흑인, 북미 원주민)과 비교해도 아시아계는 평일 밤 취침 시각이 유의미하게 늦었고(0시 43분 대 0시 8분), 주말 밤 취침 시간도 마찬가지였다(1시 27분 대 1시 12분). 단 평일 아침 기상 시간에 대해서는 다른 인종과 비교해도 특별히 늦지 않았으며(7시 38분 대 7시 32분), 주말 아침에도 마찬가지였다(10시 20분 대 10시 18분). 간단히 말해 밤에 잠을 잘 때는 평일이든 주말이든 인종 간에 유의미한 차이가 있지만 아침 기상 시간에는 평일도 주말도 인종 간에 유의미한 차이는 없었다(그림 8-5, 그림 8-6, 그림 8-7, 그림 8-8).

그런 까닭에 크라이스트처치의 카운트다운에서 내가 우연히 목격한 광경은 어느 정도 실증적인 근거가 있는 것으로 보인다. 다른 인종과 비교해 아시아계가 밤늦게까지 자지 않는 것은(그리고 새벽에 슈퍼에서 쇼핑을 하는 것은) 사실인 모양이다.

하지만 그림에서 나타나는 '아시아계'와 '저녁형'(저녁 몇 시에 자는가)이라고 하는 두 변수의 관련성은 어린 시절의 IQ가 주는 영향을 배제해도 역시나 통계적으로 유의미한 값이었다. 즉 어린 시절의 IQ와 관계없이 아시아계는 취침 시간이 다른 인종보다 유의미하게 늦다는 것이다. 따라서 아시아계는 다른 인종보다 지능이 조금 높긴 하지만 그로 인해 다른 인종보다 저녁형인 것은 아니다.

또한 이 다중 회귀 분석에 포함된 다른 사회적, 인구통계학적 변수(연령, 성별, 현재의 혼인 상태, 자녀의 유무, 교육 수준, 소득, 종교, 현재 학교에 다니고 있는가, 노동 시간의 길이)의 영향을 모두 배제하면 아시아계와 저녁형과의 상관 관계는 사라진다. 실제로 다중 회귀 분석에서 유의미하다고 인정된 인종의 영향은 흑인뿐이다. 백인(참조군)과 비교해 흑인은 평일 잠을 자는 것이 늦고(주말 밤은 다름) 평일 아침에 일어나는 것도 늦다(주말 아침은 다름).[25]

　유감스럽게도 저녁형 여부든 무엇이든 일반 지능과는 관계가 없는 진정한 인종 차이에 대해서는 지능의 역설로는 역부족이다. 그런 까닭에 왜 아시아계와 흑인이 밤늦게까지 자지 않고 아침에 늦잠을 자는지는 현재로서는 수수께끼다.

왜 동성애자는 이성애자보다
지능이 높은 것인가?

자연주의와 도덕주의의 오류에 대해서는 제1장에서 설명한 것과 같다. 과학이란 사실을 다루는 것으로 당위적인 모습을 말해서는 안 된다. 과학에 선악은 없다. 사실인지 아닌지 그것뿐이다. 도덕적인 판단을 내리는 일은 과학의 역할이 아닌 것이다.

동성애적인 행위는 많은 종에서 확인되고 있지만[1] 포유류는 모두 생물학적인 설계상 이성애를 통해 번식하도록 되어 있다. 번식 형태로서 동성애가 유일한 것이라든지 주류라든지 하는 일은 절대 없다. 애당초 우리 조상들이 모두 동성애자였다면 자손인 우리 또한 지금 존재하지 않을 것이다.

이렇게 진화의 역사를 살펴보면 동성애가 인간의 본성이라고는 생각하기 어렵다. 그런 의미에서 동성애는 부자연스러운 현상이다. 인간도 다른 종과 마찬가지로 동성애를 하도록 설계되지 않은 것이다.

그런 만큼 지능의 역설을 통해 예측해 보면 지능이 높은 사람일수록 동성애자가 될 가능성이 높을 것이다.

하지만 일반 지능과 성 행동의 관계를 논하기 전에 애초에 동성애와 이성애란 무엇인지를 살펴보자. 그 둘은 생각만큼 단순하지 않다.

동성애란 무엇인가

남성 동성애의 유전율(남성의 성적 지향이 어느 정도 유전적 요인으로 설명 가능한지)는 0.26에서[2] 0.60으로[3] 추측된다. 즉 남성의 성적 지향의 4분의 1에서 3분의 2는 유전적으로 결정된다. 그리고 나머지 부분에 대해서는 아직 태내에 있을 때 남성 호르몬인 안드로겐에 얼마나 노출되느냐와 관계가 있는 듯하다.

남성 태아가 안드로겐에 많이 노출될수록 동성애자가 되기 쉬워진다.[4] 예를 들어 형이 있는 남성은 그만큼 동성애자가 되기 쉽다.[5] 형이 한 사람 늘어나면 동성애자가 될 확률은

33~38% 증가한다. 현재 성 연구가들의 공통된 견해에 따르면 유전자와 태내 호르몬에 의해 남성의 성적 지향은 거의 출생 전 결정된다고 한다.[6] 반면에 여성의 성적 지향은 조금 더 유연하고 유동적이다.[7]

성적 지향을 측정하는 척도로서는 다음의 네 가지를 들 수 있다.[8]

(1) 자기 인식-자신을 동성애자, 양성애자, 이성애자 중 어느 쪽으로 생각하는가
(2) 실제 성행위-누구와 섹스하는가
(3) 자기 응답에 의한 성적 감정-어떤 상대에게 성적 매력을 느끼고 성적 공상을 하는가
(4) 생식기 및 뇌의 반응-남성/여성의 성적 이미지에 대한 생리적 흥분

2005년에 간행된 『Born Gay(게이로 태어나서)』에서 성 연구자인 글렌 윌슨(Glenn Wilson)과 콰지 라먼(Qazi Rahman)은 각 개인의 '자신의 성적 지향은 이렇다'라고 하는 의식은 정치적, 문화적 환경에 영향을 받는다고 지적했다. 역사를 돌이켜 봐도 그렇지만 오늘날에도 억압적인 체제에서는 동성애자라는 사실을 숨길 수밖에 없는 사람이 다수 존재한다. 사회적 압력

과 법적 처벌을 받을 위험이 있으며 생명의 위협까지 동반하기 때문이다.

또한 실제 성행위도 환경과 상황의 영향을 받는다고 한다. 예를 들어 남성 이성애자도 여성을 전혀 만날 수 없는 형무소에 들어가면 다른 남성과 성행위를 하는 일이 종종 있다.

대조적으로 성적 감정이나 생리학적 척도(앞에서 말한 3번과 4번)는 그러한 외적 요인에 쉽게 좌우되지 않으며 개인의 진정한 성적 지향에 가깝다. 본인이 이성애자라고 하면서 동성애에 대한 혐오감을 표현하는 남성이라도 생식기를 보면 다른 남성의 성적 이미지에 흥분을 나타내는 일이 있다[9](그렇다, 동성애를 극도로 혐오하는 남성이 사실은 숨은 동성애자일 가능성도 있는 것이다. 영화 '아메리칸 뷰티'를 본 분은 주인공의 이웃에 사는 해병대 출신 남자를 떠올리기 바란다.).

윌슨과 라면은 또 "이성애자라 할지라도 남녀 모두 일종의 '정신적 유희'로서 동성애적인 공상에 빠지는 일이 자주 있다."[10]라고 지적한다. 뿐만 아니라 누군가로부터 들은 성적 공상이나 욕구를 근거로 동성애인지 아닌지를 판단하려면 그 응답자가 정직하게 말했다는 것이 전제가 되어야 할 것이다.

이상의 사실로부터 윌슨과 라면은 다음과 같은 결론을 내릴 수 있었다. 생리학적으로 측정된 성적 흥분의 정도(생식기 및 뇌의 반응)야말로 진정한 성적 지향을 측정하는 가장 확실한 지표이며 다른 세 가지 지표는 진정한 성적 지향과는 상관 관계가 낮고 일치하지 않을 가능성이 있다. 특히 여성의 경우는 그렇다.[11]

진정한 성적 지향이—적어도 남성은—태아기에 결정된다고 하면(수정 순간 유전적으로 결정되거나 태내에서 노출되는 안드로겐의 양에 따라서) "지능이 높은 사람일수록 진정한 동성애자일 가능성이 높다."라고 말하기는 쉽지 않다. 하지만 그게 사실이다. 지능의 유전자와 남성의 동성애 유전자가 어떠한 형태로든 관련이 있을 가능성이 있는 것이다. 양쪽 유전자 모두 아직 발견되지는 않았지만 같은 염색체인 'Xq28'이 있을 것이라 추정된다.[12]

그럼에도 불구하고 성적 지향의 척도 중 처음의 세 가지(앞의 1, 2, 3번)는 훨씬 유동적이며 의식적인 선택이나 자기 표명에 좌우된다. 동성애자로서의 의식이나 행동이 진화에서 새로운 것이라고 가정하면 이런 점에서 지능이 높은 사람일수록 동성애자로 보이기 쉬울 것이다. 진정한 성적 지향과는 관계없이 지능이 높은 사람일수록 자신을 동성애자로 인식하고 동성애자처럼 행동하며 동성애적인 공상이나 욕구를 언급할 것이라고 생각된다.

동성애자로서의 의식과 행동은 진화에 있어 새로운 사건

우리 조상들 중에는 자신을 동성애자로 인식하고 동성애적인 행동을 하는 사람은 얼마나 있었을까? 그것을 알기 위해 지금까지 이용해 온 것과 마찬가지로 전 세계에 존재하는 전통 사회에 대한 민족지적 기록을 조사했다. 동성애와 관련해 현대의 수렵 채집민들은 조상들과 완전히 똑같지는 않았지만 오늘날 샌프란시스코나 브라이턴 주민보다는 훨씬 조상들과 닮았을 것이다.

10권짜리 대작인 『세계문화백과사전』[13]에서는 일곱 개의 문화(포이, 게부시, 칼루리, 케라키, 키와이, 마린드아님, 삼비아)에 남성 동성애에 대한 기술이 있었다. 하지만 이들은 모두 파푸아뉴기니에 존재하는, 계통 발생론적으로 볼 때 근친 부족으로서 그곳에서 볼 수 있는 남성의 동성애는 모두 엄밀하게는 소년들이 거쳐야 하는 통과 의례 중 일부였다.

몇 가지 예를 들겠다. "케부시족의 신앙에 따르면 소년은 성인 남자로 생명력을 갖추기 위해 입으로 정액을 삼킬 필요가 있다. 정액 주입은 17세에서 23세 사이의 청년기를 통해 이루어지며 성인으로서의 통과 의례(현지어로 '와 카왈라', 어린이가 성인이 된다는 의미)로 끝이 난다."[14] 또 삼비아족에 대해서는 "성숙한 성인 남자가 되기 위해서는 동성애적인 정액 주입을 받아 생명력을 높이지 않으면 안 된다. 이를 위해 어린 시절이 끝날 무렵부터 다양한 동성애적인 접촉을 동반하는 통과 의례가 시작되며 이는 결혼을 할 때까지 이어진다."[15] 하는 설명도 있다.

이러한 파푸아뉴기니의 동성애적인 풍습은 고도로 의례화 되어 문화적으로 반드시 지켜야 하며 개인이 선택할 여지는 거의 없는 것처럼 보인다. 따라서 이러한 형태의 동성애는 통계학적으로 볼 때 '개인차를 동반하는 변수'(하는 사람도 있고 안 하는 사람도 있다는 의미)라고는 하기 어렵다. 파푸아뉴기니의 동성애는 우리가 흔히 말하는 '성관계'와는 많이 다르다. '성관계'라고 하면 대체적으로 선택과 감정, 애착을 동반하기 때문이다.

어찌 되었든 현대의 전통 사회에서 동성애가 폭넓게 행해지고 있지만 우리 조상들이 살았던 사하라 이남의 아프리카와 멀리 떨어진 남태평양의 섬에만 존재한다면 동성애가 조상들의 일상적 풍경이었다고는 생각하기 어렵다.

이에 나는 앞에서와 마찬가지로 전 세계 전통 사회와 관련된 민족지 또한 조사했다.[16] 어떤 민속지를 보아도 조사 대상인 사회에 동성애적 관계가 분명하게 인정되었다고 적혀 있지는 않았다. 유일하게 예외로 볼 수 있는 것은 다음에 소개할 파라과이의 아체족 사회에 있는 '파네기'다.[17]

–우리가 조사한 사람들 중에는 절대 자식을 가지지 않는 남성과 결코 아내를 들이지 않는 남성이 있었다. 아체 사회의 특정 남성은 자손을 생산하는 남성 그룹에서 완전히 배제되어 있었다. 이런 남성은 '파네기'라고 불리며 사회 경제적으로 여성의 역할을 맡고 있었다('파네'라고 하는 말은 사냥의 실패 혹은 흉조 등의 의미).

파네기 남성은 보통 사냥을 하지 않고 대신 식용 식물이나 벌레 유충을 모았다. 또 바구니나 직물, 부채를 만들거나 치아를 모아 목걸이나 활의 시위를 만드는 등 여성들의 작업을 했다. 많은 시간을 요리와 장작 모으기, 물 긷기, 아이 돌보기를 하며 시간을 보냈다. 물어보니 많은 토착민들은 "서구 문명을 접하기 전에 파네기가 동성애적인 행위를 한 적은 없다(입이든 항문이든)."라고 단언했다. 다른 사람들도 확실하지는 않지만 적어도 그런 소문을 들은 적이 없다고 말했다.

파네기는 아마도 키가 작았던 모양이다.[18] 적어도 북아메리카에서는 동성애를 하는 남성은 이성애를 하는 남성보다 키가 작다.[19] 그러므로 어쩌면 아체의 파네기는 유전적으로 혹은 호르몬적으로 동성애 경향이 있는지도 모른다. 하지만 민족지 기록에서 밝힌 것처럼 서구 문명을 접하기 전에는 그들은 동성애적 행위를 하지 않았다.

물론 다음과 같은 부분은 지적하지 않을 수 없다. 현지의 문화와 언어에 능통한 베테랑 문화인류학자가 오랜 시간 해 온 현장 조사에 기초해 상세하게 민족지를 작성한다고 해도 정확하게 동성애에 대한 사례를 찾지 못할 수도 있는 것이다. 현지 문화에서 동성애가 터부시되고 제재 대상인 까닭에 숨겼을지도 모른다. 그러므로 이와 같은 민족지에 동성애에 대한 기술이 없다는 것만으로 전통 사회에 동성애가 없었다고 단정할 수는 없다.

하지만 같은 민족지를 작성했던 학자들이 한편으로는 살인, 강도, 영아 살해, 부족 내 간통 등의 다른 터부시되는 행위의 존재를 잘 찾아낸 것도 사실이다. 그런 만큼 개인의 동성애 행위에 대한 기록이 거의 전무한 것은 그런 사회에서는 동성애가 비교적 드물었다고 생각할 수 있을 것이다. 그렇다면 조상들의 환경에서도 동성애가 폭넓게 이루어졌을 거라고는 생각하기 어려우며 동성애는 진화의 관점에서 볼 때 신기한 것이라 할 수 있다.

동성애자로서의 의식과 행동이 진화의 관점에서 볼 때 신기한 것이라고 하면 지능의 역설로 예상할 수 있는 것은 지능이 높은 사람일수록 그 사람의 진정한 성적 지향이 무엇이든 스스로를 동성애자로 생각하고 동성애적인 감정과 욕구를 가지며 동성애적인 행위를 하는 경향이 있을 것이라 예상된다.

이 시점에서 본서에서 다루는 세 가지 주요한 데이터(GSS, Add Health, NCDS)로 지능과 동성애의 관련을 알아보자.

지능과 동성애

Add Health

Add Health에서는 두 종류의 동성애 척도를 사용한다. 첫 번째 방법으로 응답자에게 자신의 성적 지향에 대해 다음 중 하나를 고르게 한다.

1='100% 이성애자(스트레이트)'

2='거의 이성애자(스트레이트)지만 동성에게도 다소 끌림'

3='양성애자(즉 남성에게도 여성에게도 끌림)'

4='거의 동성애자(게이)지만 이성에게도 다소 끌림'

5='100% 동성애자(게이)'

이 성적 지향의 척도는 앞서 언급하였던 동성애의 정의 (1)번 '자기 인식'에 해당한다.

Add Health의 데이터를 분석한 결과 성별과 연령, 인종, 혼인 상태, 자녀의 유무, 교육 수준, 소득, 종교와 같은 요인의 영향을 배제한 경우 지능이 높은 아이일수록 성인이 된 뒤 자신을 동성애자로 판단하는 경향이 있다.[20] Add Health의 응답자들은 중고교 시절의 지능이 높은 사람일수록 성인이 되었을 때 즉 20대가 되었을 때의 조사에서 자신이 동성애자라고 대답하는 사람이 많았다. 또한 어린 시절의 지능이 성인이 된 뒤의 동성애 의식에 미치는 영향에 남녀 차이는 없었다.

어린 시절의 지능과 교육 수준은 대체로 플러스적인 상관 관계를 보인다(어린 시절의 지능이 높을수록 성인이 된 초기에 높은 수준의 교육을 받음). 그러나 성인이 된 뒤의 동성애 의식에 대해서는 지능과 교육 수준은 정반대의 영향을 미친다. 즉 지능이

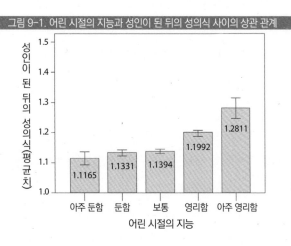

그림 9-1. 어린 시절의 지능과 성인이 된 뒤의 성의식 사이의 상관 관계

높은 사람일수록 자신을 동성애자로 인식하는 경향이 강하고 교육 수준이 높은 사람일수록 그 경향이 약한 것이다.

그림 9-1은 '어린 시절의 지능'과 '성인이 된 후의 성의식'이라는 두 변수 사이의 상관 관계를 나타내고 있다. 보는 것과 같이 단조로운 양의 상관 관계가 있다. '아주 영리한' 아이는 '영리한' 아이보다 성인이 된 뒤 동성애자라는 의식을 가지기 쉽고 '영리한' 아이는 '보통' 아이보다 어른이 된 뒤 동성애자라는 의식을 가지기 쉬우며 이후도 마찬가지다. 이 그래프에서 볼 수 있는 명백한 패턴이 완벽히 우연으로 나타날 확률 그러니까 어린 시절의 지능과 성인이 된 후의 성의식에 사실은 아무 관계도 없을 확률은 무려 1,000억 분의 1보다 낮다.

Add Health에서는 두 번째 질문으로 '동성인 사람에게 성적 매력을 느낀 적이 있는가'를 묻는다. 응답자는 예 혹은 아니오로 답하는데 이는 앞에서 이야기했던 동성애의 정의 3번 '자기 응답에 의한 성적 감정'에 해당한다.

Add Health의 데이터를 분석해 보니 앞에서 서술한 요인의 영향을 배제하면 지능이 높은 아이일수록 성인이 된 뒤의 조사에서 동성에게 성적 매력을 느낀 적이 있다고 대답한 사람이 많다.[21] 어린 시절의 지능(IQ)이 15포인트(1표준 편차) 올라가면 동성에게 성적 매력을 느낀다고 대답하는 사람의 비율이 27%

증가했다.

어린 시절의 지능과 성인이 된 후 동성인 사람에게 성적 매력을 느끼는 경향과의 관련성은 남성보다 여성 쪽이 강했으며 통계적으로 유의미한 차이가 있었다. 여성 쪽 성적 관심이 유동적이라는 사실[22]을 증명하듯 동성에게 성적 매력을 느끼는 사람의 비율은 남성보다 여성 쪽이 50% 이상 많았다.

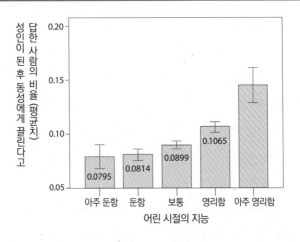

그림 9-2. 어린 시절의 지능과 성인이 된 후 동성에게 끌린다고 대답하는 경향 사이의 상관 관계

그림 9-2는 '어린 시절의 지능'과 '성인이 된 후 동성에게 끌린다고 대답한 사람의 비율'이라는 두 변수 사이의 상관 관계를 나타낸다. 보는 것과 같이 양의 상관 관계가 있다. '아주 영

리함'에 속하는 아이는 '영리함'에 속하는 아이보다 성인이 된 뒤 동성에게 끌린다고 대답한 사람이 많았으며, '영리함'에 포함되는 아이는 '보통'에 포함되는 아이보다 그런 응답이 많았고 나머지도 마찬가지였다. '아주 영리한' 아이 중 성인이 된 뒤 동성에게 끌린다고 대답한 사람의 비율은 '아주 둔한' 아이의 배 가까이나 된다. 이 그래프에서 보이는 명확한 패턴이 완전히 우연하게 나타날 확률, 즉 사실은 어린 시절의 지능과 이런 경향 사이에 아무 관련이 없을 확률은 1만 분의 1 이하이다.

GSS

Add Health에는 동성애자로서의 의식과 감정을 측정하는 척도는 있지만(전술한 동성애의 정의에서는 1번과 3번에 해당) 유감스럽게도 동성과의 실제 성행위에 관련된 척도는 가지고 있지 않다. 이성애자와의 성행위밖에 조사하지 않은 것이다. 그러므로 이번에는 GSS에 주목한다. GSS에서는 응답자에게 18세 이후 이성애 및 동성애 각각의 성적 파트너가 얼마나 되는지 묻는다. 이 척도는 전술한 동성애의 정의 2번, '실제의 성행위'에 해당한다.

GSS의 데이터를 분석한 결과 성별과 연령, 인종, 사회 계층,

교육 수준, 소득, 혼인 상태, 자녀의 수, 종교, 조사 연도 같은 요인의 영향을 배제한 결과 지능이 높은 아이일수록 성인이 된 후 동성애자와 성적 관계를 가지기 쉽다는 사실을 알게 되었다.[23] 이는 지능의 역설로 할 수 있는 예상과 일치한다. 하지만 GSS 데이터에서는 전술한 변수의 영향을 제외하면 지능이 높은 아이는 성인이 된 후 이성애자와도 성적 관계를 가지기 쉽다는 경향 또한 인정된다. 이는 지능의 역설을 통해 할 수 있는 예상과는 일치하지 않는 것이다.

그림 9-3. 지능과 평생 동안의 동성애 파트너 수 사이의 상관 관계

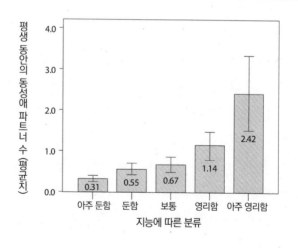

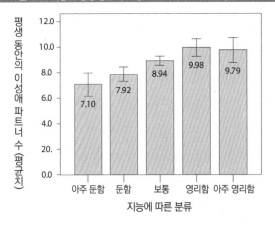

그림 9-4. 지능과 평생 동안의 이성애 파트너 수 사이의 상관 관계

평생 동안의 이성애 파트너 수(평균치)

12.0

10.0

8.0

6.0

4.0

20.

0.0

7.10

7.92

8.94

9.98

9.79

아주 둔함　둔함　보통　영리함 아주 영리함

지능에 따른 분류

　그렇다고 해도 지능이 동성애 파트너 수에 끼치는 영향은 이성애 파트너 수에 미치는 영향보다 훨씬 강력하여 거의 2배다. 그림 9-3과 그림 9-4에서 나타내는 것처럼 미국에서는 '아주 영리한' 사람은 '아주 둔한' 사람보다 동성애 파트너의 수가 약 8배나 많다(2.42명 대 0.31명). 대조적으로 이성애 파트너 숫자에서는 '무척 영리한' 사람 쪽이 '무척 둔한' 사람보다 40% 조금 안 되게 많을 뿐이다(9.79명 대 7.10명). 참고로 이성애 파트너의 수에서는 '아주 영리한' 사람보다 '영리한' 사람 쪽이 더 많다(9.79명 대 9.98명).

NCDS

Add Health와 GSS는 성적 지향 중 굳이 따지자면 변동되기 쉽고 불안정한 세 개의 척도(앞에서 이야기한 1, 2, 3번)를 이용해 동성애에 대해 자세히 조사했다고 할 수 있다. 그리고 그 데이터는 동성애의 세 가지 척도가 모두 지능과 유의미한 양의 상관 관계를 나타낸다. 지능과 관련하여 생각할 수 있는 다수의 요인을 배제해도 지능이 높은 사람일수록 동성애자가 되는 경향이 있는 것이다.

하지만 Add Health와 GSS에는 한 가지 작은 문제가 있다. '머리말'에 있는 데이터 설명에서도 언급한 것처럼 Add Health와 GSS에서 조사한 것은 언어성 지능으로 일반 지능이 아니다. 분명 언어성 지능은 일반 지능과 무척 강하게 유의미한 상관 관계가 있으며 실제로 일반 지능의 중요한 요소이지만 엄밀하게 말하자면 일반 지능과 동일한 것은 아니다. 그에 비해 NCDS에서는 극히 신뢰성이 높은 일반 지능의 척도를 가짐으로써 그 문제를 해결했다. 세 번의 서로 다른 연령대에 총 11번의 지능 테스트를 실시해 일반 지능을 측정한 것이다.

하지만 유감스럽게도 NCDS가 가지고 있는 성적 지향의 척도는 동거한 파트너의 수와 성별밖에 없다. 동거한 파트너란 결혼해서 같이 살았거나, 6개월 이상 공동생활을 한 사람을 가리킨다. NCDS에서는 응답자가 47세 시점이 되면 지금까지의 동거했던 동성 혹은 이성의 수를 물었다.

이 척도를 이용해 NCDS의 데이터를 분석하면 지능이 높은 아이(16세 이하)일수록 30년 뒤의 조사에서 그간 동거했던 동성애 파트너의 수가 유의미하게 많다. 이 결과는 관련 요인(성별, 현재 결혼했는지, 과거 결혼했는지, 자녀를 가진 적이 있는지, 교육 수준, 소득, 종교)의 차이가 영향을 주지 않도록 통계 처리를 한 상태에서 얻은 것이다.[24] 한편 어린 시절의 일반 지능은 평생 동거한 이성애 파트너의 수와는 전혀 관계가 없다. 이성과 함께 사는 일은 진화의 시점에서 당연하고 익숙한 일이므로 이 결과 역시 지능의 역설을 통해 할 수 있는 예상과 완전히 일치한다.

이처럼 세 종류의 데이터(Add Health, GSS, NCDS)의 분석 결과는 모두 지능의 역설이 사실임을 보여준다.

지능이 높은 아이일수록 성인이 된 후 동성애자라는 의식을 가지기 쉽고 동성에게 끌리는 경향이 있다. 또 지능이 높은 사람일수록 평생 동안의 동성애 파트너 수가 많으나 이성애 파트너 수는 지능과 관계가 없다. 그리고 지능이 높은 아이일수록 30년 후의 조사에서 동거해 온 동성애 파트너의 수가 많지만 평생 동안의 이성애 파트너 수를 예측하는 일은 불가능한 것을 알 수 있다. 지능과 동성애 사이에 양의 상관 관계는 극히 강력하며 확실한 것으로 예상된다.

제10장

지능이 높은 사람일수록
클래식 음악을 좋아하는 것은 무엇 때문인가?

    일반 지능이 음악의 기호에 영향을 줄 수 있다는 가능성을 내가 처음 인지하고 흥미를 가진 것은 2002년 6월 아내의 고향인 러시아의 노브고로드를 방문했을 때였다.

    노브고로드는 역사가 오래된 지방 도시로 모스크바나 상트페테르부르크 같은 국제적인 도시와는 전혀 다르다. 지금이야 중앙아시아에 있는 구소련 연방에서 온 노동자가 노브고로드를 비롯한 러시아의 모든 도시에 유입되었지만 그때는 그보다 전이었다. 나는 노브고로드 시내 전체에서 유일한 아시아인—비슬라브인—이라고 해도 좋을 정도였으며 덕분에 어디를 가든 사람들의 시선을 끌었다. 사람들이 그렇게 쳐다본 것은 내가 아무리 봐도 그곳 사람이 아니었기 때문이었다.

인생에서 그런 경험을 한 적은 그때를 제외하면 딱 한 번이었다. 1986년 이른 가을, 미국 대륙을 자동차로 횡단하는 여행 도중 아이다호주 월레스에서 애마인 1977 닷산 체리 F10 해치백이 고장 났을 때였다. 지역 수리 공장에서 차를 고치는 동안 나는 어쩔 수 없이 몇 시간 정도 월레스에서 시간을 보내야만 했다. 그날따라(매일 그럴지도 모르지만) 거리에는 백인 이외의 인간은 나뿐인 것 같았고 모두의 시선을 느낄 수 있었다. 록스타가 된 기분이었다. 십 대 한 무리가 내 곁을 지나가면서 손을 흔들기도 했다. 그저 외모가 다른 것뿐인데.

어쨌거나 노브고로드에서도 월레스와 같은 처지가 되었다. 거리에서 유일한 아시아인이 된 것이다. 그곳에 머무르는 동안 비슬라브인의 얼굴은 딱 한 사람 볼 수 있었다.

어느 날 밤 나는 아내와 함께 지역 콘서트홀에서 열리는 클래식 음악회를 찾았다. 조촐한 음악회로 청중도 적고 오케스트라도 규모가 작았다. 그렇지만 연주가 시작되는 순간 나는 깜짝 놀랐다. 조그마한 지역 오케스트라의 제1바이올린이 아시아계 여성이었던 것이다. 결국 그녀는 노브고로드에서 지내는 동안 유일하게 목격한 아시아인이었다.

이는 우연이었던 것일까? 나는 클래식 음악은 잘 모르지만 그래도 대충 아는 바에 의하면 유명한 클래식 음악가 중에는 유대인과 아시아인이 많다고 들었다. 그리고 이 두 민족은 평균 지능이 가장 높은 민족인 것이다. 게다가 클래식 애호가(나는 전혀 아니지만)는 교육 수준이 높고 상류층(따라서 지능이 높은) 사람에 많다고 했다. 어쩌면 지능과 클래식 사이에 무엇인가 관련이 있는 것은 아닐까? 혹시 그렇다고 하면 이유는 무엇일까? 클래식에 뭔가 특별한 점이라도 있는 것일까?

여기서 한 가지 더 일상생활에서 느꼈던 에피소드를 소개하겠다. 미국 국내를 자동차로 여기저기 여행하는 것을 좋아하는 사람(나도 그렇지만)이고 미국 공영 라디오(NPR)의 팬(나도 그렇지만)이라면 NPR 각 방송국 성격에 지역적인 차이가 있으며 거기에는 일정한 패턴이 있는 것을 알 것이다. 대도시(뉴욕이나 워싱턴 DC 등)에 있는 NPR 방송국은 뉴스와 토크 프로그램이 중심이고 그런 류의 방송을 하루 종일 내보낸다. 한편 소도시에서는 NPR 방송국이 뉴스나 토크 프로그램을 내보내는 것은 차를 운전하는 사람이 많은 아침과 저녁 시간대에 한정되어 있으며 그 외의 시간은 낮이나 밤이나 음악을 내보낸다. 많은 품을 들여 제작되는 뉴스와 토크 프로그램은 판매 가격이 높을 것이고 그보다는 CD를 사는 편이 싸기 때문일 것이라고 나는 생각한다. 대도시의 방송국은 예산이 풍부하므로 그런 방송을 구입할 수 있지만 소도시 방송국은 적은 예산으로 꾸려나가는 탓에 하루 중 대부분의 시간에 음악 CD를 트는 것이 분명하다.

NPR을 비롯해 라디오 방송국이 음악을 틀 때에는 무엇인가 '테마'가 있다. 방송국에서도 아무거나 가지고 있는 음악을 틀어주는 것이 아니라 일정 장르에 집중하는 것이 보통이다. 그러므로 '클래식 록'이 중심인 방송국도 있고 '컨트리 웨스턴' 중심의 방송국도 있다. 오랜 경험으로 알게 된 것은 뉴스나 토크 프로그램이 아니라 음악을 주체로 하는 NPR 방송국에서는 클래식과 재즈를 자주 틀어준다는 것이다.

미국 레크드 협회의 위탁으로 2008년 실시된 조사에 따르면 [1] 무작위로 추출한 미국인 샘플 중에 과거 1개월간 클래식 음악을 구입(매체는 상관없음)한 사람은 불과 1.9%였고, 재즈도 1.1%밖에 되지 않았다. 가장 구입자가 많은 장르는 록이었다 (31.8%). 클래식과 재즈를 합해도 록을 사는 사람의 10분의 1도 되지 않는 것이다.

그럼에도 불구하고 2014년 4월 시점에 온라인 스트리밍 방송을 하는 NPR 방송국 143곳(미국 전국의 NPR 방송국의 총수는 910곳)[2] 중 클래식을 내보내는 방송국은 42.7%(61곳)이고 재즈를 내보내는 방송국은 14.0%나 되었다. 록과 팝, 포크를 전부

합쳐도 30.8%밖에 되지 않는다.[3] 이 통계 데이터로 판단해 보면 NPR 청취자 중에는 클래식과 재즈 애호가가 평균보다 20배가량 많은 셈이 된다(클래식과 재즈 애호가는 미국 국민의 3%이지만 NPR 방송국의 56.7%가 클래식과 재즈를 트는 것이다).

왜 이런 일이 일어나는 것일까? 왜 NPR 청취자들은 클래식과 재즈를 듣고 싶어하는 것일까? NPR 청취자들은 잘 알려진 것처럼 좌파 진보주의자들이 압도적으로 많다. 그리고 제5장에서 말한 것처럼 좌파 진보주의자들은 일반적으로 우파 보수주의자들보다 지능이 높다. 그렇다는 것은 지능이 높은 라디오 청취자일수록 클래식이나 재즈를 선호하는 경향이 있는 것일까? 만약 그렇다면 왜 그런 것일까?

이 물음에 대답하기 위해서는 우선 인류의 진화 역사에서 음악이 어떻게 발생했는지를 알 필요가 있다. 진화의 역사에서 음악의 기원은 무엇일까? 그리고 인간은 왜 음악을 좋아하는 것일까?

진화에 있어서의 음악의 기원

진화의 역사에서 언어나 예술이 어떤 식으로 태어나고 어떤 기능을 하고 있는가는 인류학과 고고학 분야에서 많은 연구가 되어왔다. 그러나 그에 비해 음악의 기원에 대해서는 별로 관심을 기울이지 않았다.

인지고고학자 스티븐 미슨(Steven Mithen)은 그의 저서『노래하는 네안데르탈인(The Singing Neanderthals: The Origins of Music, Language, Mind and Body)』[4]에서 음악의 기원에 대해 참신한 이론을 주장했다. 그에 따르면 음악과 언어에는 공통되는 원형—'음악언어'—가 있으며[5] 그것이 나중에 발전하여 음악과 언어라는 별개의 형태가 되었다는 것이다.

언어의 기원에 대해서는 두 가지 설이 있다. 첫 번째 설은 '구성적 진전'[6]이라 불리는 것으로 단어가 먼저 생기고 문장은 나중에 생겼다고 생각하는 것이다. '고기', '불', '사냥'과 같은 특정 존재를 지칭하는 단어의 무리가 먼저 태어나고 그것이 조합되어 구가 되었고 나중에 문장이 되었다. 마지막으로 문법이 태어나면서 어떤 식으로 단어를 조합하면 문장이 되는가가 규정되었다는 것이다.

두 번째 설은 '전체적 진전'[7]이라는 것이다. '구성적 진전'과는 반대로 문장 쪽이 먼저 나왔고 단어는 나중에 생겼다고 생각한다. 이쪽 설에 의하면 인간 언어의 원형은 단어가 아니라 임의로 구성된 일련의 음으로 서로의 의사를 전하려고 한 게 먼저라는 것이다. 각각의 발성 또는 음의 연결이 특정한 의미와 이어지는 것이다. 그러한 발성이 나중에 분해되어 단어가 되었고 그렇게 만들어진 단어가 조합되면서 계속해서 새로운 발성이 나타났다는 것이다.

미슨은 전체적 진전 쪽을 지지한다. 그 증거로 인간 외의 영장류의 발성이 모두 '전체적'이며 분해할 수 없다는 사실을 들고 있다(예를 들자면 긴꼬리원숭이의 경고하는 외침, 겔라다개코원숭이의 재잘거림, 긴팔원숭이의 부부 합창, 침팬지의 인사법인 팬트 후트 등).[8] 요약하면 인간 이외의 영장류는 단어를 가지고 있지 않다. 물론 그들에게도 언어는 있지만 그것은 짧은 외침을 통해 특정한 의미와 감정을 전달하는 정도이다.

영장류학자 중에는 이런 의견에 반대하고 구성적 진전을 지지하는 사람도 있다. 그들의 주장에 따르면 다이아나원숭이와 캠벨원숭이의 외침에는 통사론적이고 의미론적인 규칙이 있으며 그에 의해 언어라는 부품(즉 단어)을 조합하여 새로운 외침을 만들어 낸다고 한다.[9] 인간이 가진 언어의 기원을 둘러싼 '구성적 진전 대 전체적 진전'의 논쟁은 아직 끝나지 않았다.

인간과 원숭이는 의사소통이 가능

여기서 재미있는 이야기를 하나 소개하겠다.

지금까지의 연구에 의하면 특정 영장류 종이 소리를 통해 전하려고 하는 의미와 감정을 다른 영장류 종 또한 이해할지도 모른다는 것이다. 마카크원숭이를 예로 들면 특정 사회적 장면에서 장면이나 애원, 위압, 분노, 두려움을 표현한 소리를 녹음한 뒤 재생하면 그것을 들은 핀란드인들은(아이도 어른도) 어떤 감정을 나타내는지 정확히 맞힐 수가 있다.[10] 그러니까 인간은 원숭이의 말을 듣고 무엇을 말하고 싶어하는지 이해 가능하다는 것이다.

다른 연구에 따르면 핀란드어와 영어의 화자가 각각 만족, 애원, 위압, 분노, 두려움 등의 사회적 장면에서 발하는 언어는 마카크원숭이가 같은 장면에서 내는 소리와 음파의 파형이 같다고 한다.[11] 어쩌면 인간과 마카크원숭이는—전체적인 발성과 메시지를 통해—서로 의사 소통이 가능할 수도 있는 것처럼 말이다.

미슨의 주장에 따르면 인간의 조어에는 다음과 같은 특징이 있다.

①전체적·조작적(전체적인 메시지를 통해 다른 사람의 감정과 행동을 설득하려고 함)

②다양식적(발성뿐 아니라 몸짓이라든지 춤도 동반)

③음악적(발성에 특유의 음조, 리듬, 멜로디가 동반됨)

④모방적(의식적이며 의도적임)

그림 10-1. 미슨이 생각하는 음악과 언어의 기원

음악언어(Musilanguage) ⟶ 언어(정보 전달)
⟶ 음악(감정 표현)

그리고 그런 조어가 진화하여 두 가지 커뮤니케이션 방법으로 나뉘었다. 감정 표현을 위한 '음악'과 정보 전달을 위한 '언어'인 것이다(그림 10-1).

음악과 언어에는 공통되는 진화상 기원이 있음을 증명하기 위해 미슨은 실음악증(언어 능력은 어느 정도 있으나 음악적 능력을 잃은 경우)과 실어증(음악적 능력은 어느 정도 있으나 언어 능력을 잃은 경우) 환자의 수많은 사례를 모아 조사했다.[12] 이 연구로부터 대략 다음과 같은 사실을 알 수 있었다. 음악과 언어의 기능은 대체로 뇌 내의 각기 다른 모듈에서 기초하며 그중에는 음악과 언어 중 한쪽에만 사용되는 모듈도 있지만 음악과 언어에서 공유하는 모듈도 있다는 것이다.

음악의 기원은 노래. 악기로 연주하는 음악은 최근의 존재

미슨의 주장이 옳다면, 음악과 언어에는 진화상 공통된 기원이 있으며 전체적이고 음악적인 발성에 의해 메시지를 전달하고 있다고 하면 하나의 가설을 떠올릴 수 있다. 음악의 진화상의 기원은 '노래'가 아니었을까 하는 것이다. 개개인이 노래를 통해 자신의 욕구와 감정을 표현함으로써 다른 사람의 감정과 행동을 설득하려 한 것이었다면 진화의 역사에서 원초적인 음악은 반드시 발성을 동반하는 것이었을 것이다. 그렇다면 당연히 악기만 연주하는 음악은 없었을 것이고 따라서 노래를 동반하지 않은 악기 연주만 있는 음악은 진화의 역사상 새로운 것이라 할 수 있다.

이 부분에서 참고가 될 만한 것이 현대 전통 사회의 사례 중에 있다. 북미 원주민 중 블랙풋족에는 '노래'에 해당하는 언어는 있지만 '악기 연주뿐인 음악'에 해당하는 언어는 없다.[13] 브라질의 아마존 오지에 사는 피다한족 사람들의 언어는 미슨이 현대의 언어 및 음악의 원형으로 가정한 '음악언어'의 현존하는 예로 들 수 있을지 모른다.[14] 피다한족의 언어에는 단어는 존재하지만 널리 알려져 있는 인간의 언어 중 모음의 수가 가작 적으며(세 개) 자음의 수도 가장 적다(여성은 일곱 개, 남성은 여덟 개). 또한 "피다한족 사람들은 당연히 언어(자음과 모음)을 사용해 의사소통을 하지만 그와 동일한 정도로 노래나 휘파람 콧노래로도 의사소통을 한다. 피다한족의 음율은 무척이나 풍부하며 음절이 그 음절량에 따라 다섯 종류로 구별된다."[15]고 알려져 있다.

전문 음악가 출신으로 언어의 진화상 기원과 관련해 '전체적 진전'을 고안한 언어학자 앨리슨 레이(Alison Wray)는 다음과 같이 말했다. "개인적 감각으로 말하자면 서양의 클래식 음악은 전 세계의 다른 전통 음악과 마찬가지로 '진화의 역사에서의 음악적 표현'과는 성질이 다른 것 같다. 애당초 클래식은 보통 사람이 작곡하기가 어렵다. 힘든 수행을 쌓지 않으면 안 된다. 바흐나 쇤베르크의 작품에서 볼 수 있는 멜로디와 하모니, 리듬 등은 자연스럽게 이해할 수 있는 것이 아니다(창작하는 것은 더욱 어려움). 이런 류의 음악은 모국어 습득과는 완전히 다른 것이다."[16]

레이의 말을 쉽게 말하자면 바흐나 쇤베르크와 같은 클래식 음악은 진화의 역사에서 새로운 것이라는 뜻이다. 클래식이 거의 악기만으로 연주되는 음악인 것이 그 이유 중 하나라고 나는 생각한다.

레이의 주장을 증명하듯 일반적으로 악기를 연주할 수 있는 사람보다 노래를 할 수 있는 사람 쪽이 훨씬 많다. 예를 들어 영국 국민 중 음치의 비율은 대략 4~5%로 추정되지만[17] 반대로 말하면 국민의 95%는 노래를 잘할 수 있다는 뜻이다(게다가 음치인 사람 중에서도 노래하는 것을 좋아하는 사람도 있다.). 그렇지만 악기를 잘 다루는 사람의 비율은 그보다 훨씬 낮다. 또 악기(기타나 피아노 등)를 연주하는 경우는 같이 노래도 하는 경우가 많다.

따라서 지능의 역설이라는 관점을 통해 음악의 진화상의 기원과 관련된 미슨의 이론을 살펴보면 지능이 높은 사람일수록 악기만으로 연주하는 음악을 선호하는 경향이 높다고 할 수 있다. 그런 음악은 진화의 역사에서 새로운 것이기 때문이다. 하지만 노래와 일반 지능은 관계가 없다. 이처럼 생각하면 지능이 높은 사람일수록 클래식을 좋아하는 것은 클래식이 거의 악기로만 연주하는 음악이기 때문일 것이다. 즉, 지능이 높은 사람은 클래식뿐 아니라 악기로 연주하는 음악이라면 무엇이든 좋아할 것이다.

지능과 음악의 기호

우리는 지금까지 이루어진 두 개의 국가 수준(대규모) 통계 조사를 통해 응답자의 음악에 대한 기호를 조사할 수 있다. 하나는 이 책에서 몇 번이나 등장한 GSS이고 다른 하나는 '영국 코호트 연구(BCS)'라는 것이다. BCS는 NCDS와 많이 유사하며 실제로 NCDS를 모델로 만들어진 것이다. NCDS와 마찬가지로 BCS는 1970년 4월 특정 주에 영국에서 태어난 아기를 전원 조사 대상으로 하여 정기적으로 추적 조사를 하고 있다. 1986년 응답자가 16세가 되는 시점에 자주 듣는 음악의 종류에 대해 일련의 질문을 했다.

먼저 GSS와 다른 점부터 설명하겠다. GSS는 1993년 조사에서 18종류의 음악에 대해 응답자의 기호를 조사했다. 그 내용은 '빅 밴드', '블루그래스', '컨트리 뮤직', '블루스/R&B', '브로드웨이 뮤지컬', '클래식', '포크', '가스펠', '재즈', '라틴', '이지 리스닝', '뉴에이지', '오페라', '랩', '레게', '현대 록', '올디스', '헤비메탈'이었다.

하나의 음악 장르 전체를 사람의 목소리뿐인 음악과 악기 연주뿐인 음악 둘 중 하나로 분류하는 일은 어렵지만 그럼에도 '빅 밴드', '클래식', '이지 리스닝' 등 세 가지는 악기 음악으로 간주하고 그 나머지를 주로 목소리 음악으로 분류할 수 있다.

사실 재즈는 어려운 케이스다. 재즈는 대체로 악기만으로 연주되는 일이 많기 때문이다. 하지만 과거 연구에 따르면[18] 지능이 높은 사람일수록 재즈를 선호하는 경향이 있다. 때문에 나는 굳이 재즈를 악기 음악으로 분류하지 않고 목소리 음악으로 분류하기로 했다. 즉 '보수적인 분류'를 한 셈이다. 그쪽이 내게 있어서는 지능이 높은 사람일수록 악기 음악을 좋아한다는 사실을 증명하기 어려워진다. 그렇지만 통계 분석은 항상 진보적인 것보다는 보수적인 편이 좋다.

어쨌거나 기존 음악 장르 가운데 목소리 음악이 다수를 점하는 자체가 음악의 진화상 기원이 노래라는 것을 증명하는 듯하다.

또한 BCS의 1986년 추적 조사에서는 12종류의 음악에 대한 기호를 응답자에게 물었다. 세부적으로는 '클래식', '경음악', '포크 뮤직', '디스코', '레게', '솔', '해비록', '펑크', '일랙트로닉', '펑크록', '다른 팝 뮤직', '그 외' 등이었다.

이중에서 나는 '클래식'과 '경음악(이지 리스닝에 해당)'을 악기 음악으로 보고 나머지를 목소리 음악으로 분류했다.

뿐만 아니라 BCS의 1986년 조사 추적에서는 또 10대의 TV 시청 습관에 대해서도 조사했다. 구체적으로는 22종류의 TV 프로그램에 대해 각각 보는지 아닌지를 물은 것으로 그 22종 중 두 개는 음악과 관련된 방송이었다('팝/록'과 '클래식'). 그래서 나는 음악 프로그램 시청과 일반 지능 사이에 관계가 있는지도 조사했다.

GSS와 BCS, 이 두 개의 조사는 다른 나라에서 다른 연도에 있었던 것이지만 양쪽 데이터 모두 지능의 역설을 통해 이끌어 낼 수 있는 예상을 증명해 주었다.[19]

미국에서 이루어진 GSS에서는 관련 요인(연령, 인종, 성별, 교육 수준, 시대 소득, 종교, 현재 결혼했는지, 과거에 결혼한 적이 있는지, 자녀의 수)의 영향을 배제하면 지능이 높은 사람일수록 악기 음악(빅 밴드, 클래식, 이지 리스닝)을 좋아하는 경향을 인정할 수 있었다. 반면 목소리 음악을 좋아하는지는 지능과 관련이 없었다.

또한 악기 음악을 좋아하는 사람과 목소리 음악을 좋아하는 사람 사이의 차이를 구해 본 결과(전자에 대한 평균 선호도에서 후자의 평균 선호도를 뺀 계산), 그 값은 지능과 상당한 관련을 찾을 수 있었다. GSS의 응답자들은 지능이 높을수록 이 두 종류의 음악에 대한 선호도가 컸던 것이다.

영국 BCS의 1986년 추적 조사에서도 완전히 동일한 결과가 나왔다. 학업 성적(응답자들은 당시 아직 학교에 다니고 있었음), 성별, 인종, 종교, 세대 소득, 어머니의 학력, 아버지의 학력과 같은 요인의 영향을 배제하면 영국의 10대는 지능이 높을수록 악기 음악(클래식과 경음악)을 선호하는 경향이 있었다. 반면 목소리 음악에 대한 기호는 지능과 아무런 연관성을 찾지 못했다.

또한 '악기 음악'과 '목소리 음악' 사이의 선호도 차이와 지능 사이에도 분명한 상관 관계가 있었다. BCS 응답자 또한 지능이 높을수록 이 두 종류의 음악에 대한 선호도의 차이가 컸다.

앞에서 언급한 요인의 영향을 제외한 경우 BCS 응답자는 지능이 높을수록 클래식 관련 TV 프로그램을 자주 본다. 일반적으로 지능이 높은 사람일수록 TV를 보지 않는 경향이 강함에도 불구하고 그런 결과가 나온 것이다.[20] 반대로 지능이 높은 사람일수록 팝/록 관련 TV 프로그램을 보지 않는 경향이 나왔다. 따라서 두 종류의 음악과 관련된 TV 프로그램의 시청 빈도의 차이와 지능 사이에도 무척이나 강한 상관 관계가 있다.

GSS 응답자 중에서 볼 수 있는 클래식 선호와 지능의 관계를 그래프로 정리한 것이 그림 10-2다. '클래식을 아주 좋아하는' 사람의 IQ는 평균 106.5인 것에 비해 '클래식을 아주 싫어하는' 사람(나도 마찬가지)의 IQ는 평균 93.3이다. 클래식을 아주 좋아하는 사람은 아주 싫어하는 사람보다 13포인트나 IQ가 높은 것이다. 이처럼 지능과 클래식 선호에는 단조적인 상관 관계가 있으며 클래식을 좋아하는 사람일수록 IQ는 높다. 그래프에 나타난 것처럼 강한 패턴이 완전히 우연일 확률(사실

은 언어성 지능과 클래식 선호 사이에 아무런 관계도 없을 확률)은 10
경(10의 17승)분의 1에도 미치지 않는다.

이어서 그림 10-3은 BCS의 응답자에서 볼 수 있는 지능과
클래식을 듣는 습관 사이의 상관 관계다. 보는 바와 같이 영국
의 10대 중 평소 클래식을 듣는 사람은 그렇지 않은 사람보다
IQ가 7포인트 정도 높다. 그래프에서 나타난 강한 패턴이 완
전히 우연일 확률(사실은 언어성 지능과 클래식 선호 사이에 아무 관
련도 없을 확률)은 1,000양(10의 31승)분의 1도 되지 않는다. 즉
절대 있을 수 없다.

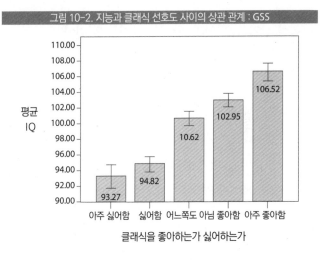

그림 10-2. 지능과 클래식 선호도 사이의 상관 관계 : GSS

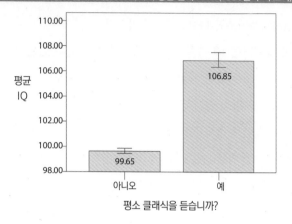

그림 10-3. 지능과 클래식 선호도 사이의 상관 관계 : BCS(1986년 추적 조사)

평균
IQ

110.00
108.00
106.00
104.00
102.00
100.00
98.00

106.85

99.65

아니오   예

평소 클래식을 듣습니까?

'진화상 신기한 일'인가 '인지상 난해한 일'인가

영국의 10대와 미국의 성인을 대상으로 조사한, 두 개의 국가적 차원의 대규모 데이터를 분석한 결과 다음과 같은 사실을 알게 되었다. 지능이 높은 사람일수록 진화의 역사에서 새로운 것이라 할 수 있는 악기 음악을 좋아한다. 하지만 진화의 역사에서 익숙한 목소리 음악에 대한 선호도는 지능과 관련이 없다.

그러나 이 결론에 대해서는 다음과 같은 반론이 예상된다. 악기 음악을 좋아하느냐 음성 음악을 좋아하느냐를 진화의 역사에서 신기한 음악과 그렇지 않은 음악으로 분류했지만 사실은 그렇게 단순한 문제가 아니며, 코드의 복잡한 정도(악곡으로 사용되는 코드와 음정, 악기의 수와 그 상관 관계) 즉, 음악 구조의 '인지상의 난해함'과도 관계가 있지 않겠느냐는 것이 바로 그 것이다.

예를 들어 클래식은 주로 악기로 연주되지만 '인지'하는 것은 어렵다. 음악의 인지 관점에서 보면 인류 역사상 가장 복잡한 형태의 음악이라고 해도 좋을 것이다. 그 대척점에 위치하는 것이 랩으로 거의 사람의 목소리만으로 성립되며 분명한 멜로디 구조가 보이지 않는 경우도 많다. 그로 인해 인지하기 쉽다는 점에서 극도로 단순한 음악이라 할 수 있다.

따라서 지능과 악기 음악에 대한 선호도 사이에 관련이 있는 것이 아니라 사실은 지능과 음악 구조 인지상의 난해함 사이에 관련이 있는 것은 아닌가 하는 비판이 나와도 이상한 일이 아니다.

이 또 하나의 가설을 적절하게 검증한 뒤 부정하기 위해서는 음악 장르별로 '인지상의 난해함'을 나타내는 점수가 필요할 것이다(가능하다면 말이지만 클래식=5점, 재즈=4점…… 하는 식으로). 또한 이미 널리 사용되고 있고 유효성이 증명된 점수라면 더욱 바람직할 것이므로 나는 문헌을 폭넓게 조사했으며 음악의 인지와 관련된 전문가들도 몇 사람인가 만나보았지만 그런 점수는 결국 찾지 못했다. 그런 것은 존재하지 않는 모양이었다.

하지만 아무래도 세상 사람들은 직감적으로 음악에는 난해한 것도 있고 그렇지 않은 것도 있다는 사실을 이해하고 있는 것 같다. 클래식과 재즈는 랩 등보다 훨씬 난해하다는 인식이 있는 것처럼 말이다. 그래서 나는 그런 직감적인 그렇지만 널리 공유된 음악 장르별 난해함을 지표로 삼아 분석을 해 보기로 했다.

지능과 특정 음악 장르의 선호도 사이의 관련을 조사하는 데 있어 주의해야만 할 문제가 한 가지 있다. 그것은 어떤 음악 장르에 대한 선호도든 서로 극히 강한 상관 관계에 있다는 사실이다.

이 세상에는 음악 그 자체를 좋아하는 사람도 있지만 그렇지 않은 사람도 있다(나도 그중 하나). 그리고 음악을 좋아하는 사람은 대체로 어떤 종류의 음악이라도 좋아하는 것이다. 예를 들어 GSS의 데이터를 보면 클래식을 좋아하는 사람은 블루그래스와 레게 두 가지 모두를 좋아하는 것과 유의미한 양의 상관 관계에 있다. 실제로 클래식을 좋아하는 사람은 다른 음악 장르 17개 중 12개에 유의미한 양의 상관 관계가 있다. 클래식을 좋아하는 사람은 대부분의 음악 장르를 좋아하는 것이다.

여기서 도움이 되는 것이 인자 분석이라고 하는 통계 수법이다. 제3장에서 설명한 것처럼 심리측정가들은 이 방법을 사용해 모든 종류의 지능 테스트 점수에 공통되는 잠재 인자 그러니까 일반 지능을 추출한다. 인자 분석을 사용하면 어떤 점수의 세트라도 거기에 공통되는 인자를 추출할 수 있다. 18개 장르의 음악에 대한 GSS 응답자의 기호를 소재로 하여 인자 분석을 행하면 딱 한 가지 공통 인자를 뽑아낼 수 있다. 즉 '일반 지능'이라고 하는 하나의 인자에 의해 모든 종류의 지능 테스트 성적에 대해 설명할 수 있는 것처럼 '음악 일반에 대한 기호'라고 하는 하나의 인자에 의해 모든 종류의 음악에 대한 기호를 설명할 수 있는 것이다.

따라서 나는 지능과 각 장르별 음악에 대한 기호와의 상관관계를 조사했다. 이때 다른 음악 장르에 대해서는 일정한 값이 되도록 처리했다. 결과는 예상대로 다른 모든 음악 장르에 대한 기호와는 독립적으로 클래식에 대한 기호는 지능과 유의미한 양의 상관 관계가 있었다. 하지만 빅 밴드에 대한 기호는 지능과 양의 상관 관계가 더욱 강력했으며 클래식을 능가했다. 그렇지만 빅 밴드가 클래식보다 인지상으로 난해한 음악이라고는 할 수 없을 것이다.

한편 난해하다는 점에서 대척점에 위치하는 랩의 기호에 대해서도 예상대로 지능에 대해 유의미한 음의 상관 관계를 나타냈다. 그렇다고 가스펠이 랩보다 단순한 음악이라고 할 수는 없을 것이다(참고로 가스펠은 종교 의뢰와 밀접한 관련이 있는 까닭에 진화의 시점에서는 익숙한 음악이다).[21]

동시에 마찬가지로 무척이나 난해한 형태의 음악인 오페라에 대해서도 기호와 지능 사이에 유의미한 상관 관계는 없었다. 희미하게 양의 상관 관계가 있었지만 그 정도는 올디스와 레게, 브로드웨이 뮤지컬보다 낮았다. 올디스와 레게, 브로드웨이 뮤지컬 쪽이 오페라보다 인지상 난해하다고 말할 수는 없지 않은가.

게다가 GSS 응답자의 음악 이외의 요인(연령과 인종, 성별, 교육 수준, 세대 소득, 종교, 현재 결혼했는지, 과거 결혼한 적이 있는지, 자녀의 수)를 통계적으로 제어해도 앞에서 말한 결론은 변하지 않는다.

이들 요인을 포함해 분석해 보면 클래식을 좋아하는 것과 지능과의 양의 상관 관계는 통계상 유의미한 값을 잃게 되지만 빅 밴드에 대한 기호와 지능은 여전히 통계상 유의미한 양적 값을 가진다. 또 올디스에 대한 기호와 지능도 통계상 유의미한 양적 값을 가진다. 그렇다고 올디스와 빅 밴드 쪽이 클래식보다 인지상 난해하다고는 할 수 없을 것이다.

또한 연구자 중에는[22] 블루스, 재즈, 클래식, 포크를 '복잡한 구성의 음악'으로 분류하는 사람도 있지만 다른 음악에 대한 기호를 제어하면 '복잡한 구성의 음악' 중 어떤 장르도 지능과의 유의미한 상관 관계를 찾을 수 없었다. 포크와 재즈에 대한 기호는 지능에 대해 (유의미하지는 않지만) 마이너스적인 상관 관계를 나타냈을 정도다. 전체적으로 이런 분석으로는 '지능이 높은 사람은 모두 인지상 난해한 장르의 음악을 좋아한다'고 하는 주장을 뒷받침할 수 있는 증거를 거의 찾지 못했다.

이상 살펴본 것처럼 지능의 역설을 다양한 음악 장르에 적용하면 유대계와 동아시아계 사람이 클래식 음악가로서 눈에 띄는 것은 무엇 때문인지, 미국의 NPR 방송국 중 태반이 클래식 혹은 재즈를 자국의 테마 음악으로 내보내는 것은 무엇 때문인지 하는 물음에 대답할 수 있다.

악기만으로 연주하는 음악은 진화의 역사가 짧고 그로 인해 부자연스럽다. 그리고 지능이 높은 사람일수록 그런 부자연스러운 장르의 음악을 좋아하는 경향이 있는 것이다.

제11장

왜 지능이 높은 사람일수록
술을 많이 마시고 담배를 피우는가?

　'머리말'에서도 이야기한 것처럼 이 책의 주요 목적은 '지능의 높이=인간의 가치'라고 하는 방정식을 깨뜨리는 것, 즉 지능이란 높으면 높을수록 좋다라든가 지능이 높은 사람 쪽이 무엇이든 잘할 수 있다든가 하는 신화를 부수는 것이다.

　그 목적을 이룰 수 있을 거라 생각되는 흥미진진한 사례가 알코올과 담배, 약물이다. 이에 대한 섭취 특히 과도한 사용은 건강에 나쁘다는 것이 널리 인정되고 있기 때문이다. 지능이 높은 사람일수록 이들 물질을 과도하게 섭취하기 쉽다는 사실을 증명할 수 있다면 지능이 높은 사람이 항상 올바른 일을 하는 게 아니라 오히려 어리석은 일을 하기 쉽다는 사실을 증명하는 절호의 기회가 될 것이다.

그래서 이번 장에서는 음주와 흡연, 약물 사용에 대해 논하려고 생각한다. 여러 번 말을 했지만 과학이란 가치 판단을 내리는 존재가 아니다. 하지만 엄격하게 과학적 입장에 서지 않는 한, 술, 담배, 약물이 '좋지도 나쁘지도 않다'고 말하는 것은 어려울 것이다. 건강에 대한 위험성은 지금이야 널리 알려져 있다. 의료연구자 사이에서는 적당한 음주라면 건강에 좋다는 것이 정설처럼 되어 있지만 내가 지금부터 논하려고 하는 것은 적당한 음주 같은 것이 아니다. 엄청나게 술을 많이 마시고 심하게 취하는 일이다. 거기에는 건강에 좋은 점이라고는 전혀 찾아볼 수 없다.

그런 까닭에 이 책에서 지금까지 논했던 기호나 가치관과는 달리 음주, 흡연, 약물 사용(과도한 사용을 뜻함)은 모두 기본적으로 건강에 나쁜 것이다. 하지만 지능의 역설에서 문제로 삼는 것은 특정 기호나 가치관이 좋은지 나쁜지(건강한 것인지 아닌지)가 아니다. 중요한 것은 어디까지나 진화의 관점에서 새로우면 지능이 높은 사람은 그것을 좋아하고 소중히 여긴다는 지능의 역설로부터 추정할 수 있는 예측이다. 즉 음주, 흡연, 약물의 사용은 진화의 관점에서 새로운 존재인 것일까? 그것이 문제다.

알코올, 담배, 약물의 간단한 역사

알코올

인류의 알코올 소비는 아마도 과일을 먹는 데서 유래되었다.[1] 너무 익어 썩어가는 과일은 천연 효모에 의해 당이 발효되어 에탄올이 만들어진다. 그리고 그것을 먹은 새나 포유류를 취하게 만든다는 사실이 알려져 있다.[2] 하지만 그렇게 과일에 포함된 에탄올(알코올)의 양은 미량에서 5% 정도로 대략 순한 맥주(0~4%) 수준이다. 일반 맥주(4~6%)나 와인(12~15%), 증류주(20~95%)에 들어 있는 알코올의 양과는 비교도 되지 않는다.

"하지만 1만 년 정도 전까지 인류에 있어 알코올 섭취는 의도적인 것이 아니라 우연일 뿐"[3]이었으며 "과일이나 곡물을 의도적으로 발효시켜 에탄올을 만들 수 있게 된 것은 인류 역사상 극히 최근의 일"[4]이다. 맥주 생산에는 대량의 곡물이 필요하고 와인 생산에도 역시나 대량의 포도가 필요하므로 기원전 8000년 무렵 농업이 시작되기 전까지는 불가능했다. 고고학적인 증거에 따르면 맥주와 와인 생산은 기원전 6000년 무렵 메소포타미아를 기원으로 한다.[5] 증류주의 기원은 그보다도 훨씬 늦은 기원후 700년 무렵 중동이나 중국이라고 추정된다. 참고로 알코올이라는 말은 아랍어를 기원으로 한다.

"인간과의 종족이 지구상에서 존속해 온 기간의 길이를 생각하면 자연 발생적인 발효만으로 얻을 수 있는 에탄올의 농도(기껏해야 5%)보다 진한 에탄올을 인류가 입에 댈 수 있게 된 것은 놀라울 만큼 최근의 일"[6]이며 또 우리 조상들의 환경에서 너무 익어 썩어가는 과일 섭취를 통해 '의도하지 않고 우연히' 알코올을 입에 대는 일이 있다 하더라도 그것은 '마신다'고 하기보다 '먹는다'라고 해야 할 일이었다.

한편 현대에서는 거의 대부분의 알코올이 '마시기'로 섭취된다. 그렇게 생각하면 어느 정도 농도가 진한 알코올을 마신다는 일 자체가 진화의 관점에서는 새로운 일이라고 할 수 있을 것이다.

담배

인류의 담배 소비는 알코올보다 훨씬 더 최근의 일이다. 담배는 남아메리카 원산지 식물이며 전 세계로 확산되었다.[7] 약 800년 전 북미 원주민이 두 종의 담배속 식물 재배를 시작했다[8]. 15세기 말 콜롬버스가 유럽에 가져오기 전까지는 흡연 습관이 미국 대륙 외에는 알려지지 않았다.[9] 그런 까닭에 흡연은 역사적 기원이 무척이나 짧으며 진화의 관점에서도 분명 새로운 것이다.

약물

향정신성 약물의 대부분은 알코올이나 담배보다 역사적 기원이 새롭다. "농업이 시작되기 전 향정신성 약물은 거의 손에 들어오지 않았을 것"[10]이며 아편의 사용은 약 5000년 전으로 거슬러 올라간다.[11] 또 대마를 약으로 사용했다고 하는 가장 오래된 기술은 고대 중국의 황제 신농이 기원전 2737년에 썼다고 전해지는 책에 있다.[12]

오늘날 일반적인 다른 향정신성 약물의 대부분은 현대의 화학적 제법이 아니면 만들 수 없는 까닭에 더욱 기원이 얼마 되지 않았다. 모르핀이 아편에서 분리된 것은 1806년[13]이고 헤로인이 발견된 것은 1874년[14]이었으며 코카인이 처음 만들어진 것은 1860년의 일이었다.[15] 그로 인해 오늘날 사용되는 향정신성 약물이 대부분은 진화의 관점에서 새롭고 역사적 기원도 극히 최근이라 할 수 있다.

알코올도 담배도 향정신성 약물도 진화의 관점에서 새로운 것이라면—플라이스토세가 끝나는 1만 년 전까지 알려지지 않았다면—지능의 역설상 지능이 높은 사람일수록 이들 물질을 자주 섭취할 것이다. 이는 지능이 높은 사람일수록 '현명한' 선택을 할 것이라는 세간의 상식 혹은 착각에 반하는 예상이다. 이를 확인하기 위해 NCDS와 Add Health의 데이터를 사용해 어린 시절의 지능이 성인이 된 후 이러한 물질의 섭취에 미친 영향을 조사했다.

지능과 술·담배·약물의 사용

알코올

NCDS에서는 응답자에게 음주 '빈도'와 '양'을 묻는다. 먼저 '빈도'에 대해서는 응답자가 23세, 33세, 42세가 되는 각 시점에 평소 얼마나 자주 알코올 음료를 마시는지 질문한다. 나는 인자 분석을 통해 NCDS 응답자가 성인이 된 후 평소 어떤 빈도로 알코올을 섭취하는지 잠재 성향을 추정하였다(인자 분석으로 산출된 잠재 인자는 평균치가 0이며 표준 편차가 1).

이어 '양'에 대해서는 맥주, 증류주, 와인, 마티니, 셰리, 알코팝(과즙이나 향료를 더한 영국 술) 등 알코올 음료의 소비량을 묻는다. 이 질문도 응답자가 23세, 33세, 42세였던 시점에 이루어졌다. 나는 또다시 인자 분석을 이용해 NCDS 응답자가 다양한 알코올 음료를 많이 소비하는 잠재 성향을 추정했다.

NCDS 데이터를 분석한 결과, 다양한 관련 요인(성별, 종교, 신앙심, 현재 결혼했는지, 과거 결혼한 적이 있는지, 자녀 수, 응답자의 교육 수준, 소득, 우울증 유무, 인생에 대한 만족감, 부모의 사회적 계층, 어머니의 교육 수준, 아버지의 교육 수준)의 영향을 제거한 뒤에도 지능이 높은 아이일수록 성인이 된 후 알코올을 많이 마시는 사실(빈도와 양 모두)을 알아내었다. 이 정도로 많은 관련 요인을 통계적으로 제어한 까닭에 어린 시절의 일반 지능과 성인이 된 후의 음주와의 상관 관계에 다른 무엇인가 요인이 영향을 주었을 거라고는 생각하기 힘들다(가능성이 0은 아니지만).

예를 들자면 지능이 높은 사람일수록 조직의 간부나 관리직 같은 지위에 오르기 쉽고 업무상 술자리가 많기 때문에 어린 시절의 일반 지능과 성인이 된 후의 음주 사이에 양의 상관 관계가 발생하기 쉽다는 가설은 배제할 수 있다. 왜냐하면 앞에서 언급한 분석에서는 응답자의 교육 수준과 소득에 더해 출생 시 사회 계층이며 어머니 및 아버지의 교육 수준에 대해서도 결과에 영향을 미치지 않도록 제어했기 때문이다.

또한 이들 요인 중 응답자의 음주 빈도와 음주량을 증가시키는 독립적인 요인은 응답자의 소득과 아버지의 교육 수준뿐이었다. 응답자의 교육 수준과 출생 시의 사회 계층, 어머니의 교육 수준은 응답자의 음주 습관에 영향을 미치지 않았다.

Add Health에서는 음주에 대해 다음과 같은 네 개의 질문을 한다. "술은 얼마나 많이 마십니까?", "술은 얼마나 자주 마십니까?", "얼마나 자주 과음(한 자리에서 다섯 잔 이상)합니까?", "얼마나 자주 만취합니까?"

이 Add Health의 데이터 분석에 있어서도 다양한 관련 요인(연령, 성별, 인종, 히스패닉인지 아닌지, 종교, 혼인 상태, 자녀의 유무, 응답자의 교육 수준, 소득, 정치적 성향이 진보적인지 보수적인지, 신앙심, 인생 전반에 대한 만족도, 스트레스로 약물 치료를 받고 있는지, 약물 치료는 받지 않지만 스트레스는 느끼는지, 친구와 만나는 빈도, 과거 12개월 동안의 성적 파트너 수, 어린 시절의 세대 소득, 어머니의 교육 수준, 아버지의 교육 수준)의 영향을 배제했다. 무척이나 많은 관련 요인을 통제한 것이다. 그 결과 어린 시절의 지능이 높을수록 성인이 된 후 술을 많이 마시는 경향이 마찬가지로 유의미하게 나타났다. 중고교 시절의 지능이 높은 사람일수록 20대가 되면 음주가 많은 것이다.

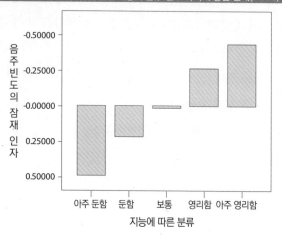

그림 11-1. 어린 시절의 일반 지능과 음주 빈도 사이의 상관 관계(NCDS)

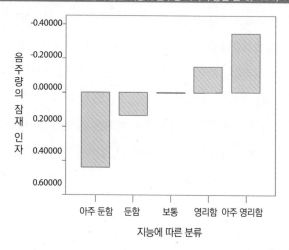

그림 11-2 어린 시절의 일반 지능과 음주량 사이의 상관 관계(NCDS)

Add Health의 데이터 분석에서는 NCDS 때보다도 더 많은 관련 요인을 컨트롤한 까닭에 여기에서 인정된 어린 시절 지능의 영향이 무엇인가 다른 요인에 의한 것이라고 생각하기 힘들다. 소득도 교육 수준도 성인이 된 후의 음주와는 유의미한 관련이 없었다. Add Health에서도 NCDS와 마찬가지로 아버지의 교육 수준이 높을수록 응답자가 성인이 된 후의 음주가 증가하는 경향이 있었다(어머니의 교육 수준에는 그런 영향이 없음).

그림 11-1과 그림 11-2는 NCDS의 데이터를 기반으로 어린 시절의 일반 지능(지능별로 분류)과 성인이 된 후의 음주 사이의 상관 관계를 빈도 및 양으로 각각 나타내고 있다. 보는 것과 같이 완벽하게 단조적인 관계가 존재한다. NCDS 응답자 사이에서는 어린 시절 지능이 높을수록 성인이 된 후 음주가 증가하는 경향이 있는 것이다. '빈도' 쪽 그래프를 보면 '아주 영리함'에 속하는 사람과 '아주 둔함'에 속하는 사람 사이에는 1 표준 편차 정도의 차이가 있다. '양' 쪽 그래프에서도 마찬가지로 5분의 4 표준 편차 정도의 차이가 있다. 양쪽 모두 무척이나 큰 차이라 할 수 있다.

지능이 높은 사람일수록 과음하고 주정하기 쉽다

매일 저녁 레드 와인 한 잔과 같이 적당한 음주가 몸에 좋다고 하는 의학적 보고라든가 과학적 연구를 가끔 볼 수 있다. 그런 까닭에 이렇게 결론을 내리고 싶을 수도 있다. 지능이 높은 사람일수록 적당한 음주를 하는 일이 많다. 어린 시절의 일반 지능과 성인이 된 후 음주 사이의 상관 관계는 적당한, 따라서 건강하고 유익한 음주 습관이 반영된 것이라는 식의 결론 말이다.

유감스럽게도 지능이 높은 사람에게 그런 결론은 적용되지 않는다. 지능이 높은 아이일수록 성인이 된 뒤 과음(한 자리에서 5잔 이상)하고 술주정을 부리기 쉽다.

Add Health에서는 과음과 결과적으로 따르는 주정에 대해 각각 다음과 같이 응답자에게 질문한다. 과음에 대해서는 "계속해서 다섯 잔 이상 술을 마신 일이 과거 12개월 동안 며칠이나 있었습니까?"라고 묻고 술주정에 대해서는 "술주정을 부리거나 혹은 취해서 정신을 잃은 일이 과거 12개월 동안 며칠이나 있었습니까?"라고 묻는다. 두 질문 모두 다음의 6개 선택지 중 하나를 고르게 한다.

0=없음

1=과거 12개월 동안 하루나 이틀

2=한 달에 하루 이하(과거 12개월에 3~12회)

3=한 달에 2일이나 3일

4=한 주에 하루나 이틀

5=한 주에 3~5일

6=매일, 혹은 거의 매일

그림 11-3. 어린 시절의 일반 지능과 과음 빈도 사이의 상관 관계(Add Health)

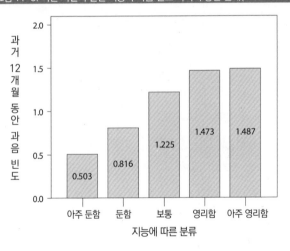

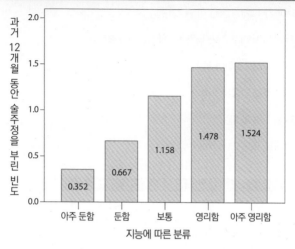

그림 11-4. 어린 시절의 일반 지능과 술주정을 부리는 빈도 사이의
상관 관계(Add Health)

과거 12개월 동안 술주정을 부린 빈도

지능에 따른 분류	값
아주 둔함	0.352
둔함	0.667
보통	1.158
영리함	1.478
아주 영리함	1.524

지능에 따른 분류

그림 11-3을 보면 어린 시절의 일반 지능과 성인이 된 후의 과음 빈도 사이에 단조적이고 플러스적인 상관 관계가 분명히 보인다. Add Health 응답자 중 '아주 둔함'에 속하는 사람(어린 시절의 IQ<75)이 과음하는 일은 1년에 한 번도 없다. 대조적으로 '아주 영리함'에 속하는 사람(어린 시절의 IQ>125)은 대체적으로 두 달에 한 번 정도 과음한다.

그림 11-4를 보면 어린 시절의 일반 지능과 성인이 된 뒤 술주정을 부리는 빈도 사이에도 확실하게 단조적인 상관 관계가 나타난다. Add Health 응답자 중에서 '아주 둔함'에 속하는 사

람은 거의 술주정을 부린 일이 없는 것에 비해 '아주 영리함'에 속하는 사람은 대체적으로 두 달에 한 번 꼴로 정신을 잃을 만큼 술에 취하는 것이다.

다중 회귀 분석을 해 보면 어린 시절의 지능은 성인이 된 후의 과음 빈도와도, 술주정을 부리는 빈도와도 유의미하고 플러스적인 영향을 미치고 있다(P < 0.00001). 물론 지능과 이러한 빈도와의 상관 관계에 영향을 미칠 수 있는 다음의 요인에 대해서는 사전에 통제한 상태이다(연령, 성별, 인종, 민족, 종교, 혼인 상태, 자녀의 유무, 응답자의 교육 수준, 소득, 정치적 성향, 신앙심, 인생 전반에 대한 만족도, 스트레스로 약물 치료를 받고 있는지, 약물 치료는 받지 않더라도 스트레스를 느낀 경험은 있는지, 친구를 만나는 빈도, 과거 12개월 동안의 성적 파트너의 수, 어린 시절의 세대 소득, 어머니의 교육 수준, 아버지의 교육 수준)

솔직히 말해 더 이상 어린 시절의 지능과 관련이 있을 법한 요인은 떠오르지 않는다. 그런 만큼 성인이 된 뒤의 과음 및 주정의 빈도를 높이는 요인은 틀림없이 어린 시절의 지능이며 다른 요인은 없다고 해도 과언이 아니다.

또한 이 분석에서는 응답자의 교육 수준도 통제했다는 사실에 주의해야 한다. Add Health에서 음주 습관을 조사한 시기(제3기)의 응답자는 20대 초반이었던 탓에 어린 시절의 지능과 어른이 되어 폭음하거나 술주정을 하는 빈도와의 관련성은 대학교에 다니는 탓일지도 모른다는 생각을 하기 쉽다. 지능이 높은 아이일수록 대학교에 가는 경향이 있고 대학생은 술을 폭음하고 엄청난 추태를 부리는 일이 많기 때문이다.

그러나 교육 수준의 영향을 배제해도 어린 시절의 지능과 두 가지 빈도 사이에는 유의미한 상관 관계가 있다. 즉 대학교는 관계가 없다는 뜻이다. 과음 및 술주정의 빈도를 높이는 요인은 역시나 교육 수준이 아니라 어린 시절의 지능인 것이다.

실제로 응답자의 교육 수준은 과음 빈도와 술주정 빈도 양쪽 모두에 대해 유의미한 영향을 끼치지 않았다. 다중 회귀 분석에 포함된 다른 변수를 모두 통제해도 결과는 마찬가지였다. 그렇다는 것은 결국 대학생들이 과도하게 술을 마시는 것은 대학교에 다니기 때문이 아니라 지능이 높기 때문인 것이다.

담배

NCDS에서는 응답자가 23, 33, 42, 47세가 되는 각 시점에 평소 하루에 몇 개비나 담배를 피우는지를 물어 응답자의 흡연 습관을 조사했다. 나는 이 데이터를 인자 분석을 통해 응답자의 잠재적인 흡연 경향을 측정했다.

놀랍게도 NCDS의 데이터를 분석한 결과 지능의 역설에 반하는 결과가 나왔다. 음주 분석과 마찬가지로 다양한 관련 요인의 영향을 배제하면 지능이 높은 영국 아이일수록 성인이 된 후 담배를 피우지 않는 경향이 나타난 것이다.

한편 Add Health에서는 응답자의 흡연 습관을 조사하기 위해 "과거 30일 동안 며칠 담배를 피웠는가?"와 "과거 30일 동안 하루 몇 개비의 담배를 피웠는가?"를 묻는다. 나는 이번 역시 인자 분석을 통해 응답자의 잠재적인 흡연 경향을 구하였다.

그 결과 NCDS와는 대조적으로 Add Health의 데이터는 지능의 역설을 통해 내릴 수 있는 예측과 일치했고 이를 뒷받침해주는 것이었다. 음주 분석과 마찬가지로 각종 요인의 영향을 제외하자 지능이 높을수록 성인이 된 후(성인 초기의 시점에서는) 담배를 피우는 경향이 강했던 것이다.

그림 11-5와 그림 11-6 두 개의 그래프를 보면 어린 시절의 지능이 성인이 된 후의 흡연 습관에 미치는 영향에 대해 정반대 관계임을 알 수 있다. 그림 11-5는 영국의 NCDS 응답자로 어린 시절의 일반 지능과 성인이 된 후의 흡연 사이에 단조적이며 마이너스적 상관 관계가 보인다. 16세가 되기 전의 조사에서 지능이 높은 아이일수록 20대, 30대, 40대가 되어 담배를 피우지 않았다.

하지만 그림 11-6은 미국의 Add Health 응답자로 지능과 성인이 된 후의 흡연 사이에 대체로 양의 상관 관계가 있음을 보여준다. 단조적인 양의 관계는 아니지만 '보통', '영리함', '아주 영리함'에 속하는 사람들 쪽이 '둔함', '아주 둔함'에 속하는 사람들과 비교할 때 담배를 피우는 경향이 있다.

그림 11-5. 어린 시절의 일반 지능과 성인이 된 후의 흡연 사이의 상관 관계(NCDS)

그림 11-5. 어린 시절의 일반 지능과 성인이 된 후의 흡연 사이의 상관 관계(NCDS)

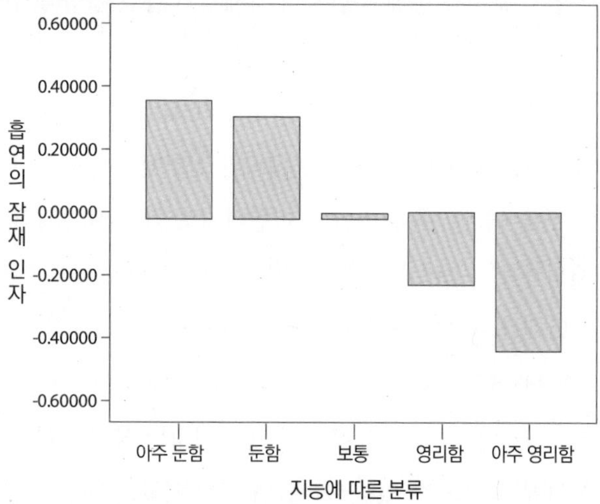

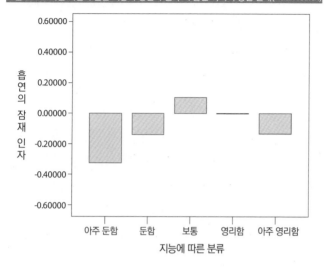

그림 11-6. 어린 시절의 일반 지능과 성인이 된 후의 흡연 사이의 상관 관계(Add Health)

흡연의 잠재 인자

0.60000
0.40000
0.20000
0.00000
-0.20000
-0.40000
-0.60000

아주 둔함　둔함　보통　영리함　아주 영리함

지능에 따른 분류

흡연에 대한 지능의 영향이 미국과 영국에서 차이가 있는 것은 왜?

어린 시절의 지능이 성인이 된 후의 흡연에 미치는 영향과 관련해 NCDS와 Add Health의 결과가 이렇게까지 차이가 나는 이유는 나도 모른다. 하지만 비슷한 차이를 나타내는 연구는 이외에도 있다.[16] 어쨌거나 영국에서는 지능이 높은 사람일수록 담배를 피우지 않고, 미국에서는 지능이 높은 사람일수록 담배를 피우는 것은 사실인 듯하다.

내가 연구에서 사용한 두 가지 데이터는 두 가지 점에서 큰 차이가 있다. 첫 번째로는 NCDS는 영국에서 이루어졌지만 Add Health는 미국에서 이루어졌다는 점. 또 하나는 NCDS 응답자는 1958년 3월에 태어났고 Add Health 응답자는 1974년부터 1983년 사이에 태어났다는 점이다.

　이 두 국가의 문화적 차이 때문인지 NCDS와 Add Health의 모집단의 세대 차이 때문인지는 잘 모르겠지만 그중 하나가 원인이 되어 앞에서 이야기한 차이가 발생한 것이라면 그것을 확인하기 위해서는 더욱 많은 연구가 필요하다.

　미국과 영국의 차이점으로 한 가지 생각할 수 있는 것은 금연하라는 공공 캠페인이 미국보다 영국 쪽이 훨씬 더 강렬하고 노골적이라는 점이다. 미국에서는 담뱃갑에 공중 위생국 장관에 의한 경고문(담담하게 의학적 사실을 전하는 듯한 인상)이 적혀 있지만("흡연은 폐암과 심장병, 폐기종의 원인이 되며 임신 합병증을 일으킴") 담뱃갑 측면에 작게 인쇄되어 있을 뿐이다.

　반면 영국에서는 경고문 자체가 훨씬 노골적이고 강력하다. 예를 들자면,

　"담배를 피우면 죽음"

　"흡연은 수명을 단축시킴"

　"흡연은 혈류량을 줄여 발기 부전을 유발함"

"흡연하면 천천히 고통스럽게 죽음을 맞이하게 됨"

"흡연은 동맥을 막히게 해 심장병이나 뇌졸중을 유발함"

"임신 중에 흡연하면 태아가 위험해짐"

이런 경고문이 담뱃갑 전면에 큼직하게 적혀 있는 것이다.

참고로 미국 공중 위생국 장관의 경고에는 죽음에 대해서는 직접 언급하지 않지만 영국의 경고문에는 노골적으로 죽음의 위험성을 호소한다. 게다가 진화의 관점에서 볼 때 죽음보다 더욱 무서울 수 있는, 그러니까 (남성의) 발기 부전과 (여성의) 태아에 대한 악영향마저도 언급하고 있다. 이런 경고문은 암암리에 번식의 실패를 의미하는 것이다.

2003년 처음으로 "담배를 피우면 죽음"이라는 경고문을 보았을 때는 (대학 동료가 피우고 있던 담뱃갑에 쓰여 있었다) 솔직히 농담인 줄 알았다. 웃기기 위한 아이템이거나 그 비슷한 것으로 생각한 것이다. 뒷날 다른 담뱃갑에서 비슷한 경고문을 보고 그때서야 진짜임을 알게 되었다.

정부의 공공 캠페인은 전달 수단인 경고문을 포함해 진화의 관점에서 볼 때 새로운 것이다. 그러므로 지능이 높은 사람일수록 그런 경고에 민감하게 반응할 수도 있을 것이라는 생각이 든다. 양국의 차이에 대해 현시점에서 떠오르는 이유는 이것뿐이다.

솔직히 말해 나는 이것이 딱히 설득력이 있는 대답이라고는 생각하지 않는다. 흡연과 지능의 관계에 관련된 두 나라의 차이는 우연한 산물 같은 것이 아니며 확실히 존재한다는 사실은 나 또한 느끼고 있다. 다른 데이터와 방법을 사용한 또 다른 연구에서도 계속 그런 결과가 나오고 있기 때문이다. 그렇다고 해도 현시점에서의 설명에 만족하는 것은 아니다. 지금은 아직 알 수 없으나 더 좋은 설명이 있을 것이 분명하다.

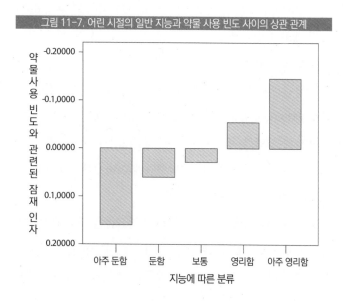

그림 11-7. 어린 시절의 일반 지능과 약물 사용 빈도 사이의 상관 관계

약물 사용 빈도와 관련된 잠재 인자

- -0.20000
- -0.1,0000
- 0.00000
- 0.1,0000
- 0.20000

아주 둔함　둔함　보통　영리함　아주 영리함

지능에 따른 분류

약물

NCDS에서는 응답자가 42세가 되는 시점에 딱 한 번 불법 향정신성 약물의 사용 경험을 물었다. 구체적으로는 대마초, 엑스터시, 암페타민, LSD, 아밀아질산염, 매직 머시룸, 코카인, 테마제팜, 레메론, 케타민, 크랙, 헤로인, 메타돈 등 13종이었다. 나는 인자 분석을 통해 NCDS 응답자의 잠재적인 약물 사용 경향을 조사했다.

NCDS 데이터를 통계 분석한 결과, 앞에서 언급한 관련 요인의 영향을 배제해도 지능이 높은 아이일수록 성인이 된 후 약물에 손을 댈 가능성이 높은 경향을 볼 수 있었다. 16세가 되기 전 측정한 일반 지능이 높은 사람일수록 42세까지 약물에 손을 댄 사람이 많았던 것이다.

그림 11-7은 어린 시절의 지능과 성인이 된 뒤의 잠재적인 약물 사용 경향과의 관련을 나타내고 있다. 음주의 경우와 마찬가지로 역시나 단조로운 긍정적 연관성이 있다. 하지만 어린 시절의 지능과 약물 사용 경향과의 관계는 어린 시절의 지능과 음주와의 관계만큼 강하지 않다. NCDS 응답자 중 '아주 영리함'에 속하는 사람과 '아주 둔함'에 속하는 사람의 차이는 표준 편차가 3분의 1 정도에 불과하다.

Add Health에서는 응답자에게 5종류의 약물 사용에 대해 질문한다. 대상 약물은 마리화나, 코카인, LSD, 메타페타민 결정, 헤로인 등이다. 나는 똑같이 인자 분석을 실시했고 Add Health 응답자의 잠재적인 약물 사용 경향을 조사했다.

Add Health의 데이터를 통계 분석한 결과 어린 시절의 지능은 성인이 된 후의 약물 사용에 영향을 주고 있었으며 지능의 역설을 적용할 수는 있었지만 통계상 유의미한 값은 아니었다. 따라서 Add Health의 데이터는 NCDS의 것과는 달리 지능의 역설을 명확하게 뒷받침해 주지 못했다.

지능과 범죄

범죄학의 세계에서는 예전부터 알려져 있는 사실이지만 범죄자는 평균적으로 일반 시민보다 지능이 낮다.[17] 비행 청소년들 또한 보통 청소년들보다 지능이 낮으며[18] 빠르면 8, 9세 때부터 양자의 IQ에는 유의미한 차이를 볼 수 있다.[19] 또한 상습적인 범죄자는 딱 한 번 범죄를 저지를 사람보다 지능이 낮으며[20] 중범죄를 저지를 사람은 경범죄를 저지를 사람보다 지능이 낮다.[21]

이처럼 지능과 범죄 사이에는 음의 상관 관계가 보이지만 이것과는 별도로 지능이 높은 범죄자일수록 잘 빠져나가고 지능이 낮은 범죄자일수록 체포당하기 쉽기 때문은 아니다. 이와 같은 사실은 경찰의 공식 집계뿐 아니라 사람들의 '자백'을 모은 연구에서도 그런 음의 상관 관계는 인정되기 때문이다.[22] 그렇다, 인터뷰나 설문 조사 등에서 사람들은 자주 자신이 저지른 죄를 털어놓는 것이다. 물론 그런 죄 때문에 쫓기고 있는 것도 아니고 경찰이 파악하지 못한 사건 또한 존재한다.

하지만 왜 범죄자들은 일반 시민보다 지능이 낮은 것일까? 상습적인 중범죄자 쪽이 딱 한 번 경범죄를 저지를 사람보다 지능이 낮은 것은 무엇 때문일까?

지능의 역설이라는 관점에서 보면 주목할 만한 두 가지 점이 있다.

첫 번째 오늘날 '대인 범죄'라고 불리는 것들(살인, 폭행, 강도, 절도 등)은 아주 먼 옛날 자원과 배우자를 둘러싸고 다투는 남성 사이에서는 일상적인 일이었다는 점. 인류 진화의 역사 중 오랜 기간 동안 남자들은 자원과 배우자를 둘러싸고 이런 투쟁을 반복해 온 것이다. 왜 그렇게 생각할 수 있는가 하면 인간 사회에서는 범죄라고 규정되는 행위들이라도 다른 종[23]에서는 일반적으로 볼 수 있기 때문이다(예를 들자면 침팬지[24], 보노보[25], 꼬리감는원숭이[26] 등의 영장류).

두 번째는 현대 사회에서 범죄를 단속하고 조사하고 처벌하는 기관과 기술(경찰, 법원, 형무소, 감시 카메라, DNA 및 지문 감정)은 모두 진화의 관점에서 새로운 것이라는 점이다. 우리 조상들의 환경에서는 사회의 규범을 지키게 하는 공식적인 제3자(기관) 등은 일단 존재하지 않았다. 있는 것이라고는 그저 당사자에 의한 처분(피해자와 그 친족, 동료에 의한 보복)과 비공식적인 제3자적 처분(집단적 따돌림)뿐이었다(조상들의 환경에서 따돌림이 얼마나 무서운 것이지는 제2장에서 소개했던 사이버볼 실험을 떠올리길 바란다).

지능의 역설을 통해 생각하면 지능이 낮은 사람일수록 자원을 얻기 위해 또 배우자를 얻기 위해 진화상 익숙하고 친근한 수단을 취할 것이다(정규적인 고용보다는 절도를 선택, 컴퓨터를 통한 중매보다는 강간을 선택). 게다가 지능이 낮은 사람은 진화의 관점에서 새로운 기술과 법 집행 기관에 의해 어떻게 범죄가 단속되고 어떤 처벌을 받을지 잘 이해하지도 못하는 것이다.

지능이 낮은 사람이 저지르기 쉬운 범죄와 그렇지 않은 범죄가 있는 것은 왜인가?

하지만 지능이 낮은 사람일수록 범죄를 저지르기 쉽다면 그들이 불법 약물에는 그다지 손을 대지 않는 것은 무슨 이유일까? 마리화나, 코카인, 헤로인 등 향정신성 약물의 사용은 영국도 미국도 금지되어 있다. 즉, 범죄 행위인 것이다. 그렇다면 지능이 낮은 사람일수록 불법 약물을 많이 사용해야 되지 않는가.

"예외는 법칙을 증명한다."라는 영미권 속담이 이 경우에 딱 일 것이다. 앞에서 말한 것처럼 지능이 낮은 사람일수록 범죄를 저지르기 쉽지만, 그들이 저지르는 범죄의 대부분은 진화의 역사에서 흔한 행위였다. 반대로 진화의 역사에서 새로운 행위에 대해서는 지능이 낮은 사람들은 손을 대지 않는 경향이 있다. 그 행위가 현대 사회에서 범죄인지 아닌지는 관계가 없다.

향정신성 약물의 사용은 범죄지만 진화의 관점에서 보면 새로운 것이므로 지능이 낮은 사람들은 손을 대지 않는다. 수표 위조, 내부 거래, 횡령, 착복 등 진화의 관점에서 새로운 다른 범죄에 대해서도 지능이 낮은 사람일수록 저지르지 않을 것이다. 지능이 높은 사람일수록 그런 '새로운' 범죄를 실행할 기회가 많은 것은 분명하지만 그것만으로는 설명이 되지 않는다(내부 거래와 횡령, 착복은 지능이 높은 사람일수록 실행하기 쉽겠지만 수표 위조는 그렇다고도 할 수 없다).

지능이 낮은 사람일수록 합법적인 물질인 알코올도 덜 마시고 불법인 마리화나와 코카인, 헤로인도 사용하지 않는다. 동시에 지능이 낮은 사람일수록 살인, 강간, 절도 같은 범죄는 저지르기 쉽지만 약물 사용 같은 범죄는 잘 저지르지 않는다. 이 두 가지 결과를 조합해 보면 중요한 것은 법의 견지에서 볼 때 범죄가 어떻다는 것이 아니라 진화의 관점에서 볼 때 새로운 것인지 아닌지다. 지능이 낮은 사람일수록 범죄를 저지르기 쉽지만 진화의 관점에서 흔했던 행위에 한정되는 것이다.

제5장부터 제10까지 소개했던 지능의 역설을 통한 다양한 예측과 비교하면 이번 장에서 소개하고 있는 알코올, 담배, 약물에 대해서는 지능의 역설을 뒷받침해 주는 데이터가 조금 약하다. 음주에 대해서는 NCDS와 Add Health 양쪽 모두 지능의 역설을 강하게 뒷받침해 주었다. 영국에서도 미국에서도 지능이 높은 아이일수록 어른이 된 뒤 술을 많이 마신다.

흡연에 대해서는 분석 결과가 갈라진다. 영국에서는 지능이 높은 아이일수록 어른이 된 뒤 담배를 피우지 않지만 미국에서는 반대 경향이 보인다. 흡연과 관련하여 지능의 역설과 일치하는 것은 Add Health의 데이터뿐이었다.

마지막으로 약물에 대해서는 NCDS의 데이터는 지능의 역설을 강하게 뒷받침해 주었지만 Add Health의 데이터는 그렇지 않았다. 담배와 약물에 대해 영국과 미국의 결과가 다른 이유를 밝혀내는 데에는 더 많은 연구가 필요하다.

제12장

왜 지능이 높은 사람일수록
결국 인생에 실패하는 것일까?

번식이야말로 생물의 궁극적인 목표

진화의 관점에서 지극히 당연한 가치관이 있다면 그것은 번식에 성공해야 한다는 것이다. 반대로 극히 부자연스러운 가치관, 즉 인간(뿐 아니라 자연계의 모든 종)으로서 절대 해서는 안 되는 것이 하나 있다면 그것은 자신의 의지로 자식을 갖지 않는 일이다. 인간을 포함해 자연계의 생명체는 모두 진화의 흐름 속에서 번식했고 자손을 남기게끔 만들어졌다. 번식의 성공은 어떤 생명체이든 궁극적인 목표다.

물론 아이를 만드는 것만이 번식에 성공하는(다음 세대에 유전자를 잇는) 수단은 아니다. 유전적 근연자(형제 등)를 소중히 함으로써 간접적으로 자신의 유전자를 남기는 길도 있다. 그렇지만 그래도 역시 자신의 자식을 가지는 일은 주요한 번식 수단인 동시에 최대의 성공이라 할 수 있다.

애당초 현대에 사는 우리 또한 아이를 두지 않았던 조상의 자손일 리 없다. 우리 조상들은 번식에 성공하여 자식을 남긴 사람들인 것이다. 그렇게 생각하면 자신의 의지로 자식을 가지지 않는 것은 진화에 의해 형성된 인간의 본성은 아니다. 완전한 동성애가 인간의 본성이라고는 말할 수 없는 것과 마찬가지다.

제9장에서는 인간의 본성은 대체적으로 이성애임에도 동성애자라는 의식을 가지고 동성애자로서 행동하는 사람이 있는 것은 어째서인지를 논했다. 이번 장에서는 번식의 성공이 인생의 궁극적 목적임에도 평생 아이를 가지지 않는 사람이 있는 것은 어째서인가, 또 '무사히 키울 수 있는 수는 이 정도일 것'이라고 생각하는 것보다 적은 수의 자식밖에 가지지 않는 사람이 있는 것은 어째서인가 하는 의문을 파고든다.

아이를 만드는 일 즉 태어난 아이가 성적으로 성숙할 때까지(그 아이 자신이 번식을 이룰 수 있을 때까지) 무사히 키울 수 있을 것이라 생각하는 수의 아이를 만드는 일은 진화의 관점에서 볼 때 당연한 목표이다. 반면 자신의 의지로 자식을 가지지 않는 일, 혹은 번식 가능한 연령까지 무사히 키울 수 있는 수의 자식을 가지지 않는 일은 진화의 관점에서 볼 때 새롭고 신기한 일이다. 지능의 역설에 따라 예측해 보면 지능이 높은 사람일수록 자식의 수가 적고 자식을 만들지 않은 채 지내는 경향이 있는 것이 아닐까?

지능과 출산·육아에 대한 가치관

태반의 영국인이 번식을 시작할 무렵인 23세 시점에 NCDS에서는 응답자에게 "평생 몇 명의 아이를 원하는가?"라는 질문을 던졌다. 그 결과 지능이 높은 사람일수록 원하는 아이의 수가 유의미하게 적은 것을 알 수 있었다. 즉 어린 시절 일반 지능은 남녀 모두 원하는 아이의 수를 유의미하게 감소시킨다. 어린 시절 지능이 높은 사람일수록 어른이 된 후 아이를 원하지 않는 경향이 있다.

그림 12-1을 보면 알 수 있듯이 평생 동안 한 명의 아이도 원하지 않는다고 대답한 여성은 적어도 한 명의 아이는 원한다고 대답한 여성보다 어린 시절 IQ가 유의미하게 높다. 아이를 원하지 않는 여성의 어린 시절 평균 IQ는 105.5였지만 아이를 원하는 여성은 99.9였다.

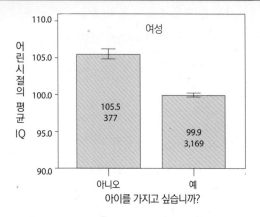

그림 12-1. 어린 시절의 평균 IQ와 23세 시점에서
'부모가 되고 싶다'는 소망 사이의 상관 관계 : 여성(NCDS)

여성

어린시절의 평균 IQ

105.5
377

99.9
3,169

아니오   예

아이를 가지고 싶습니까?

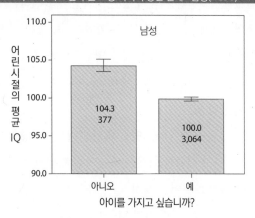

그림 12-2. 어린 시절의 평균 IQ와 23세 시점에서
'부모가 되고 싶다'는 소망 사이의 상관 관계 : 남성(NCDS)

남성

어린시절의 평균 IQ

104.3
377

100.0
3,064

아니오   예

아이를 가지고 싶습니까?

남성의 경우에도 같은 패턴으로 나타났다(그림 12-2). 아이를 원하지 않는다고 대답한 남성의 어린 시절 평균 IQ는 104.3이지만 아이를 원하는 남성은 100.0이었다. NCDS 응답자에게 볼 수 있는 이 두 카테고리 사이의 차이는 남녀 모두 통계적으로 굉장히 유의미한 수준이었다.

그렇지만 관련 요인(현재 결혼하고 있는가, 과거에 결혼한 적이 있는가, 신앙심, 종교, 소득, 교육 수준, 출생시 사회 계층, 어머니의 교육 수준, 아버지의 교육 수준, 형제자매의 수)의 영향을 배제하면 어린 시절의 IQ에 따라 '원하는 아이 수'가 유의미하게 감소하는 것은 남성에 국한된다. 즉 여성은 그런 영향이 보이지 않았다. 남성의 경우 관련 요인의 영향을 제외해도 어린 시절의 일반 지능이 23세 시점에서의 '원하는 아이 수'를 유의미하게 감소시킨다. 남성의 '원하는 아이 수'에 유의미하게 영향을 주는 변수는 달리 없었다.

여성의 경우는 '형제자매 수'가 '원하는 아이 수'를 유의미하게 증가 양상을 띤다. 형제가 많은 여성일수록 많은 아이를 원한다는 것이다. 앞에서 언급한 관련 요인의 영향을 배제하면 어린 시절의 일반 지능은 '원하는 아이의 수'와 유의미한 관계를 가질 수 없게 된다.

하지만 사회적 인구학적 요인이 동일해도, 어린 시절의 일반 지능은 남녀 모두에게 부모가 되고 싶은 욕망—부모가 되고 싶은지 아니면 아이가 없는 상태로 남길 원하는지—에 상당히 부정적인 영향을 준다. 즉 지능이 높은 사람일수록 남녀 모두 아이를 가지지 않겠다는 의지를 가지는 경향이 유의미하게 강하다.

이상과 같이 남녀 모두 일반 지능의 영향을 볼 수 있는 것은 '부모가 되고 싶은가' 하는 점뿐이다. 실제로 지능이 낮은 사람일수록 부모가 되고 싶어하는 경향이 유의미하게 강했고 지능이 높은 사람일수록 자신의 의지로 아이를 가지려고 하지 않는 경향이 유의미하게 강했다.

그렇지만 그 이상으로 중요한 것은 지능이 낮은 사람일수록 아이를 많이 원하는 경향이 남성에게만 보이고 여성에게는 적용되지 않는다는 점이다. '부모가 되고 싶은가' 하는 가치관에 대해서는 남녀 모두 어린 시절의 일반 지능으로 예측이 가능하지만 '아이를 몇 명 가지고 싶은가' 하는 가치관에 대해서 어린 시절의 일반 지능으로 예측 가능한 것은 남성뿐이었다.

지능과 자녀의 수

스웨덴인을 대상으로 한 어느 조사에 따르면 여성의 99.7%, 남성의 96.5%가 45세까지 평생의 번식 행위를 마친다.[1] 즉 45

세 이후에 자식을 갖는 사람은 남녀 모두 극히 드물다는 뜻이다. NCDS의 응답자들은 추적 조사 제7기(2004~2005년)에 46~47세가 되어 있었으므로 그 대다수는 제7기 무렵에는 번식기를 마친 상태라 생각해도 무방할 것이다.

그렇다면 그들은 실제 제7기까지 몇 명의 아이를 두었는지를 살펴보자.

NCDS 응답자가 47세까지 둔 자녀의 수에 대해 어린 시절의 일반 지능에 의한 유의미한 감소 영향이 인정되는 것은 여성뿐이었다. 남성에게는 그런 영향이 인정되지 않았다. 즉 지능이 높은 여성은 지능이 낮은 여성보다 아이의 수가 적었지만 지능이 높은 남성과 지능이 낮은 남성 사이에는 자식의 수에 특별한 차이가 없었다.

그렇지만 앞선 분석에서 보았듯이 지능이 높은 남성과 지능이 높은 여성 모두 23세 시점에서는 아이를 가능한 안 가지고 싶어했다는 것을 감안하면 지능이 높은 남성 쪽은 그 희망을 이루지 못했다는 뜻이 된다.

'원하는 아이의 수'를 분석했을 때와 마찬가지로 다양한 요인의 영향을 배제해도 지능이 높은 여성은 지능이 낮은 여성보다 평생 동안 가지는 아이의 수가 유의미하게 적었다. 한편 지능이 높은 남성은 23세 시점에서는 아이를 가능한 가지지 않겠다고 대답했지만 실제로는 47세까지 결코 적지 않은 수의 아이를 두고 있었다.

여성의 경우, 어린 시절의 일반 지능이 높을수록 실제로 평생 동안 가지는 아이의 수가 유의미하게 감소하지만 남성의 경우는 그런 상관 관계가 보이지 않았다. 어린 시절의 일반 지능이 여성의 출산율에 영향을 끼친다는 결과는 지능의 역설과 일치하지만 남성 쪽에는 그런 영향을 볼 수 없는 것은 지능의 역설과 모순된다고 할 수 있겠다.

그림 12-3을 보면 지능이 높은 여성일수록 평생 아이를 가지지 않는(즉 부모가 되지 않는) 경향이 유의미하게 강하다. 평생 아이를 가지지 않은 여성의 어린 시절 평균 IQ는 105.3이지만 아이를 가진(부모가 된) 여성은 101.7이다. 이 두 카테고리의 여성에게서 보이는 어린 시절의 평균적인 IQ의 차이는 무척이나 큰 것으로 통계적으로 유의미한 수준이다.

한편 남성은 지능이 높은 사람과 낮은 사람을 비교해 봐도 특별히 지능이 높은 사람 쪽이 아이 없는 인생을 보내는 일이 많지 않다(그림 12-4). 평생 아이를 가지지 않은 남성의 어린 시절 평균 IQ는 102.2였고 자식을 둔 남성은 103.0이다. 이는 통계적으로 유의미한 차이라고 말할 수 없다. 자식을 두든 두지 않든 남성의 경우 어린 시절 평균 IQ는 거의 동일했으며 이 역시 지능의 역설에 반하는 결과라 할 수 있다.

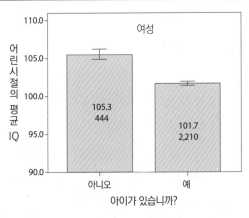

그림 12-3. 어린 시절의 평균 IQ와 47세 시점에서
'부모가 되었는지' 사이의 상관 관계 : 여성

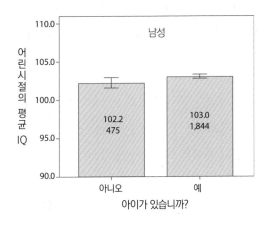

그림 12-4. 어린 시절이 평균 IQ와 47세 시점에서
'부모가 되었는지' 사이의 상관 관계 : 남성

왜 여성만 그렇고, 남성은 안 그럴까?

지능이 높은 남성은 번식기가 시작될 무렵에는 아이를 그다지 원하지 않았지만 실제로는 적지 않은 수의 자식을 두었다. 이는 지능이 높은 여성이 원했던 대로 아이를 그다지 가지지 않은 것과는 대조적이다. 이유는 나도 잘 모르겠다. 하지만 데이터를 근거로 몇 가지 이유를 배제하는 일은 가능하다.

일단 지능이 높은 여성일수록 고도의 교육을 받으며 전문적이고 어려운 경력을 목표로 하는 탓에 어머니가 되는 일을 포기하는 경우를 생각할 수 있을 것이다. 여성은 대체로 가정과 직업 사이에서 가혹한 선택을 요구받는다. 직업상 경력을 쌓기 위해서는 여성에게 가장 중요한 번식 시기에 대학원에 다니거나 업무에 매진할 필요가 있다. 많은 경우, 가정과 직업 중한쪽을 선택한다. 대조적으로 남성은 그런 선택이 불필요하다. 높은 학력과 어려운 업무에 도전하면서 동시에 가정과 자식을 둘 수 있다.

하지만 데이터를 분석한 결과, 앞에서 이야기한 가설로는 NCDS 응답자에게서 볼 수 있는 일반 지능과 아이의 수에서 나타나는 남녀 차이를 설명할 수 없다. 지능이 높은 여성은 아이의 수가 적은 반면 지능이 높은 남성은 그렇지 않은 것은 다른 이유가 있다는 뜻이다. 어떻게 그런 것을 알 수 있을까?

그것은 여성의 교육 수준도 소득도 여성이 두는 자식의 수에 영향을 주지 않기 때문이다. 방금의 가설이 옳다면 교육 수준이 높은 여성일수록 또 소득이 높은 여성일수록(소득이 높은 여성은 대부분 전문적이고 어려운 업무를 하고 있음) 자식의 수가 적을 것이다. 하지만 그렇지 않았다. 여성이 갖는 아이의 수를 줄이는 요인은 교육 수준이나 소득이 아니라 어린 시절의 지능뿐이었다. 통설과는 반대로 교육 수준이 높고 어려운 업무를 하는 여성일수록 아이의 수가 적지 않았으며 아이를 낳지 않으려고 하는 것도 아니었다.

그리고 또 한 가지 생각할 수 있는 가설은 여성이 지능이 높은 남성을 배우자로 고르기 때문이라는 것이다. 진화심리학자 제프리 F. 밀러(Geoffrey F. Miller)가 일관되게 주장하는 것처럼 여성은 지능이 높은 남성을 배우자로 고르는 경향이 있다.[2] 제7장에서도 이야기했지만 포유류에서(인간도 포함) 짝짓기 상대를 고르는 것은 항상 암컷이다. 지능이 높은 남성을 좋아한다는 여성의 경향을 통해 지능이 높은 남성과 지능이 낮은 남성 사이에 자식 수가 차이가 없는 이유를 설명할 수 있을지 모른다.

이 주장에는 어느 정도 증거가 있는 듯하다. 앞에서 이야기한 관련 요인의 영향을 배제한 결과 지능이 높은 남성일수록 47세 시점에서의 결혼 경험자(과거에 결혼한 적이 있는 사람)와 기혼자(현재 결혼해 있는 사람)의 비율이 유의미하게 높았다. 어린 시절 IQ가 1표준 편차(15포인트) 오르면 결혼 경험자의 비율은 23%, 기혼자 비율은 27% 오른다.

한편 지능이 높은 여성의 경우 기혼자 비율은 지능이 낮은 여성보다 높기는 하지만 결혼 경험자 비율은 오히려 낮다. 단 앞에 정리한 바 있는 다중 회귀 분석에서는 모두 '결혼 경험자인가'와 '기혼자인가' 같은 요인에 대해서도 결과에 영향을 주지 않도록 제어했다. 그로 인해 지능이 높은 남성일수록 결혼 경험자, 기혼자가 많다고는 하지만 그것만으로는 남성이 두는 자식의 수에 지능의 영향이 보이지 않는 이유를 설명할 수 없다.

어쨌거나 어린 시절의 일반 지능이 최종적인 자식의 수에 미치는 영향에는 남녀 차이가 있다는 점—지능이 높은 여성일수록 자식을 두지 않지만 지능이 높은 남성은 그렇지도 않음—으로부터 다음과 같은 사실을 알 수 있다.

현대 영국인은 지능이 높은 사람끼리 결혼하는 경우가 적다. 지능이 높은 남녀끼리는 그다지 결혼을 하지 않는 듯하다. 만약 지능이 높은 사람들끼리 결혼하는 경향이 강하면 지능이 높은 여성일수록 자식의 수가 적어지므로 지능이 높은 남성도 자식의 수가 적어질 것이 분명하지만 실제로는 그렇지 않았다. 이에 대해 생각할 수 있는 가능성은 오직 하나뿐이다. 지능이 높은 남성은 지능이 높은 여성과 결혼을 하지 않으며 그 반대도 마찬가지라는 것이다.[3]

자녀의 숫자는 유전된다=진화의 수수께끼

남성에게도 여성에게도 형제자매의 수는 자식의 수를 증가시키는 유의미한 요인이다. 형제자매의 수에 자신을 더하면 부모가 둔 자식의 수와 같아진다. 번식력(개인이 갖는 자식의 총수)은 강하게 유전된다는 뜻이다. 부모가 둔 자식의 수가 많을수록(그러니까 형제자매의 수가 많을수록) 당신이 가지는 자식의 수도 많아진다는 것이다.

이는 종래의 연구와도 일치하지만[4] 번식력의 유전—부모가 둔 자식의 수는 그 자식이 두는 자녀의 수와 양의 상관 관계가 있음—은 진화심리학 관점에서 보면 하나의 수수께끼다.[5] 진화심리학의 이론에서는 양자는 양이 아닌 음의 상관 관계가 되어야 하기 때문이다.

이번 장 앞부분에서 이야기한 것처럼 번식의 성공을 높이는 수단은 주로 두 개다. 하나는 스스로 아이를 가지는 것, 또 하나는 유전적인 근연자 예를 들자면 유전자를 절반 공유하는 형제자매를 소중히 여기는 것이다. 그러나 형제자매를 소중히 여기는 것으로 간접적으로 번식에 성공하는 전략을 쓸 수 있는 것은 형제자매가 많은 사람뿐이다. 형제자매가 없는 사람은 이 전략을 쓸 수 없다. 그러므로 형제자매가 많지 않은 사람은 스스로 자식을 두는 수밖에 없다.

한편 형제자매가 많은 사람은 무리하게 많은 자식을 둘 필요가 없다. 형제자매를 소중히 함으로써 번식의 성공률을 높이는 길도 있기 때문이다. 참고로 같은 부모로부터 태어난 형제자매와 공유하는 유전자의 수는 자신의 자식과 공유하는 유전자의 수와 동일하다. 양쪽 모두 당신 유전자를 절반씩 공유한다.

하지만 유전자의 관점에서 말하자면 형제자매를 소중히 하는 것보다 자신의 자식을 소중히 하는 편이 약간 유리하다. 그도 그럴 것이 당신의 자식은 당신 자신이나 당신의 형제자매와 같은 세대가 아니라 다음 세대에 속하기 때문이다. 당신의 연하 형제(남동생이나 여동생)보다도 당신의 자식 쪽이 아마 오래 살 것이다. 그렇다고 해도 형제자매를 소중히 여기는 것으로 번식의 성공률을 높이는 방법은 가능하다.

제3장에서 이야기한 양적 유전학의 기본 원칙에 따르면 특정 형질의 적응도와 그 유전율은 반비례하고 적응도가 높은 형

질일수록 유전율은 낮아진다.[6] 자식을 원하는 마음이나 경향을 '번식력'이라고 하는 하나의 형질이라면 번식력은 극히 적응도가 높은 편이라 할 수 있다. 실제로 번식에 성공했으니 말이다. 그렇다면 번식력이 유전될 리가 없다. 모든 인간은, 형제자매의 수와 관계없이 가능한 많은 자식을 가지도록(구체적으로는 자식이 생식 연령에 달할 때까지 가능한 많은 수를 키워내도록) 만들어져 있을 것이다.

만약 형제자매의 수가 번식력에 무엇인가 영향을 끼친다고 하면 앞에서 언급한 진화의 논리상 형제자매가 많은 사람일수록 자식을 조금밖에 만들지 않고(대신 형제자매를 소중히 여길 테니까) 형제자매가 적은 사람일수록 자식을 많이 둘 것이다. 즉 형제자매의 수와 자식의 수는 음의 상관 관계에 있을 것이다. 그러나 어떤 데이터를 보아도 그런 결과는 나오지 않는다. 번식력은 유전하는 것처럼 보이고 형제자매가 많은 사람일수록 자식을 많이 둔다. 이는 지금도 풀리지 않는 진화의 수수께끼다.

예상되는 사회에 대한 영향

NCDS 데이터를 분석한 결과 지능이 높은 여성일수록 평생 동안 자식 없이 지내거나 자식의 수가 적은 경향을 볼 수 있었다. 이 결과가 확실한 것이고 영국뿐 아니라 다른 서구 사회에서도 적용된다면 사회에 어떤 영향을 미칠까?

제3장에서 설명했듯이 일반 지능은 유전성이 강한 것으로 알려져 있다.[7] 성인의 지능은 80% 정도가 유전으로 결정된다. 대체로 지능이 높은 부모로부터 지능이 높은 아이가 태어나는 것이다. 그리고 일반 지능에 영향을 주는 유전자는 X염색체일 것이라 추정되고 있다[8](제9장에서 언급한 바 있는 남성의 동성애를 결정하는 유전자와 동일하게 Xq28에 있을 거라 추정됨. 단 그로 인해 동성애자의 지능이 높은지 아닌지는 확실하지 않음). 즉 남자아이는 어머니에게만 일반 지능을 물려받는 반면 여자아이는 어머니와 아버지 양쪽으로부터 일반 지능을 물려받을 수 있다. 그리고 당연한 말이지만 그 아버지 역시 어머니(여자아이 입장에서는 할머니)에게서만 일반 지능을 물려받은 것이다.

여성은 아들을 통해 또 아들의 딸을 통해 다음 세대의 일반 지능에 무척이나 강한 영향을 끼친다. 지능이 높은 여성일수록 자식을 낳는 수가 적고 평생 자식을 낳지 않고 지내는 일이 많다고 하면 한 가지 예상할 수 있는 미래는 사회의 일반 지능이 점차 떨어지리라는 것이다.

20세기 전반에 걸쳐, 서구 공업국은 대부분 일반 지능의 평균 수준이 착실하게 상승했다. 이 현상은 지금은 '플린 효과'[9]

라는 이름으로 널리 알려져 있다. 그렇게 이름이 붙은 것은 제임스 R. 플린(James R. Flynn)이라는 뉴질랜드 심리학자가 두 번에 걸쳐 행한 조사를 통해 서구 공업국 대부분이 평균 IQ가 장기적인 상승을 보였다는 사실을 확인한 것에서 유래한다.[10] 하지만 플린보다 몇 년 빨리 리처드 린(Richard Lynn)은 일본에서 지능이 장기적으로 상승한 사실을 확인한 바 있었다.[11] 그로 인해 '린-플린 효과(Lynn-Flynn Effect)'[12]라는 이름을 선호하는 경향이 있으며 나도 이 책에서는 거기에 따르겠다. 참고로 IQ의 장기적인 상승이 최초로 기록된 것은 훨씬 예전인 1930년대까지 거슬러 올라간다.[13]

'린-플린 효과'가 어떻게 일어났는지에 대해서는 지금까지 의견을 일치시키지 못했다. 한 가지 유력한 가설은 리처드 린 자신이 주장한 것으로,[14] 유아를 포함한 어린이의 영양과 건강 상태가 향상되었기 때문이라는 것이다. 타고난 유전적 자질과는 상관없이 건강하고 영양 상태가 좋은 아기 쪽이 질병이 있거나 영양 상태가 나쁜 아기보다 성장한 뒤 지능이 높은 것이 보통이다. 20세기 내내 '역도태형 출생률'—지능이 낮은 부모일수록 자식을 많이 두는 경향—이 이어져 왔지만 이들 요인은 역도태 형태의 출생률을 상쇄시키고도 남았을 것이다. 그리하여 대부분의 선진 공업국가들은 유아의 영양과 건강 상태가 향상되는 정도에 따라 지능의 평균 수준이 상승했다는 것이다.

 그러나 영양과 건강 상태의 향상이 '린―플린 효과'의 이유라고 하면 선진 공업국에서는 조만간 일반 지능의 장기적 상승이 멈출 것으로 예상된다. 이들 국가는 최적의 건강 및 영양 상태를 이룬 지 오래되었으며 지금은 비만과 당뇨병이 심각한 문제가 되고 있다. 미국을 비롯한 여타 선진 공업국에서는 더 이상 건강과 영양 상태가 좋아지지 않고 모두들 점점 더 뚱뚱해질 뿐이다.

 영양과 건강 상태의 향상이 20세기 내내 일반 지능을 장기적으로 향상시킨 주요 요인이고 그 요인이 더는 일반 지능의 향상에 기여하고 있지 않다면, 앞에서 이야기한 역도태형 출생률에 의해 선진 공업국에서는 일반 지능의 평균 수준이 점점 떨어질 것이다.[15]

 사실 이런 사태는 이미 진행되고 있다. '린―플린 효과'가 20세기만의 현상임을 시사하는 강력한 증거가 있다. 대다수의 선진 공업국에서는 20세기가 끝나는 것과 함께 '린―플린 효과'도 종언을 알리고 있다(동시에 비만인과 당뇨병 환자의 비율은 과거 최고에 달했다.). 각종 조사에 따르면 오스트레일리아[16], 덴마크[17], 노르웨이[18], 영국[19] 등의 선진 공업국에서는 21세기에 들어와 지능의 평균 수준이 저하되기 시작했다.

제13장

지능이 영향을 끼치는 것에는
그 외 어떤 것이 있는가?

지난 장까지의 내용을 복습해 보자.

지능이 높은 사람일수록 진보적인 정치사상을 가지고 무신론자가 되기 쉽다. 지능이 높은 남성(여성은 아님)일수록 '성적 배타성'이라는 가치관을 중요시한다(한편으로는 지능이 높은 남성일수록 불륜을 저지르기도 쉽다.). 아침형 인간보다 저녁형 인간쪽이 지능이 높다. 이성애자보다 동성애자 쪽이 지능이 높다. 지능이 높은 사람일수록 클래식 같은 악기 중심의 음악을 선호한다. 지능이 높은 사람일수록 술을 마시고 담배를 피우며 약물을 사용한다. 지능이 높은 여성(남성은 아님)일수록 자식의 수가 적으며 자식이 없는 인생을 선택한다. 여기에서 든 기호와 가치관, 라이프 스타일에는 한 가지 공통점이 있다. 그것은 모두 진화의 관점에서 볼 때 새로운 것이라는 점이다.

그렇다면 그 외에 어떤 기호와 가치관이 진화의 시점에서 볼 때 새로운 것일까? 지능이 높은 사람은 또 어떤 것을 좋아할까? 그 외 어떤 일을 지능의 역설로 설명할 수 있을까?

커피

제11장에서는 일반 지능이 음주, 흡연, 약물 사용에 끼치는 영향을 고찰했다. 지능이 높은 사람일수록 알코올과 담배, 약물을 많이 소비하는 경향이 있다. 이런 물질은 모두 진화의 관점에서 볼 때 새로운 것이기 때문이다.

인류가 커피를 마시기 시작한 것은 알코올이나 담배보다 더욱 최근의 일이다.[1] 커피의 기원은 9세기 에티오피아로 거슬러 올라간다.[2] 이 사실을 지능의 역설에 적용시키면 지능이 높은 사람일수록 커피를 자주 마실 것으로 예상된다.

Add Health 제1기 응답자들의 데이터를 살펴보면 평일 아침 식사 때 커피나 홍차를 마시는 사람은 그렇지 않은 사람보다 유의미하게 지능이 높다(아주 근소하기는 하지만 99.5 대 98.5, 그림 13-1). 하지만 연령, 성별, 인종, 종교라는 요인을 제어하

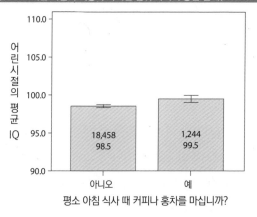

그림 13-1. 어린 시절의 지능과 카페인 섭취 사이의 상관 관계(Add Health)

110.0

어
린
시
절
의   105.0
평
균
IQ   100.0

95.0

90.0

18,458
98.5

1,244
99.5

아니오   예

평소 아침 식사 때 커피나 홍차를 마십니까?

면 어린 시절의 일반 지능이 커피나 홍차의 소비에 미치는 영
향은 통계적으로 유의미한 수준이 되지 않는다.

채식주의

또 한 가지 진화의 관점에서 새로운 가치관을 들자면 채식주
의다. 인간은 원래 잡식성이다. 우리 조상들의 환경에서는 사
냥감이 적거나 생각보다 잡히지 않아 동물성 단백질 대신 채소
만 먹는 사람이 있었다면 건강하지도 오래 살지도 못했을 것이
며 자손도 그다지 남기지 못했을 것이다. 그러므로 그런 유형
의 사람이 우리 조상일 거라고는 생각하기 어렵다. 조상들의

환경에서는 동물성 단백질과 지방을 솔선해서 먹은 사람 쪽이
훨씬 더 오래 살고 건강했을 것이다. 그러므로 그런 유형의 사
람이 우리 조상일 가능성이 높다.

그러므로 채식주의는 진화의 관점에서 볼 때 새로운 가치관
이며 먹을거리가 풍부해진 뒤에야 누릴 수 있는 사치라고도 할
수 있다. 따라서 지능의 역설을 통해 예상하자면 지능이 높은
사람일수록 채식주의자(베지테리언)가 많을 것이다.

그리고 이는 확실한 사실인 듯하다.[3] NCDS 데이터에 따르
면 42세 시점에서 채식주의인 사람은 어린 시절 일반 지능이
유의미하게 높았다. 채식주의자의 어린 시절 평균 IQ가 109.1
인 것에 비해 고기를 먹는 사람의 어린 시절의 평균 IQ는
100.9였다. 이 차이는 큰 것으로 통계상 확실하게 유의미한 수
준이다(그림13-2).

어린 시절의 일반 지능과 성인이 된 후 채식주의자가 되는
것 사이의 상관 관계는 여성 응답자에게서도 남성 응답자에게
서도 볼 수 있었다. 여성의 경우 채식주의자의 어린 시절 평균
IQ는 108.0이고 고기를 먹는 사람의 어린 시절 평균 IQ는
100.7이었다. 남성의 경우 채식주의자의 어린 시절 평균 IQ는
111.0이고 고기를 먹는 사람의 어린 시절 평균 IQ는 101.1로
10포인트나 차이가 있었던 것이다(그림 13-3, 그림 13-4).

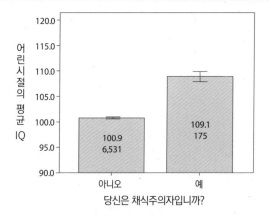

그림 13-2. 어린 시절의 일반 지능과 성인이 된 후
채식주의자가 되는 것 사이의 상관 관계(NCDS)

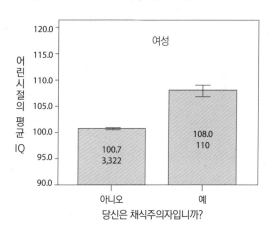

그림 13-3. 어린 시절의 일반 지능과 성인이 된 후
채식주의자가 되는 것 사이의 상관 관계 : 여성(NCDS)

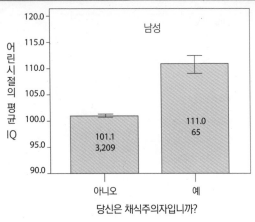

그림 13-4. 어린 시절의 일반 지능과 성인이 된 후
채식주의자가 되는 것 사이의 상관 관계 : 남성(NCDS)

채식주의자와 고기를 먹는 사람의 어린 시절의 IQ를 비교했을 때 여성보다 남성 쪽이 차이가 큰 것은 역사상 남녀 간 노동의 역할 분담이 달랐던 것을 생각하면 이해할 수 있다. 진화의 역사를 통해 전통적으로 남성은 사냥을 하여 동물의 고기를 얻었으며 여성은 식량이 되는 식물을 채집했다. 그렇게 생각하면 채식주의—동물의 고기를 완전히 끊는 일—는 진화의 흐름에서 볼 때 여성보다 남성에게 훨씬 기묘한 일일 것이다. 참고로 채식주의자 비율은 남성보다 여성 쪽이 60%나 많다(여성 3.33% / 남성 2.07%).

수많은 관련 요인(성별, 과거에 결혼한 적이 있는지, 현재 결혼하고 있는지, 응답자의 교육 수준, 소득, 종교, 신앙심, 출생시의 사회 계층, 어머니의 교육 수준, 아버지의 교육 수준)의 영향을 배제한 결과 어린 시절의 일반 지능은 응답자 전체를 보아도 남녀별로 보아도 42세 때 채식주의자가 될 가능성에 유의미한 긍정적 영향을 끼친다는 것을 알 수 있었다.

영국에서는 지능이 높은 아이일수록 어른이 된 후 채식주의자가 되기 쉽다고 말해도 틀린 말은 아닐 것이다. 어린 시절의 IQ가 1표준 편차(15포인트) 오르면 어른이 된 후 채식주의자가 될 확률이 여성은 37%, 남성은 48%나 올랐다.

그러나 어린 시절의 지능과 성인이 된 후 채식주의자가 되는 것 사이의 이러한 강한 상관 관계는 미국의 Add Health 데이터 분석에서는 볼 수 없다. 응답자 전체를 보면 성인기 초기에 채식주의자인 사람은 중고등학교 시절의 지능이 유의미하게 높았지만 고기를 먹는 사람과의 차이는 극히 적었다(101.5 대 99.3, 그림 13-5). 또한 여성끼리의 비교(101.4 대 98.5)에서는 유의미한 차이가 있었지만 남성끼리의 비교(101.7 대 100.1)에서는 유의미한 차이가 없었다(그림 13-6, 그림 13-7).

조금 전 이야기한 역사적인 남녀의 노동 구분을 생각하면 이는 실로 기묘한 일이다. 게다가 어머니 혹은 아버지의 교육 수준, 또는 종교적 요인의 영향을 배제하면 성인이 된 후 채식주의에 대한 어린 시절 일반 지능의 유의미한 영향은 완전히 사라진다.

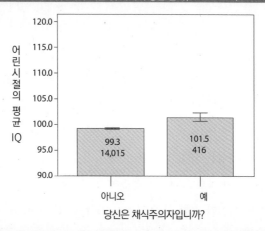

그림 13-5. 어린 시절의 일반 지능과 성인이 된 후
채식주의자가 되는 것 사이의 상관 관계(Add Health)

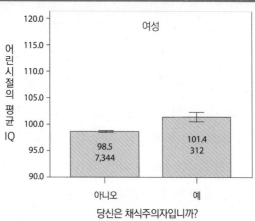

그림 13-6. 어린 시절의 일반 지능과 성인이 된 후
채식주의자가 되는 것 사이의 상관 관계 : 여성(Add Health)

채식주의자와 고기를 먹는 사람의 어린 시절 지능 차이가 미국보다 영국 쪽이 훨씬 큰 것은 무엇 때문일까? 앞의 제11장에서 지능이 흡연에 끼치는 영향의 차이를 논할 때도 이야기했지만 NCDS와 Add Health 사이에는 두 가지 큰 차이점이 있다. 하나는 미국과 영국이라는 나라의 차이, 또 한 가지는 한쪽은 1958년 3월생, 다른 한쪽은 1974~1983년 출생자라는 세대의 차이이다. 어린 시절의 지능과 성인이 된 후 채식주의가 되는 것 사이의 상관 관계에서 볼 수 있는 영국과 미국의 차이가 나라 차이에서 오는 것인지 세대 차이에서 오는 것인지 아니면 전혀 다른 요인이 관계된 것인지는 아직 확실히 알 수 없다.

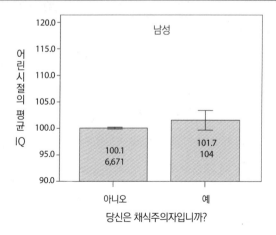

그림 13-7. 어린 시절의 일반 지능과 성인이 된 후 채식주의자가 되는 것 사이의 상관 관계 : 남성(Add Health)

범죄와 처벌

제11장에서 이야기한 것처럼 범죄자가 보통 지능이 낮다는 사실은 지능의 역설과도 일치한다. 오늘날 '대인 범죄'라고 불리는 것의 상당수는 우리 조상들의 환경에서는 남성끼리의 다툼에서 자주 있었던 일일 것이다. 그런 의미에서 범죄는 '자연스러운' 일이라 할 수 있다.

대조적으로 법을 지키게 하거나 죄를 벌하거나 하는 기술과 기관은 진화의 관점에서 볼 때 새로운 존재이다. 그런 의미에서 경찰과 형무소는 '부자연스러운' 것이다. 그로 인해 지능의 역설을 통해 살펴보면 지능이 낮은 남성일수록 자신의 목적을 달성하기 위해 범죄 행위라고 하는 '자연스러운' 수단에 호소하기 쉽다. 그러나 그들은 경찰과 사법이라고 하는 '부자연스러운' 시스템에 대해 잘 이해하지 못한다.

게다가 이 역시도 제11장에서 설명했지만 중요한 것은 특정 행위가 범죄인지 아닌지(범죄성)가 아니라 진화의 관점에서 볼 때 새로운 것인가 아닌가(신기성)라는 것이다. 지능이 낮은 사람일수록 진화의 관점에서 볼 때 당연한 행동을 하지 진화의 관점에서 볼 때 신기한 행동은 하지 않는다. 그러므로 지능이 낮은 사람은 약물을 그다지 사용하지 않는 것이다. 불법 약물의 사용은 범죄이지만 동시에 진화의 관점에서 볼 때 신기한 일이기 때문이다.

지능의 역설을 통해 생각하면 지능과 범죄에 관련하여 또 하나의 획기적인 가설이 떠오른다. 이미 언급했던 것처럼 제3자에 의한 처분(경찰 및 사법 시스템)은 진화의 관점에서 볼 때 신기한 존재지만 당사자에 의한 처분(피해자나 그 친족, 동료에 의한 보복 혹은 경계 행위)은 다르다. 만약 제3자에 의해 규칙을 지키게 하는 구조가 약해지거나 사라지고 당사자에 의해 범죄를 처분해야 하는 상황이 되면(무정부 혹은 무국가 상태가 이어지는 경우 등. 쉽게 말해 조상들의 환경과 비슷한 상황) 범죄자와 비범죄자 사이의 지능 차이는 사라질 것이라는 것이다.

만약 이 가설이 옳다면 아이러니한 결과가 벌어진다. 즉 경찰이 사라지면 지능이 낮은 남성일수록 범죄 행위를 하지 않게 되고 반대로 지능이 높은 남성의 범죄가 증가할 것이다. 엔론과 월드컴이 저질렀던 화이트칼라 유형의 기업 범죄는 지능이 높은 남성이 저지르는 경우가 압도적으로 많고, 금융 규제 완화로 '사법 시스템'에 공백이 생겼을 때 자주 일어났었던 이유도 이 가설로 설명할 수 있을 것이다.

대의제 민주주의

2010년 2월 미국의 하원 의원인 잭 머사(민주당)가 재직 중 갑자기 사망했을 당시, 후계 후보로 떠오른 이름 중에는 그의 아내 조이스의 이름도 있었다. 이런 일은 흔히 있는 일이다. 테드 케네디 상원 의원(민주당)이 사망했을 때도 그의 아내 비키가 의원직 후계자로 진지하게 주목을 받았으며 소니 보노 하원 의원(공화당)이 1998년 재직 중 사망했을 때는 부인 메리가 의원직을 물려받았다. 그녀는 현재 플로리다 선거구의 또 다른 하원 의원(코니 맥)과 재혼한 상태이지만 그래도 지금까지 죽은 남편의 선거구를 대표하고 있다. 여기서 예로 든 부인들은 모두 남편이 죽을 때까지 정치 경험이 없었음에도 이러한 일이 벌어진 것이다.

때로는 정치권력이 가족 중 다른 사람에게 위양되는 경우도 있다. 내가 예전에 살았던 선거구에서는 2001년 버드 셔스터 의원(공화당)이 오랜 시간 윤리 문제로 조사를 받은 끝에 의회의 경징계를 받고 결국 사직했다.[4] 후임 의원으로는 아들인 빌이 취임하였고 지금도 펜실베이니아주 제9선거구를 대표하고 있다. 아버지가 일으킨 윤리 문제가 아들의 발목을 붙잡지는 않은 것이다.

이처럼 미국에서는 의원 자리를 아버지로부터 아들에게 물려주는 오래된 전통이 있다. 1929년 '타임지'에는 '연방 의회=아버지와 아들'이라는 제목의 기사가 실렸고 다음과 같은 다소 불온한 단락으로 시작된다.

장자 상속제와 공직의 세습은 미국의 전통에서는 찾아볼 수 없다. 그럼에도 불구하고 지난주 미네소타주 제7선거구의 유권자들은 벤슨시의 폴 존 캐발리를 두 배의 득표 차이로 아버지 올 존 캐발리가 맡고 있던 임기 6년짜리 연방 의회 의원으로 선출했다. 고 캐발리 씨는 지난달 소유하고 있던 여름 별장의 화재로 불에 탄 채 발견되었다⋯⋯.[5]

가끔은 아버지로부터 직위를 물려받을 때까지 기다리지 못하는 아들도 있었다. 미국 상원의 공식 기록에 따르면 역사상 아버지와 아들이 같은 시기에 상원 의원으로 있었던 경우는 딱 한 번 있었다(1848~1857년 위스콘신주 의원이었던 헨리 닷지와 1855~1858년 아이오와주 의원이었던 오거스투스 닷지)[6]. 흥미롭게도 하원에서는 아버지와 아들이 동시에 의원이 된 사례는 없었지만 어머니와 아들이 동시에 의원이었던 적은 있었다(프랜시스 볼턴과 아들 올리버 볼턴, 1953~1957년과 1963~1965년 2회에 걸

처 함께 선출되었음).[7]

이런 일은 연방 의회에만 한정된 이야기는 아니다. 미국 대통령 중에도 같은 가문의 사람이 몇 번이나 선출된 적이 있었다(애덤스가, 해리슨가, 루스벨트가, 부시가, 케네디가, 클린턴가). 아르헨티나에서도 국민들에게 인기가 높았던 네스토르 키르츠네르 대통령은 2007년 재선에 나가지 않겠다는 의향을 표명하고 대통령직에서 물러난 뒤 크리스티나 부인에게 차기 대통령에 오를 수 있게끔 길을 열어주었다. 실제로 크리스티나 부인은 대통령이 되었다. 아르헨티나 국민의 대다수가 그녀에게 투표하였고 큰 차이로 승리를 거둔 것이다.

미국은 세계에서 가장 오래되고 가장 잘 확립된 대의제 민주주의 역사를 가지고 있다. 전 세계 주요 국가 가운데 군주가 권력을 세습한 역사를 가지고 있지 않은 곳은 미국 정도일 것이다. 실제로 군주의 통치를 거부하겠다는 이념하에 미국은 건국되었다.

그렇다면 지난 2세기 동안 대의제 민주주의를 확고하게 쌓아온 이 나라는 왜 아직도 정치가의 후계자로 아내나 아들 등 인척을 선택해서 군주 세습을 원하는 듯한 흉내를 내는 것일까?

다른 직업이나 경력처럼 뛰어난 정치가가 되기 위해서도 일정한 기술과 개인적 자질이 필요할 것이다. 그리고 그런 기술과 자질은 아마 유전될 것이다. 터크하이머의 행동유전학 제1 법칙을 기억하는가?[8] 인간의 형질은 모두 유전한다. 또 제3장에서 소개한 '50 대 0 대 50의 법칙'에 따르면 그런 중요한 형질 중 상당수가 절반은 유전으로 결정된다.

그러므로 어떤 정치가가 그만둘 때 그 아들이나 다른 유전적 근연자(아내는 다름)가 자신도 정치의 길을 걷겠다고 결심하고 정치가로서 뛰어난 자질을 증명한다고 해도 이상한 일은 아니다. 또한 정치가의 아내가 정계에 진출해 뛰어난 재질을 발휘하는 일도 드물지 않다. 두 사람이 '닮은 꼴 부부'에 아내 쪽도 정치가로서 중요한 자질을 갖추고 있다면 그런 일도 가능한 것이다.

하지만 내가 말하려는 건 그런 것이 아니다. 문제로 삼고 싶은 것은 그만두는 정치가의 후임으로 아내나 아들 등 일족이 되는 것이 바람직하다고 생각하고 사람들이 표를 던지는 것은 무엇 때문일까 하는 것이다. 그래서는 세습 군주제와 마찬가지 아닌가? 정치 역시 '가업'처럼 계승되어야 하는 것일까?

가업이라고 하는 개념은 딱히 신기한 것도 아니다. 전 세계 어디에서나 아들이나 딸이 부모의 가게나 직업을 계승하는 것은 일반적이다. 그렇지만 대의제 민주주의 정치는 그것과는 다르다. '가업'을 이어나가기 위해서는 대중의 지지와 동의가 필요하기 때문이다. 철물점 주인이나 성형외과의 아들이라면 가업을 계승하는 일에 타인의 동의와 지지 등이 필요 없지만 연방 의회 의원의 아들에게는 그것이 필요한 것이다.

다른 민주주의 체제에서도 일족이 정계를 군주처럼 지배하는 경우는 존재한다. 예를 들어 폴란드에서는 2005~2007년까지 쌍둥이 동생인 레흐 카친스키가 대통령을, 형인 야로슬라브 카친스키가 총리를 맡았다.[9] 만약 전 세계 사람들이 정치인들의 세습을 원한다고 하면 그런 욕구는 아마도 인간의 보편적 본성일 것이다. 그렇다면 세습 군주제를 원하는 것이(대중의 지지는 필요하겠지만) 인간의 자연스러운 욕구인 것일까? 정치 지도자의 지위가 그 아내나 아들과 같은 일족에게 계승되기를 바라는 경향이 인간의 본성에 있는 것일까?

일족의 정치가로부터 그 지위를 계승한 아내나 아들에게 적절하지 못하다고 하는 불만의 목소리가 세간에서 나오는 경우도 있다. 조지 W. 부시라든가 메리 보노의 경우에 특히 그런 불만이 많았다. 그러나 이것이 정말로 중요한 포인트인 것이다.

왕이 죽었을 때 "황태자가 왕위를 물려받을 자격이 있는가, 준비는 되어 있는가?" 하고 묻는 사람은 없다. 황태자는 자동적으로 의심의 여지 없이 바로 죽은 왕의 왕위를 계승하여 다음 대 왕이 된다. 자격이 있니 없니 준비가 되었니 안 되었니 하는 것은 문제가 되지 않는다. 왕의 적자에게 왕위 계승권에 대한 이의를 제기하는 사람은 없는 것이다. 혈통만으로도 충분히 자격이 있기 때문이다. 세습 군주제는 이와 같이 돌아간다.

내 말의 요점은 우리가 세습제 군주를 선택하는 것처럼 행동한다는 것이다. 조지 W. 부시는 재선을 이루었고(아버지도 이루지 못했던 위업이다.) 메리 보노도 몇 번이나 재선에 성공했다. 그들처럼 부적합하다고 생각되는 인물이 선택받는 일 자체가 내 가설을 뒷받침해 준다.

세습 군주제, 즉 일족 내에서 정치직의 계승을 원하는 경향이 인간 본성의 일부이고 모든 인류에 공통된 것이라고 하면 그런 욕구는 진화의 관점에서 볼 때 당연한 것이라 할 수 있다. 반대로 대의제 민주주의 같은 정치 형태를 원하는 경향은 진화의 관점에서 볼 때 신기한 것이 될 것이다.

인류가 진화해 온 역사상 대부분의 기간 동안 우리의 선조들은 과거의 역사, 예를 들자면 농경 시대 후기라든가 산업 시대 초기보다 평등주의적이고 민주적이었을 것이다.[10] 그러나 현대의 대의제 민주주의에 꼭 따라붙는 비밀 투표라든가 1인 1표의 원칙, 보통 선거권, 비례 대표제 등은 모두 진화의 시점에서 볼 때 신기한 것이다. 그런 만큼 지능의 역설에 따라 지능이 높은 사람이나 국민일수록 대의제 민주주의를 선호하는 경향이 강하고 수용하는 힘도 크지 않을까?

이는 실제로 사실인 듯하다. 전 세계 170여 개 국가를 대상으로 한 광범위한 연구에서 핀란드의 정치학자 타투 반하넨 (Tatu Vanhanen)은 사회의 평균 지능이 오르면 그 사회의 민주주의의 정도도 올라간다는 것을 보여주었다. 평균 지능이 높은 집단일수록 민주적인 정치 체제가 이루어지는 것이다. 반하넨의 연구에 따르면 대의제 민주주의는 역시 진화의 관점에서 볼 때 신기한 것이므로 인간에게 부자연스러운 것이기도 하다. 하지만 인간이 원래 독재를 좋아하는 것은 아니다. 오늘날의 세계에서 대의제 민주주의를 대신할 수 있는 유력한 정치 형태라면 독재밖에 없지만 결국 독재 체제 역시 진화의 관점에서 보면 신기한 것이다.

내가 하고 싶은 말은 단순히 새로운 정치 지도자가 전임자의 혈연자이기를 기대하는 것은 인간의 자연스러운 심리일지도 모르며, 따라서 전임자와는 관계없이 후임자를 고르는 대의제 민주주의는 부자연스러울지도 모른다는 것이다.

하지만 제1장에서 지적한 '자연주의 오류'의 위험성을 잊어서는 안 된다. 자연스러운 것이 좋거나 바람직한 것이 아니며 부자연스럽다고 해서 나쁘거나 바람직하지 않은 것도 아니다. 단지 인간이 대의제 민주주의를 행하도록 진화되지는 않았다는 것뿐이다.

결론

지능이 높은 사람은 당신이 생각하는 것과는 다르다

여기까지 읽은 여러분은 지능이나 지능이 높은 사람에 대해 예전과는 완전히 다른 견해를 가지게 되었을 거라 생각한다. 분명히 지능이 높은 사람일수록 교육 수준이 높고 학업도 우수하다. 정규 학교 교육이나 대학이라는 기관, 그곳에서 배우는 과목이 대다수는 진화의 관점에서 볼 때 그야말로 새로운 것이기 때문이다.

물론 과목에 따라 새로움의 정도 차이는 있다. 심리학(인간의 성질이나 행동을 연구하는 학문)이나 가정학(가정을 잘 경영하기 위한 학문)은 진화의 관점에서 볼 때 그다지 새롭지 않을 것이다. 예를 들어 수학의 삼각법이나 입자물리학보다는 훨씬 나을 것이다. 하지만 학교에서 어떤 과목을 공부하든 수업을 듣고 책을 읽고 필기 시험을 치는 등의 일은 모두 진화의 관점에서 볼 때 새로운 일인 것이다.

그렇다, 학교에서 가르치는 과목은 전부 진화의 관점에서 볼 때 새로운 것이라고 해도 과언은 아니다. 그렇기 때문에 학생들에게 삼각법을 푸는 방법 등을 가르쳐주어야만 하는 것이다. 반면 친구를 사귀는 방법은 학생들에게 가르쳐줄 필요가 없다. 친구를 사귀는 방법 같은 것은 인간의 본성 중 일부이며 딱히 배우지 않아도 모두 알고 있는 것이다. 여기서 '모두'라고 하는 것은 지능이 높은 사람을 제외하고, 라는 뜻이다.

확실히 지능이 높은 사람은 돈을 많이 벌고 조직에서도 출세한다. 현대 자본주의 경제라든가 복잡한 조직은 진화의 관점에서 볼 때 완전히 새로운 존재이기 때문이다. 확실히 지능이 높은 사람은 뛰어난 의사, 뛰어난 우주 비행사, 뛰어난 과학자, 뛰어난 바이올리니스트가 될 수 있다. 그런 직업은 모두 진화의 관점에서 볼 때 새로운 것이기 때문이다.

그렇지만 그런 것들은 모두 인간의 생활에서 중요한 일들은 아니다. 우리 인간은 의사나 우주 비행사, 과학자, 바이올리니스트가 될 수 있게끔 만들어져 있지 않다. 지능이 높은 사람은 인간 생활 중 중요한 부분에서는 계속 실패한다(적어도 지능이 낮은 사람만큼은 성공하지 못한다).

지능이 높은 사람은 좋은 친구를 사귀지 못하며, 좋은 남편이나 부인이 되지 못하며, 좋은 부모도 되지 못한다. 바로 이런 것들이 아프리카의 사바나에서 몇십만 년 동안 우리 조상들이 해 온 당연한 일이기 때문이다. 지능이 높은 사람—특히 지능이 높은 여성—은 부모로서는 최악의 부류에 속한다. 이유는 간단하다. 다른 이유 무엇보다 부모가 될 것 같지가 않기 때문이다. 게다가 지능이 높은 사람은 상식이 부족하고 어리석은 생각을 많이 한다.

생각해 보길 바란다. 당신이라면 좋은 신경외과 의사가 되는 것과 좋은 부모가 되는 것 중 어느 쪽을 택하겠는가? 좋은 회사 임원이 되는 것과 좋은 친구가 되는 것 중에는 어느 쪽을 택하겠는가?

이제는 이해했을 것이다. 지능이란 그저 인간이 가진 무수히 많은 특질 중 하나에 불과하며 개인마다 차이가 있다는 사실을. 신장이나 체중, 머리카락의 색깔, 눈의 색깔에도 개인 차이가 있고 적극성이라든가 사교성 같은 성격에도 개인 차이가 있다. (사람들이 좋다고 생각하든 나쁘다고 생각하든) 지능이 높은 사람은 지능이 낮은 사람과 다른 것처럼 키가 큰 사람은 키가 작은 사람과 다르고 사교적인 사람은 사교적이지 않은 사람과 다르다.

그렇지만 우리들은 그런 개인적 특징을 인간의 가치와 결부시키거나 하지 않는다. 키가 큰 사람이나 사교적인 사람이 그렇지 않은 사람보다 가치가 높다거나 더 낫다고 생각하지 않는다(분명 키가 큰 사람이나 용모가 뛰어난 사람일수록 소득이 높은 경향은 있다. 일반적으로 키가 큰 사람이나 용모가 뛰어난 사람일수록 지능이 높기 때문에 소득도 많은 것으로 추정된다).[1] 따라서 이런 특징에 대해 집단별로 차이가 발견되더라도 당황할 필요는 없다. 남성의 평균 신장이 여성보다 높다고 해서, 백인의 평균 신장이 아시아계보다 높다고 해서 소란을 피울 사람은 없을 것이다.

그렇지만 무엇인가 알 수 없는 이유에 의해 사람들은 지능을 특별 취급하고 있다. 지능이야말로 인간의 가치를 측정하는 궁극의 지표라고 믿는 것이다. 게다가 인간은 모두 평등하고 가치가 있는 존재이므로 모두가 평등하게 지능을 갖추고 있으며 그렇지 않으면 안 된다고, 적어도 내 눈에는 그렇게 믿는 것처럼 보인다. 그렇기에 지능이란 것에 인종별, 성별 차이가 있다는 과학적인 연구 결과(현재로서는 논란의 여지가 없는 사실임)를 접하면 모두들 당황하고 만다. 그리고 그런 연구는 인종 차별적이고, 성차별적이라고 비난하는 것이다("정치적으로 옳은 것만이 '좋은 과학'이다."라고 했던 커즈번의 말을 다시 한번 인용하겠다).[2]

그렇다면 "백인은 아시아계보다 평균 키가 크다."라든가 "흑인은 백인보다 혈압이 높다." 하는 것도 인종 차별인 것일까? "남성 쪽이 여성보다 평균 키가 크다."라고 하는 것도 성차별인 것일까? 왜 지능만 특별 취급인 것일까?

지능이 높은 사람들이라는 존재는 실제로는 당신이 생각하고 있는 것과는 전혀 다르다. 지능이 높은 사람일수록 정치적으로 진보적이며 신의 존재를 믿지 않는다. 진보적이고 신을 믿지 않는 것이 보수적이고 신을 믿는 것보다 훌륭한 것일까? 지능이 높은 사람일수록 저녁형 인간이 되기 쉽다. 밤늦게까지 자지 않고 아침에 늦잠을 자는 것이 일찍 자고 일찍 일어나는 것보다 훌륭한 것일까? 지능이 높은 사람일수록 동성애자가 되기 쉽다. 이성애보다 동성애 쪽이 훌륭한 것일까? 지능이 높은 사람일수록 노래를 동반하는 음악보다 단순히 악기로만 연주되는 음악을 좋아한다. 포크 뮤직보다 클래식 쪽이 훌륭한 것일까?

또한 지능이 높은 사람일수록 술을 마시고 담배를 피우고 약물을 사용한다. 지능이 높은 사람일수록 과음하기 쉽고 주정도 많이 부리는 것이다. 훌륭하다, 훌륭하지 않다는 일종의 가치 판단은 과학이 참견할 사항은 아니지만 그래도 어떻게 보더라도 과음해서 주정을 부리거나 담배를 많이 피우거나 약물을 사용하는 일은 훌륭한 일이라고 하기 힘들다. 엄밀히 건강이라는 관점에서 말하자면 과도하게 술을 마시고 담배를 피우고 약물을 쓰는 일은 분명히 몸에 좋지 않다.

그리고 지능이 높은 사람―특히 지능이 높은 여성―은 지능이 낮은 사람과 비교해 자식을 그다지 두지 않으며, 아이가 없는 인생을 선택하는 경향이 있다. 중요하므로 반복하는 것이지만, 적어도 서구의 자유주의 사회에서는 아이를 가질지 말지는 개인의 선택에 해당하는 문제로 자식을 가지는 쪽이 좋다거나 자식을 가지지 않는 것은 나쁘다 하는 뜻은 절대 아니다.

그렇지만 유전자의 관점에서 엄격히 생각하면 아이를 가지지 않거나 무사히 키울 수 있는 것보다 적은 수의 아이를 갖는 것은 인간이 자신의 일생에서 할 수 있는 최악의 행위다. 인생 전체에서 가장 중요한 과업—단 하나뿐인 가장 소중한 일, 진화의 역사를 통해 인간이라면 그렇게 하도록 설계되어진 일—에서 실패하는 것이다. 완전한 동성애라든가 클래식을 좋아하는 일도 부자연스러운 행위지만 자신의 의지로 자식을 두지 않는 것은 그 이상으로 부자연스러운 행위다. 인간을 포함한 모든 생물체가 할 수 있는 가장 부자연스러운 행위라고 해도 과언이 아닐 것이다.

번식에 성공하는 일은 인간을 포함한 모든 생물의 궁극적인 목표이다. 인간은 진화의 역사 속에서 그렇게 디자인되었다. 그것이 생명의 의미다.[3] 따라서 자신의 의지로 자식을 가지지 않는 일은 자연에 대한 가장 큰 죄다. 그런 까닭에 지능이 높은 사람들은 그렇게 하는 것이겠지만.

자연에 대해 가장 큰 죄를 저지르는 경향이 어떻게 인간의 가치를 나타내는 궁극적인 지표가 될 수 있단 말인가?

주석

▶머리말

1. Gardner (1983).

2. Stigler and Becker (1977).

3. Friedman, Hechter and Kanazawa (1994).

4. Herrnstein and Murray (1994); Murray (2003).

5. Miller and Kanazawa (2007).

6. Davis, Smith, and Marsden (2009).

7. Huang and Hauser (1998); Miner (1957); Wolfle (1980).

8. http://www.cpc.unc.edu/projects/addhealth

9. Stanovich, Cunningham, and Feeman (1984); Zagar andMead (1983).

▶제1장 진화심리학이란 무엇인가?

[1]. 이번 장에서는 진화심리학의 세계를 간단히 소개한다. 좀 더 자세한 입문서로는 (자만인지도 모르겠지만) 예전에 내가 쓴 『여자가 남자를 엄격하게 고르는 이유』를 추천한다. 이 책은 일반 독자에게 진화심리학의 세계를 종합적으로 해설한 입문서다. 왜 아름다운 여성일수록 딸을 낳기 쉬운가만 적혀 있는 책이 아니다. 이 외에도 진화심리학의 일반인용 입문서로서 많이 읽히는 것은 매트 리들리의 『붉은 여왕』, 로버트 라이트의 『도덕적 동물』, 데이비드 버스의 『욕망의 진화』, 스티븐 핑커의 『빈 서판』 등이 있다.

2. Dunbar (1992).

3. Wilson (1975).

4. Barkow, Cosmides and Tooby (1992).

5. Betzig (1997a).

[6]. Culture: McGrew (1998), Wrangham et al. (1994); language: Reiss and McCowan (1993); Savage-Rumbaugh and Lewin (1994); tool use: van Lawick-Goodall (1964, 1968); consciousness: Gallup (1970); Plotnik, deWaal and Reiss (2006); Reiss and Marino (2001); morality: Brosnan and deWaal (2003); sympathy and compassion: deWaal (1996); romantic love: Leighton (1987); Smuts (1985); homosexuality: de Waal (1995); Bagemihl (2000); murder: Goodall (1986); Wrangham and Peterson (1996); rape: Thornhill (1980); Thornhill and Palmer (2000); Wrangham and Peterson (1996, pp. 132 – 143).

7. van den Berghe (1990, p. 428).

8. Campbell (1999, p. 243).

9. de Waal (1996); Brosnan and de Waal (2003).

10. Pinker (2002).

11. Betzig (1997b)의 표지 선전 문구에서

12. Ridley (1999, pp. 256 – 258).

13. Ellis (1996).

14. Moore (1903).

15. Hume (1739).

16. Davis (1978).

17. Ridley (1996, pp. 256 – 258).

18. http://www.epjournal.net/blog/2010/11/its-only-good-science-if-the-message-is-politically-correct/

19. Buss (2005).

20. Thornhill and Palmer (2000); Thornhill and Thornhill (1983).

21. http://www.psychologytoday.com/blog/the-scientific-fundamentalist

22. Kanazawa (2006a). http://www.psychologytoday.com/blog/the-scientific-fundamentalist/200802/if-the-truth-offends-it-s-our-job-offend

▶제2장 인간이 가진 뇌의 본질과 한계

1. Kanazawa (2004a).

2. Tooby and Cosmides (1990).

[3]. Cosmides and Tooby (1999, pp. 17 – 19); Shepard (1994). 단 시각연구자 중에는 색의 인식이 달빛 아래에서는 왜곡된다거나 (Khan and Pattanaik, 2004) 빛이 약한 곳에서는 왜곡된다고(Shin, Yaguchi and Shioiri, 2004) 주장하는 사람도 있다. 만약 그렇다고 하면 그것은 아마도 우리의 조상이 야간에 그다지 활동하지 않았기 때문일 것이다(제8장 참조). 우리 조상들은 해가 뜨면 일어나고 해가 지면 잤다고 추정된다. 인간의 시각 시스템이 달빛 아래서나 빛이 약하면 정확히 색을 인식하기 어렵다면 그것은 틀림없이 그렇게 할 필요 자체가 진화의 흐름 속에서는 새로운 것이기 때문이다.

4. Crawford (1993); Symons (1990); Tooby and Cosmides (1990).

5. Kanazawa (2004a).

6. Burnham and Johnson (2005, pp. 130 – 131).

7. Hagan and Hammerstein (2006, pp. 341 – 343).

[8]. 플라이스토세가 끝난 뒤 과거 1만 년 동안 인류는 진화의 관점

에서 큰 변화를 경험하지 않았다. 이는 진화심리학자 및 생물학자 다수가 인정하는 사실이다. 그 이유로는 이 기간 동안은 환경이 안정되지 않았으며 몇 세대에 걸친 자연 도태 및 성 도태가 작동할 만한 조건이 완비되지 않았기 때문이다(Miller and Kanazawa, 2007, pp. 25-28). 움직이는 표적에 대해서는 진화의 작용이 미치지 않는다. 이는 사바나 원칙의 전제이기도 하다. 그러나 최근 과거 1만 년 동안에도 인류의 진화는 계속해서 있었으며 가속화되었다고까지 하는 설을 주장하는 과학자도 있다(Cochran and Harpending, 2009; Evans et al., 2005). 그런 연구에서는 플라이스토세가 끝난 이후 인간의 게놈에 새로운 대립 유전자가 나타난 사실을 분명 증명하고는 있지만 그런 새로운 대립 유전자가 진화심리학에 어떤 의의와 중요성을 가지는지는 아직 알 수 없다. 유당 내성을 유일한 예외라고 치면 그러한 새로운 대립 유전자가 지난 1만 년 동안 새로운 생리적, 심리적 적응의 진화에 이어졌는지는 분명하지 않다.

9. Kanazawa (2002).

10. Derrick, Gabriel and Hugenberg (2009).

11. http://www.imdb.com/name/nm0000210/bio

12. Held (2006); Malamuth (1996); Symons (1979, pp. 170-184).

13. Pérusse (1993, pp. 273-274).

14. Kenrick et al. (1989).

15. Ellis and Symons (1990).

16. Clark and Hatfield (1989); Hald and Høgh-Olesen (2010).

17. Buss and Schmitt (1993).

18. Sally (1995).

[19]. Fehr and Henrich (2003)에 따르면 딱 한 번뿐인 만남이나

거래는 조상들의 환경에서는 일반적이었다고 생각할 수 있다. Fehr and Henrich의 연구에 대해 Hagen and Hammerstein (2006)는 한 번뿐인 만남이 조상들의 환경에서 일반적이었다고 해도 모르는 익명의 상대와의 만남은 일반적이지 않았을 거라 지적하며 한 번뿐인 게임에서 배신이 발생한다고 하는 게임 이론의 예측이 성립하기 위해서는 비반복성과 익명성 양쪽이 필요하다고 주장했다. 익명성의 조건이 갖춰지지 않으면 비반복성 거래에서도 역시 사람의 눈이나 평판을 의식하게 될 것이다. 현시점에서 이용 가능한 분자유전학의 증거에 따르면 우리 조상들은 여성의 족외혼을 취했던 모양이다. 즉 소녀가 나이가 차면 자신이 태어난 집단을 나와 인근 집단으로 시집을 가는 것이다. 근친 교배를 피하기 위해서였다. 한편 남자는 자신이 태어난 집단에 머무르며 그곳에서 평생을 보냈다. 그러므로 수렵 채집 집단 남성은 모두 서로 유전적으로 이어져 있지만 여성은 그렇지 않았다. 여성들은 대체로 시집을 간 집단에서 나머지 인생을 보내는 까닭에 그 집단의 사람들과 친구 및 동료가 되는 것이다. Seielstad, Minch and Cavalli-Sforza (1998).

20. van Beest and Williams (2006).

21. Eisenberger, Lieberman and Williams (2003).

22. Kanazawa (2006d).

▶제3장 지능이란 무엇인가?

1. Gottfredson (1997a); Neisser et al. (1996).

[2]. 지능을 둘러싼 이런 오해를 불식시키기 위한 지능연구자들의 시도로서는 Gottfredson (1997b, 2009), Herrnstein and Murray (1994, pp. 1-24) 등이 있다.

3. Burt et al. (1995); Profant and Dimsdale (1999).

4. Gottfredson (1997b); Jensen (1980).

5. Jensen (1980).

6. Jensen (1998, pp. 49 - 50).

[7]. 전문 용어로 유전율이란 유전에 의해 영향을 받는 개개인의 형질의 분산 정도를 말한다. 유전율이 0이 되기 위해서는 개개인의 형질에 분산이 존재할 필요가 있다. 그러므로 눈의 개수는 완전히 유전에 의해 결정되지만 '눈의 개수'라고 하는 형질의 유전율은 제로이다. 왜냐하면 개개인의 형질의 분산이 존재하지 않기 때문이다. 정상으로 자란 인간은 모두 눈의 개수가 같다.

8. Turkheimer (2000).

[9]. Political attitudes: Alford, Funk and Hibbing (2005); Eaves and Eysenck (1974); divorce: Jockin, McGue and Lykken (1996); McGue and Lykken (1992).

10. http://www.psychologytoday.com/blog/the-scientific-fundamentalist/200809/the-50-0-50-rule-why-parenting-has-virtually-no-effect-chi

11. Harris (1995, 1998); Rowe (1994).

12. Bouchard et al. (1990); Rowe (1994).

13. Deary et al. (2004).

14. Silventoinen et al. (2003).

15. Falconer (1960).

16. Cosmides (1989).

17. Daly and Wilson (1988, pp. 37 - 93; 1999).

18. Chomsky (1957).

19. Kanazawa (2004b).

20. Barash (1982, pp. 144 - 147).

21. Orians and Heerwagen (1992).

22. Miller and Kanazawa (2007, pp. 25 – 28).

[23]. 문제 자체가 신기하더라도 반복해서 일어나면(그에 의해 신기하지 않게 되면) 이윽고 그것에 대처하기 위한 전용 심리 메커니즘이 진화한다. 그런 문제를 해결하는 데 일반 지능은 필요하지 않을 것이다. 일반 지능이 필요한 것은 어디까지나 신기하고 반복되어 일어나지 않는 적응상의 문제뿐이다.

24. Gottfredson (1997a); Herrnstein and Murray (1994); Jensen (1998).

25. Herrnstein and Murray (1994).

26. Kanazawa (Forthcoming); Kanazawa and Perina (2009).

27. Jensen (1998, p. 296, Table 9.1).

▶제4장 지능은 언제 중요한가(혹은 중요하지 않은가)

1. Kanazawa (2010a).

2. Kanazawa (2002).

3. Kanazawa (2006b).

[4]. Romero and Goetz (2010). 이 가설을 실증적으로 증명해주었을 뿐 아니라 Romero and Goetz는 '사바나-IQ 상호 작용설'의 쓰기 좋은 약칭-SIQXH-를 고안해 주었다. 무척 좋은 이름이다.

5. Lubinski et al. (2006).

6. Frey and Detterman (2004); Kanazawa (2006e).

7. http://www.actstudent.org/faq/answers/actsat.html (emphases added)

8. Herrnstein and Murray (1994).

9. Herrnstein and Murray (1994, p. 168 – 172).

10. Herrnstein and Murray (1994, pp. 213 – 218).

11. Herrnstein and Murray (1994, pp. 225 – 229).

12. Crow (2003).

13. Herrnstein and Murray (1994, p. 216).

14. Deary (2008); Gottfredson and Deary (2004); Kanazawa (2006c).

15. Volk and Atkinson (2008).

16. Kanazawa (2005).

17. de Waal (1982).

18. Hamilton (1964).

19. Kanazawa (2004, p. 518).

20. Silverman et al. (2000).

21. Weiss, Morales and Jacobs (2003).

22. Romero and Goetz (2010).

23. Hall et al. (2008); Kingma et al. (2009).

24. Kingma et al. (2009).

25. Hall et al. (2008).

26. Kanazawa (2010a).

▶제5장 보수주의자보다 진보주의자 쪽이 지능이 높은 것은 무엇 때문인가?

1. Murray (1998).

2. Hamilton (1964).

3. Trivers (1971).

4. Whitmeyer (1997).

5. Whitmeyer (1997).

6. Dunbar (1992).

7. Levinson (1991 – 1995).

8. Chagnon (1992); Cronk (2004); Hill and Hurtado (1996); Lee (1979); Whitten (1976).

9. Ridley (1996).

[10]. See Note 19, Chapter 2, above.

11. Kanazawa (2010a).

12. Lake and Breglio (1992); Shapiro and Mahajan (1986);Wirls (1986).

13. Kluegel and Smith (1989); Sundquist (1983).

14. Deary, Batty, and Gale (2008).

15. Charlton (2009).

16. Gallup (1990).

17. Zahavi (1975); Zahavi and Zahavi (1997).

18. Barkow (2006).

19. Kanazawa (2009).

▶제6장 신을 믿는 사람보다 믿지 않는 사람 쪽이 지능이 높은 것은 무엇 때문인가?

1. Brown (1991).

2. Atran (2002); Boyer (2001); Guthrie (1993); Haselton and Nettle (2006); Kirkpatrick (2005).

3. Guthrie (1993).

4. Atran (2002).

5. Nesse (2001).

6. Nesse (2001).

7. Levinson (1991 – 1995).

8. Chagnon (1992); Cronk (2004); Hill and Hurtado (1996); Lee (1979); Whitten (1976).

9. Kanazawa (2010a).

10. Miller and Hoffman (1995); Miller and Stark (2002).

11. Kanazawa (2009); Lynn, Harvey and Nyborg (2009).

▶제7장 지능이 높은 남성일수록 한 사람만 사귀는 경향이 강한 것은 무엇 때문인가? 그리고 지능이 높은 여성에게는 그런 경향이 없는 것은 무엇 때문인가?

1. Miller and Kanazawa (2007, p. 81).

2. Alexander et al. (1977); Leutenegger and Kelly (1977).

3. Alexander et al. (1977); Leutenegger and Kelly (1977).

4. Harvey and Bennet (1985); Kanazawa and Novak (2005); Pickford (1986).

5. Kanazawa and Novak (2005).

6. Daly and Wilson (1988, pp. 140 – 142).

7. Kanazawa and Novak (2005).

8. Alexander et al. (1977, pp. 424 – 425, Table 15-1).

9. Eveleth and Tanner (1976).

10. Smith (1984).

11. Kanazawa (2001).

12. Baker and Bellis (1995); Gallup et al. (2003).

13. http://www.metro.co.uk/lifestyle/815295-cheat-on-wives-men-less-intelligent

14. http://articles.nydailynews.com/2010-03-02/

entertainment/27057710_1_iqs-monogamy-smart-men

15. http://www.telegraph.co.uk/science/science-news/7339654/Intelligent-men-less-likely-to-cheat.html

16. Trivers (1972).

17. Clark and Hatfield (1989).

18. Hald and Høgh-Olesen (2010).

19. Gangestad and Simpson (2000).

20. Kaneshiro et al. (2008).

21. Dixson et al. (2010); Furnham, Tan and McManus (1997); Henss (2000); Singh (1993, 1994); Singh and Luis (1995); Singh and Young (1995); Tov´ee and Cornelissen (2001).

22. Kanazawa (2004b).

23. Buss (1994).

24. Kanazawa (2011); Kanazawa and Kovar (2004).

25. Kanazawa (2011).

26. http://www.psychologytoday.com/blog/the-scientific-fundamentalist/201012/beautiful-people-really-are-more-intelligent

27. Gangestad and Simpson (2000).

28. Jensen and Sinha (1993); Kanazawa and Reyniers (2009).

29. Buss and Schmitt (1993); Cameron, Oskamp and Sparks (1978);

Lynn and Shurgot (1984); Gillis and Avis (1980).

30. Kanazawa (2009).

31. Kanazawa and Still (1999).

32. Shaw (1957, p. 254).

▶제8장 아침형 인간보다 저녁형 인간 쪽이 지능이 높은 것은 무엇 때문인가?

1. http://www.psychologytoday.com/blog/the-scientific-fundamentalist/200809/the-50-0-50-rule-in-action-partisan-attachment

2. Fowler and Dawes (2008).

3. Kanazawa (1998, 2000).

4. Turkheimer (2000).

5. Alford, Funk and Hibbing (2005); Eaves and Eysenck (1974).

6. Bouchard et al. (1999); Koenig et al (2005).

7. Kanazawa (2010a).

8. Vitaterna, Takahashi and Turek (2001, p. 85).

9. Klein, Moore and Reppert (1991).

10. King and Takahashi (2000).

11. Hur (2007).

12. Vitaterna et al. (2001, p. 90, emphasis added).

13. Dyer et al. (2009, p. 8964); Ross (2000).

14. Levinson (1991 – 1995).

15. Chagnon (1992); Cronk (2004); Hill and Hurtado (1996); Lee (1979); Whitten (1976).

16. Chagnon (1992, p. 129).

17. Cronk (2004, p. 88).

18. Chagnon (1992, p. 132).

19. Cronk (2004, p. 93).

20. Hill and Hurtado (1996, p. 65).

21. Cronk (2004, p. 92).

22. Ash and Gallup (2007); Bailey and Geary (2009); Kanazawa (2008).

23. Kanazawa and Perina (2009).

24. Roberts and Kyllonen (1999).

25. Kanazawa and Perina (2009).

▶제9장 왜 동성애자는 이성애자보다 지능이 높은 것인가?

1. Bagemihl (2000); de Waal (1995).

2. Kirk et al. (2000).

3. Bailey and Pillard (1991).

4. Ellis and Ames (1987).

5. Blanchard and Bogaert (1996a); Bogaert (2003).

6. Mustanski, Chivers and Bailey (2002); Wilson and Rahman (2005).

7. Bailey (2009); Chivers et al. (2004); Diamond (2008).

8. Mustanski et al. (2002, pp. 122–127); Wilson and Rahman (2005, pp. 13–16).

9. Adams, Wright and Lohr (1996).

10. Wilson and Rahman (2005, p. 15).

11. Chivers, Seto and Blanchard (2007).

12. Hamer et al. (1993); Turner (1996a).

13. Levinson (1991–1995).

14. Levinson (1991–1995, Volume 2, p. 79).

15. Levinson (1991–1995, Volume 2, p. 285).

16. Chagnon (1992); Cronk (2004); Hill and Hurtado (1996);

Lee (1979); Whitten (1976).

17. Hill and Hurtado (1996, pp. 276 – 277; emphasis added).

18. Hill and Hurtado (1996, p. 277).

19. Blanchard and Bogaert (1996b); Bogaert and Blanchard (1996).

20. Kanazawa (Forthcoming).

21. Kanazawa (Forthcoming).

22. Diamond (2008).

23. Kanazawa (Forthcoming).

24. Kanazawa (Forthcoming).

▶제10장 지능이 높은 사람일수록 클래식 음악을 좋아하는 것은 무엇 때문인가?

1. http://76.74.24.142/8EF388DA-8FD3-7A4E-C208-CDF1ADE8B179.pdf

2. http://www.npr.org/about/aboutnpr/stations_publicmedia.html

3. http://www.npr.org/music/

4. Mithen (2005).

5. Brown (2000).

6. Bickerton (1990); Jackendoff (2000).

7. Wray (1998).

8. Mithen (2005, pp. 105 – 121).

9. Zuberbühler (2002, 2003).

10. Leinonen et al. (1991); Linnankoski et al. (1994).

11. Leinonen et al. (2003).

12. Mithen (2005, pp. 28 – 68).

13. Nettle (1983).

14. Everett (2005).

15. Everett (2005, p. 622).

16. Wray (2006, p. 104).

17. Fry (1948); Kalmus and Fry (1980).

18. Rentfrow and Gosling (2003).

19. Kanazawa and Perina (forthcoming).

20. Kanazawa (2006b).

21. Mithen (2005).

22. Rentfrow and Gosling (2003).

▶제11장 왜 지능이 높은 사람일수록 술을 많이 마시고 담배를 피우는가?

1. Dudley (2000).

2. Vallee (1998).

3. Vallee (1998, p. 81).

4. Dudley (2000, p. 9).

5. Dudley (2000).

6. Dudley (2000, p. 9).

7. Goodspeed (1954).

8. Wilbert (1991).

9. Goodman (1993); Smith (1999).

10. Smith (1999, p. 377).

11. Brownstein (1993).

12. Smith (1999, pp. 381 – 382).

13. Smith (1999).

14. Smith (1999).

15. Holmstedt and Fredga (1981).

16. Johnson et al. (2009); Batty et al. (2007); Batty, Deary and Macintyre (2007).

17. Herrnstein and Murray (1994); Hirschi and Hindelang (1977); Wilson and Herrnstein (1985).

18. Wolfgang, Figlio and Sellin (1972); Yeudall, Fromm-Auch and Davies (1982).

19. Gibson and West (1970).

20. Wolfgang et al. (1972); Moffitt (1990).

21. Lynam, Moffitt and Stouthamer-Loeber (1993);Moffitt et al. (1981).

22. Moffitt and Silva (1988).

23. Ellis (1998).

24. de Waal (1998).

25. de Waal (1992).

26. de Waal, Luttrel and Canfield (1993).

▶제12장 왜 지능이 높은 사람일수록 결국 인생에 실패하는 것일까?

1. Fielder and Huber (2007).

2. Miller 2000a, 2000b, 2009.

[3]. 이 통찰을 하게 된 것은 Lena Edlund 덕분이다.

4. Kohler, Rodgers and Christensen (1999); Kohler et al. (2006).

5. Miller and Kanazawa (2007, p. 184).

6. Falconer (1960).

7. Jensen (1998).

8. Lehrke (1972, 1997); Turner (1996a, 1996b).

9. Herrnstein and Murray (1994, pp. 307 – 309).

10. Flynn (1984, 1987).

11. Lynn (1982).

12. Murphy (2011); te Nijenhuis (2011).

13. Merrill (1938).

14. Lynn (1990, 1998).

15. Lynn and Harvey (2008).

16. Cotton et al. (2005).

17. Teasdale and Owen (2008).

18. Sundet, Barlaug and Torjussen (2004).

19. Shayer, Ginsburg and Coe (2007); Shayer and Ginsburg (2009).

▶제13장 지능이 영향을 끼치는 것에는 그 외 어떤 것이 있는가?

1. Smith (1999).

2. Pendergrast (1999).

3. Gale et al. (2007).

4. http://www.nytimes.com/2000/10/06/us/congressman-draws-rebuke-but-no-penalty.html

5. http://www.time.com/time/magazine/article/0,9171,752267,00.html. 그렇다, 1929년 타임지 기사를 온라인에서 읽을 수 있다. 신기한 일이다.

6. http://www.senate.gov/artandhistory/history/common/

briefing/Facts_Figures.htm

7. http://clerk.house.gov/art_history/house_history/
family_firsts.html

8. Turkheimer (2000).

9. Nizynska (2010); http://www.time.com/time/magazine/
article/0,9171,1655447,00.html

10. Boehm (1999); Lenski (1966).

11. Vanhanen (2003).

▶결론 : 지능이 높은 사람은 당신이 생각하는 것과는 다르다

1. Jensen and Sinha (1993); Kanazawa (2011); Kanazawa
and Kovar (2004); Kanazawa and Reyniers (2009).

2. http://www.epjournal.net/blog/2010/11/its-only-good-
science-if-the-message-is-politically-correct/

3. Dennett (1995); Kanazawa (2004c).

참고문헌

Adams, Henry E., Lester W. Wright, and Bethany A. Lohr. 1996. "Is Homophobia Associated with Homosexual Arousal?" *Journal of Abnormal Psychology.* 105: 440-445.

Alexander, Richard D., John L. Hoogland, Richard D. Howard, Katharine M. Noonan, and Paul W. Sherman. 1979. "Sexual Dimorphisms and Breeding Systems in Pinnipeds, Ungulates, Primates and Humans." Pp. 402-435 in *Evolutionary Biology and Human Social Behavior: An Anthropological Perspective,* edited by Napoleon A. Chagnon and William Irons. North Scituate: Duxbury Press.

Alford, John R., Carolyn L. Funk, and John R. Hibbing. 2005. "Are Political Orientations Genetically Transmitted?" *American Political Science Review.* 99: 153-167.

Ash, Jessica and Gallup, Jr., Gordon G. 2007. "Paleoclimatic Variation and Brain Expansion During Human Evolution." *Human Nature.* 18: 109-124.

Atran, Scott. 2002. *In Gods We Trust: The Evolutionary Landscape of Religion.* Oxford: Oxford University Press.

Bagemihl, Bruce. 2000. *Biological Exuberance: Animal Homosexuality and Natural Diversity.* New York: St. Martin's Press.

Bailey, Drew H. and David C. Geary. 2009. "Hominid Brain Evolution: Testing Climatic, Ecological, and Social Competition Models." *Human Nature.* 20: 67-79.

Bailey, J. Michael. 2009. "What is Sexual Orientation and Do Women Have One?" *Nebraska Symposium on Motivation.* 54: 43-63.

Bailey, J. Michael and Richard C. Pillard. 1991. "A Genetic Study of Male Sexual Orientation." *Archives of General Psychiatry.* 48: 1089-1096.

Baker, R. Robin and Mark A. Bellis. 1995. *Human Sperm Competition: Copulation, Masturbation and Infidelity.* London: Chapman and Hall.

Barash, David P. 1982. *Sociobiology and Behavior,* Second Edition. New York: Elsevier.

Barkow, Jerome H. 2006. "Introduction: Sometimes the Bus Does Wait." Pp. 3-59 in *Missing the Revolution: Darwinism for Social Scientists,* edited by Jerome H. Barkow. Oxford: Oxford University Press.

Barkow, Jerome H., Leda Cosmides and John Tooby. (Editors.) 1992. *The Adapted Mind: Evolutionary Psychology and the Generation of Culture.* New York: Oxford University Press.

Batty, G. David, Ian J. Deary, and Linda S. Gottfredson. 2007. "Premorbid (Early Life) IQ and Later Mortality Risk: Systematic Review." *Annals of Epidemiology.* 17: 278-288.

Batty, G. David, Ian J. Deary, Ingrid Schoon, and Catharine R. Gale. 2007. "Mental Ability Across Childhood in Relation to Risk Factors for Premature Mortality in Adult Life: The 1970 British Cohort Study." *Journal of Epidemiology and Community Health.* 61: 997-1003.

Betzig, Laura. 1997a. "People Are Animals." Pp. 1-17 in *Human*

Nature: A Critical Reader, edited by Laura Betzig. New York: Oxford University Press.

Betzig, Laura. (Editor.) 1997b. *Human Nature*: A Critical Reader. New York: Oxford University Press.

Bickerton, Derek. 1990. *Language and Species.* Chicago: University of Chicago Press.

Blanchard, Ray and Anthony F. Bogaert. 1996a. "Homosexuality in Men and Number of Older Brothers." *American Journal of Psychiatry.* 153: 27-31.

Blanchard, Ray and Anthony F. Bogaert. 1996b. "Biodemographic Comparisons of Homosexual and Heterosexual Men in the Kinsey Interview Data." *Archives of Sexual Behavior.* 25: 551-579.

Boehm, Christopher. 1999. *Hierarchy in the Forest: The Evolution of Egalitarian Behavior.* Cambridge: Harvard University Press.

Bogaert, Anthony F. 2003. "Number of Older Brothers and Sexual Orientation: New Tests and the Attraction/Behavior Distinction in Two National Probability Samples." *Journal of Personality and Social Psychology.* 84: 644-652.

Bogaert, Anthony F. and Ray Blanchard. 1996. "Physical Development and Sexual Orientation in Men: Height, Weight and Age of Puberty Differences." *Personality and Individual Differences.* 21: 77-84.

Bouchard, Jr., Thomas J., David T. Lykken, Matthew McGue, Nancy L.

Segal, and Auke Tellegen. 1990. "Sources of Human Psychological Differences: The Minnesota Study of Twins Reared Apart." *Science*. 250: 223-228.

Bouchard, Jr., Thomas J., Matt McGue, David Lykken, and Auke Tellegen. 1999. "Intrinsic and Extrinsic Religiousness: Genetic and Environmental Influences and Personality Correlates." *Twin Research*. 2: 88-98.

Boyer, Pascal. 2001. *Religion Explained: The Evolutionary Origins of Religious Thought.* New York: Basic.

Brosnan, Sarah F. and Frans B. M. de Waal. 2003. "Monkeys Reject Unequal Pay." *Nature*. 425: 297-299.

Brown, Donald E. 1991. *Human Universals.* New York: McGraw-Hill.

Brown, Steven. 2000. "The "Musilanguage" Model of Music Evolution." Pp. 271-300 in *The Origins of Music*, edited by Nils L. Wallin, Björn Merker, and Steven Brown. Cambridge: MIT Press.

Brownstein, Michael J. 1993. "A Brief History of Opiates, Opioid Peptides, and Opioid Receptors." *Proceedings of the National Academy of Sciences*. 90: 5391-5393.

Burnham, Terence C. and Dominic D. P. Johnson. 2005. "The Biological and Evolutionary Logic of Human Cooperation." *Analyse & Kritik*. 27: 113-135.

Burt, Vicki L., Paul Whelton, Edward J. Roccella, Clarice Brown, Jeffrey A. Cutler, Millicent Higgins, Michael J. Horan, and Darwin

Labarthe. 1995. "Prevalence of Hypertension in the US Adult Population." *Hypertension.* 25: 305-313.

Buss, David M. 1994. *The Evolution of Desire: Strategies of Human Mating,* Second Edition. New York: BasicBooks.

Buss, David M. 2005. *The Murderer Next Door: Why the Mind is Designed to Kill.* New York: Penguin.

Buss, David M. and David P. Schmitt. 1993. "Sexual Strategies Theory: An Evolutionary Perspective on Human Mating." *Psychological Review.* 100: 204-232.

Cameron, Catherine, Stuart Oskamp, and William Sparks. 1977. "Courtship American Style: Newspaper Ads." *Family Coordinator.* 26: 27-30.

Campbell, Anne. 1999. "Staying Alive: Evolution, Culture, and Women's Intrasexual Aggression." *Behavior and Brain Sciences.* 22: 203-252.

Chagnon, Napoleon. 1992. *Yanomamö,* 4th ed. Fort Worth: Harcourt Brace Jovanovich.

Charlton, Bruce G. 2009. "Clever Sillies: Why High IQ People Tend to be Deficient in Common Sense." *Medical Hypotheses.* 73: 867-870.

Chivers, Meredith L., Gerulf Rieger, Elizabeth Latty, and J. Michael Bailey. 2004. "A Sex Difference in the Specificity of Sexual Arousal." *Psychological Science.* 15: 736-744.

Chivers, Meredith L., Michael C. Seto, and Ray Blanchard. 2007. "Gender and Sexual Orientation Differences in Sexual Response to Sexual Activities Versus Gender of Actors in Sexual Films." *Journal of Personality and Social Psychology*. 93: 1108-1121.

Chomsky, Noam. 1957. *Syntactic structures*. The Hague: Mouton.

Clark, III, Russell D. and Elaine Hatfield. 1989. "Gender Differences in Receptivity to Sexual Offers." *Journal of Psychology and Human Sexuality*. 2: 39-55.

Cochran, Gregory and Henry Harpending. 2009. *The 10,000 Year Explosion: How Civilization Accelerated Human Evolution*. New York: Basic.

Cosmides, Leda. 1989. "The Logic of Social Exchange: Has Natural Selection Shaped How Humans Reason? Studies with the Wason Selection Task." *Cognition*. 31: 187-276.

Cosmides, Leda and John Tooby. 1999. What is evolutionary psychology? Center for Evolutionary Psychology. University of California – Santa Barbara.

Cotton, Sue M., Patricia M. Kiely, David P. Crewther, Brenda Thomson, Robin Laycock, and Sheila G. Crewther. 2005. "A Normative and Reliability Study for the Raven's Coloured Progressive Matrices for Primary School Aged Children from Victoria, Australia." *Personality and Individual Differences*. 39: 647-659.

Crawford, Charles B. 1993. "The Future of Sociobiology: Counting Babies or Proximate Mechanisms?" *Trends in Ecology and Evolution*. 8:

183-186.

Cronk, Lee. 2004. *From Mukogodo to Maasai: Ethnicity and Cultural Change in Kenya*. Boulder: Westview.

Daly, Martin and Margo Wilson. 1988. *Homicide*. New York: De Gruyter.

Daly, Martin and Margo Wilson. 1999. *The Truth about Cinderella: A Darwinian View of Parental Love*. New Haven: Yale University Press.

Davis, Bernard. 1978. "Moralistic Fallacy." *Nature*. 272: 390.

Davis, James Allan, Tom W. Smith, and Peter V. Marsden. 2009. *General Social Surveys, 1972-2008: Cumulative Codebook*. Chicago: National Opinion Research Center.

Deary, Ian J. 2008. "Why Do Intelligent People Live Longer?" *Nature*. 456: 175-176.

Deary, Ian J., G. David Batty, and Catharine R. Gale. 2008. "Childhood Intelligence Predicts Voter Turnout, Voting Preferences, and Political Involvement in Adulthood: The 1970 British Cohort Study." *Intelligence*. 36: 548-555.

Deary, Ian J., Martha C. Whiteman, John M. Starr, Lawrence J. Whalley, and Helen C. Fox. 2004. "The Impact of Childhood Intelligence on Later Life: Following Up the Scottish Mental Surveys of 1932 and 1947." *Journal of Personality and Social Psychology*. 86: 130-147.

Dennett, Daniel C. 1995. *Darwin's Dangerous Idea: Evolution and the*

Meanings of Life. New York: Touchtone.

Derrick, Jaye L., Shira Gabriel, and Kurt Hugenberg. 2009. "Social Surrogacy: How Favored Television Programs Provide the Experience of Belonging." *Journal of Experimental Social Psychology*. 45: 352-362.

Diamond, Lisa M. 2008. *Sexual Fluidity: Understanding Women's Love and Desire*. Cambridge: Harvard University Press.

Dixson, Barnaby J., Alan F. Fixson, Phil J. Bishop, and Amy Parish. 2010. "Human Physique and Sexual Attractiveness in Men and Women: A New Zealand-U.S. Comparative Study." *Archives of Sexual Behavior*. 39: 798-806.

Dudley, Robert. 2000. "Evolutionary Origins of Human Alcoholism in Primate Frugivory." *Quarterly Review of Biology*. 75: 3-15.

Dunbar, Robin I. M. 1992. "Neocortex Size as a Constraint on Group Size in *Primates*." *Journal of Human Evolution*. 20: 469-493.

Dyer, Michael A., Rodrigo Martins, Manoel da Silva Filho, José Augusto P. C. Muniz, Luiz Carlos L. Silveira, Constance L. Cepko, and Barbara L. Finlay. 2009. "Developmental Sources of Conservation and Variation in the Evolution of the Primate Eye." *Proceedings of the National Academy of Science*. 106: 8963-8968.

Eaves, L. J. and H. J. Eysenck. 1974. "Genetics and the Development of Social Attitudes." *Nature*. 249: 288-289.

Eisenberger, Naomi I., Matthew D. Lieberman, and Kipling D. Williams. 2003. "Does Rejection Hurt? An fMRI Study of Social

Exclusion." *Science.* 302: 290-292.

Ellis, Lee. 1996. "A Discipline in Peril: Sociology's Future Hinges on Curing its Biophobia." *American Sociologist.* 27: 21-41.

Ellis, Lee. 1998. "Neodarwinian Theories of Violent Criminality and Antisocial Behavior: Photographic Evidence from Nonhuman Animals and a Review of the Literature." *Aggression and Violent Behavior.* 3: 61-110.

Ellis, Lee and M. Ashley Ames. 1987. "Neurohormonal Functioning and Sexual Orientation: A Theory of Homosexuality-Heterosexuality." *Psychological Bulletin.* 101: 233-258.

Evans, Patrick D., Sandra L. Gilbert, Nitzan Mekel-Bobrov, Eric J. Wallender, Jeffrey R. Anderson, Leila M. Vaez-Azizi, Sarah A. Tishkoff, Richard R. Hudson, and Bruce T. Lahn. 2005. "Microcephalin, a Gene Regulating Brain Size, Continues to Evolve Adaptively in Humans." *Science.* 309: 1717-1720.

Eveleth, Phyllis B. and James M. Tanner. 1976. *Worldwide Variation in Human Growth.* Cambridge: Cambridge University Press.

Fehr, Ernst and Joseph Henrich. 2003. "Is Strong Reciprocity a Maladaptation? On the Evolutionary Foundations of Human Altruism." Pp. 55-82 in *Genetic and cultural evolution of cooperation*, edited by Peter Hammerstein. Cambridge: MIT Press.

Fielder, Martin and Susanne Huber. 2007. "The Effects of Sex and Childlessness on the Association between Status and Reproductive Output in Modern Society." *Evolution and Human Behavior.* 28: 392-398.

Flynn, James R. 1984. "The Mean IQ of Americans: Massive Gains 1932 to 1978." *Psychological Bulletin.* 95: 29-51.

Flynn, James R. 1987. "Massive IQ Gains in 14 Nations: What IQ Tests Really Measure." *Psychological Bulletin.* 101: 171-191.

Fowler, James H. and Christopher T. Dawes. 2008. "Two Genes Predict Voter Turnout." *Journal of Politics.* 70: 579-594.

Frey, Meredith C. and Douglas K. Detterman. 2004. "Scholastic Assessment or g?: The Relationship Between the Scholastic Assessment Test and General Cognitive Ability." *Psychological Science.* 15: 373-378.

Friedman, Debra, Michael Hechter, and Satoshi Kanazawa. 1994. "A Theory of the Value of Children." *Demography.* 31: 375-401.

Fry, D. B. 1948. "An Experimental Study of Tone Deafness." *Speech.* 1948: 1-7.

Furnham, Adrian, Tina Tan, and Chris McManus. 1997. "Waist-to-Hip Ratio and Preferences for Body Shape: A Replication and Extension." *Personality and Individual Differences.* 22: 539-549.

Gale, Catharine R., Ian J. Deary, Ingrid Schoon, and G. David Batty. 2007. "IQ in Childhood and Vegetarianism in Adulthood: 1970 British Cohort Study." *British Medical Journal.* 334: 245-248.

Gallup, Jr., Gordon G. 1970. "Chimpanzees: Self-Recognition." *Science.* 167: 86-87.

Gallup, Jr., Gordon G., Rebecca L. Burch, Mary L. Zappieri, Rizwan A. Parvez, Malinda L. Stockwell, and Jennifer A. Davis. 2003. "The Human Penis as a Semen Displacement Device." *Evolution and Human Behavior.* 24: 277-89.

Gangestad, Steven W. and Jeffry A. Simpson. 2000. "The Evolution of Human Mating: Trade-Offs and Strategic Pluralism." *Behavioral and Brain Sciences.* 23: 573-644.

Gardner, Howard. 1983. *Frames of Mind: The Theory of Multiple Intelligences.* New York: Basic.

Gibson, H. B. and D. J. West. 1970. "Social and Intellectual Handicaps as Precursors of Early Delinquency." *British Journal of Criminology.* 10: 21-32.

Gillis, John S. and Walter E. Avis. 1980. "The Male-Taller Norm in Mate Selection." *Personality and Social Psychology Bulletin.* 6: 396-401.

Goodall, Jane. 1986. *Chimpanzees of Gombe: Patterns of Behavior.* Cambridge: Harvard University Press.

Goodman, Jordan. 1993. *Tobacco in History: The Cultures of Dependence.* London: Routledge.

Goodspeed, Thomas Harper. 1954. *The Genus Nicotiana.* Waltham: Chronica Botanica.

Gottfredson, Linda S. 1997a. "Why g Matters: The Complexity of Everyday Life." *Intelligence.* 24: 79-132.

Gottfredson, Linda S. 1997b. "Mainstream Science on Intelligence: An Editorial with 52 Signatories, History, and Bibliography." *Intelligence*. 24: 13-23.

Gottfredson, Linda S. 2009. "Logical Fallacies Used to Dismiss the Evidence on Intelligence Testing." Pp. 11-65 in *Correcting Fallacies About Educational and Psychological Testing*, edited by Richard P. Phelps. Washington: American Psychological Association.

Gottfredson, Linda S. and Ian J. Deary. 2004. "Intelligence Predicts Health and Longevity, but Why?" *Current Directions in Psychological Science*. 13: 1-4.

Guthrie, Stewart Elliott. 1993. *Faces in the Clouds: A New Theory of Religion*. New York: Oxford University Press.

Hald, Gert Martin. 2006. "Gender Differences in Pornography Consumption among Young Heterosexual Danish Adults." *Archives of Sexual Behavior*. 35: 577-585.

Hald, Gert Martin, and Henrik Høgh-Olesen. 2010. "Receptivity to Sexual Invitations from Strangers of the Opposite Gender." *Evolution and Human Behavior*. 31: 453-458.

Hagen, Edward H. and Peter Hammerstein. 2006. "Game Theory and Human Evolution: A Critique of Some Recent Interpretations of Experimental Games." *Theoretical Population Biology*. 69: 339-348.

Hall, Peter A., Lorin J. Elias, Geoffrey T. Fong, Amabilis H. Harrison, Ron Borowsky, and Gordon E. Sarty. 2008. "A Social Neuroscience Perspective on Physical Activity." *Journal of Sport & Exercise Psychology*.

30: 432-449.

Hamer, Dean H., Stella Hu, Victoria L. Magnuson, Nan Hu, and Angela M. L. Pattatucci. 1993. "A Linkage Between DNA Markers on the X Chromosome and Male Sexual Orientation." *Science*. 261: 321-327.

Hamilton, William D. 1964. "Genetical Evolution of Social Behavior." *Journal of Theoretical Biology*. 7: 1-52.

Harris, Judith Rich. 1995. "Where is the Child's Environment?: A Group Socialization Theory of Development." *Psychological Review*. 102: 458-489.

Harris, Judith Rich. 1998. *The Nurture Assumption: Why Children Turn Out the Way They* Do. New York: Free Press.

Harvey, P. H. and P. M. Bennett. 1985. "Sexual Dimorphism and Reproductive Strategies." Pp. 43-59 in *Human Sexual Dimorphism,* edited by J. Ghesquiere, R. D. Martin and F. Newcombe. London: Taylor and Francis.

Haselton, Martie G. and Daniel Nettle. 2006. "The Paranoid Optimist: An Integrative Evolutionary Model of Cognitive Biases." *Personality and Social Psychology Review*. 10: 47-66.

Henss, Ronald. 2000. "Waist-to-Hip Ratio and Female Attractiveness: Evidence from Photographic Stimuli and Methodological Considerations." *Personality and Individual Differences*. 28: 501-513.

Herrnstein, Richard J. and Charles Murray. 1994. *The Bell Curve:*

Intelligence and Class Structure in American Life. New York: Free Press.

Hill, Kim and A. Magdalena Hurtado. 1996. Ache Life History: *The Ecology and Demography of a Foraging People.* New York: Aldine.

Hirschi, Travis and Michael J. Hindelang. 1977. "Intelligence and Delinquency: A Revisionist Review." *American Sociological Review.* 42: 571-587.

Holmstedt, Bo and Arne Fredga. 1981. "Sundry Episodes in the History of Coca and Cocaine." *Journal of Ethnopharmacology.* 3: 113-147.

Huang, Min-Hsiung and Robert M. Hauser. 1998. "Trends in Black-White Test-Score Differentials: II. The WORDSUM Vocabulary Test." Pp. 303-332 in *The Rising Curve: Long-Term Gains in IQ and Related Measure,* edited by Ulric Neisser. Washington DC: American Psychological Association.

Hume, David. 1739. *A Treatise of Human Nature: Being an Attempt to Introduce the Experimental Method of Reasoning into Moral Subjects and Dialogues Concerning Natural Religion.* London: John Noon.

Hur, Yoon-Mi. 2007. "Stability of Genetic Influence on Morningness-Eveningness: A Cross-Sectional Examination of South Korean Twins from Preadolescence to Young Adulthood." *Journal of Sleep Research.* 16: 17-23.

Jackendoff, Ray. 2000. *Foundations of Language: Brain, Meaning, Grammar, Evolution.* Oxford: Oxford University Press.

Jensen, Arthur R. 1980. *Bias in Mental Testing.* New York: Free Press.

Jensen, Arthur R. 1998. *The g Factor: The Science of Mental Ability.* Westport: Praeger.

Jensen, Arthur R. and S. N. Sinha. 1993. "Physical Correlates of Human Intelligence." Pp. 139-242 in *Biological Approaches to the Study of Human Intelligence,* edited by Philip A. Vernon.

Johnson, Wendy, Brian M. Hicks, Matt McGue, and William G. Iacono. 2009. "How Intelligence and Education Contribute to Substance Use: Hints from the Minnesota Twin Family Study." *Intelligence.* 37: 613-624.

Kalmus, H. and D. B. Fry. 1980. "On Tune Deafness (Dysmelodia): Frequency, Development, Genetics and Musical Background." *Annals of Human Genetics.* 43: 369-382.

Jockin, Victor, Matt McGue, and David T. Lykken. 1996. "Personality and Divorce: A Genetic Analysis." *Journal of Personality and Social Psychology.* 71: 288-299.

Kanazawa, Satoshi. 2000. "A New Solution to the Collective Action Problem: The Paradox of Voter Turnout." *American Sociological Review.* 65: 433-442.

Kanazawa, Satoshi. 2001. "A Bit of Logic Goes a Long Way: A Reply to Sanderson." *Social Forces.* 80: 337-341.

Kanazawa, Satoshi. 1998. "A Possible Solution to the Paradox of Voter Turnout." *Journal of Politics.* 60: 974-995.

Kanazawa, Satoshi. 2002. "Bowling with Our Imaginary Friends." *Evolution and Human Behavior.* 23: 167-171.

Kanazawa, Satoshi. 2004a. "The Savanna Principle." *Managerial and Decision Economics.* 25: 41-54.

Kanazawa, Satoshi. 2004b. "General Intelligence as a Domain-Specific Adaptation." *Psychological Review.* 111: 512-523.

Kanazawa, Satoshi. 2004c. "Social Sciences Are Branches of Biology." *Socio-Economic Review.* 2: 371-390.

Kanazawa, Satoshi. 2005. "An Empirical Test of a Possible Solution to "the Central Theoretical Problem of Human Sociobiology."" *Journal of Cultural and Evolutionary Psychology.* 3: 255-266.

Kanazawa, Satoshi. 2006a. "If the Truth Offends, It's Our Job to Offend." *Times Higher Education Supplement.* 15 December. 1773: 14.

Kanazawa, Satoshi. 2006b. "Why the Less Intelligent May Enjoy Television More than the More Intelligent." *Journal of Cultural and Evolutionary Psychology.* 4: 27-36.

Kanazawa, Satoshi. 2006c. "Mind the Gap... in Intelligence: Reexamining the Relationship between Inequality and Health." *British Journal of Health Psychology.* 11: 623-642.

Kanazawa, Satoshi. 2006d. ""First, Kill All the Economists....": The Insufficiency of Microeconomics and the Need for Evolutionary Psychology in the Study of Management." *Managerial and Decision Economics.* 27: 95-101.

Kanazawa, Satoshi. 2006e. "IQ and the Wealth of States." *Intelligence*. 34: 593-600.

Kanazawa, Satoshi. 2009. "IQ and the Values of Nations." *Journal of Biosocial Science*. 41: 537-556.

Kanazawa, Satoshi. 2010a. "Why Liberals and Atheists Are More Intelligent." *Social Psychology Quarterly*. 73: 33-57.

Kanazawa, Satoshi. 2010b. "Evolutionary Psychology and Intelligence Research." *American Psychologist*. 65: 279-289.

Kanazawa, Satoshi. 2011. "Intelligence and Physical Attractiveness." *Intelligence*. 39: 7-14.

Kanazawa, Satoshi and Jody L. Kovar. 2004. "Why Beautiful People Are More Intelligent." *Intelligence*. 32: 227-243.

Kanazawa, Satoshi and Deanna L. Novak. 2005. "Human Sexual Dimorphism in Size May Be Triggered by Environmental Cues." *Journal of Biosocial Science* 37:657-665.

Kanazawa, Satoshi and Kaja Perina. 2009. "Why Night Owls Are More Intelligent." *Personality and Individual Differences*. 47: 685-690.

Kanazawa, Satoshi and Kaja Perina. Forthcoming. "Why More Intelligent Individuals Like Classical Music." *Journal of Behavior Decision Making*.

Kanazawa, Satoshi and Kaja Perina. 2010a. "Why Homosexuals Are More Intelligent."

Kanazawa, Satoshi and Diane J. Reyniers. 2009. "The Role of Height in the Sex Difference in Intelligence." *American Journal of Psychology*. 122: 524-536.

Kanazawa, Satoshi and Mary C. Still. 1999. "Why Monogamy?" *Social Forces*. 78: 25-50.

Kaneshiro, Bliss, Jeffrey T. Jensen, Nichole E. Carlson, S. Marie Harvey, Mark D. Nichols, and Alison B. Edelman. 2008. "Body Mass Index and Sexual Behavior." *Obstetrics & Gynecology*. 112: 586-592.

Kenrick, Douglas T., Sara E. Gutierres, and Laurie L. Goldberg. 1989. "Influence of Popular Erotica on Judgments of Strangers and Mates." *Journal of Experimental Social Psychology*. 25: 159-167.

King, Davod P. and Joseph S. Takahashi. 2000. "Molecular Genetics of Circadian Rhythms in Mammals." *Annual Review of Neuroscience*. 23: 713-742.

Kingma, E. M., L. M. Tak, M. Huisman, and J. G. M. Rosmalen. 2009. "Intelligence is Negatively Associated with the Number of Functional Somatic Symptoms." *Journal of Epidemiology and Community Health*. 63: 900-906.

Kirk, K. M., J. M. Bailey, M. P. Dunne, and N. G. Martin. 2000. "Measurement Models for Sexual Orientation in a Community of Twin Sample." *Behavior Genetics*. 30: 345-356.

Kirkpatrick, Lee A. 2005. *Attachment, Evolution, and the Psychology of Religion*. New York: Guilford.

Khan, Saad M. and Sumanta N. Pattanaik. 2004. "Modelling Blue Shift in Moonlit Scenes Using Rod Cone Interaction." *Journal of Vision*. 4 (8): 316.

Klein, David C., Robert Y. Moore, and Steven M. Reppert. 1991. *Suprachiasmatic Nucleus: The Mind's Clock*. New York: Oxford University Press.

Kluegel, James R. and Eliot R. Smith. 1986. *Beliefs About Inequality: Americans' View of What Is and What Ought to Be*. New York: Aldine.

Koenig, Laura B., Matt McGue, Robert F. Krueger, and Thomas J. Bouchard, Jr. 2005. "Genetic and Environmental Influences on Religiousness: Findings for Retrospective and Current Religiousness Ratings." *Journal of Personality*. 73: 471-88.

Kohler, Hans-Peter, Joseph L. Rodgers, and Kaare Christensen. 1999. "Is Fertility Behavior in Our Genes? Findings from a Danish Twin Study." *Population and Development Review*. 25: 253-288.

Kohler, Hans-Peter, Joseph Lee Rodgers, Warren B. Miller, Axel Skytthe, and Kaare Christensen. 2006. "Bio-Social Determinants of Fertility." *International Journal of Andrology*. 29: 46-53.

Lake, Celinda C. and Vincent J. Breglio. 1992. "Different Voices, Different Views: The Politics of Gender." Pp. 178-201 in *The American Woman, 1992-93: A Status Report,* edited by Paula Ries and Anne J. Stone. New York: Norton.

Lee, Richard Borshay. 1979. *The !Kung San: Men, Women, and Work in a Foraging Society*. Cambridge: Cambridge University Press.

Lehrke, Robert. 1972. "A Theory of X-Linkage of Major Intellectual Traits." *American Journal of Mental Deficiency.* 76: 611-619.

Lehrke, Robert. 1997. *Sex Linkage of Intelligence: The X-Factor.* Westport: Praeger.

Leighton, Donna Robbins. 1987. "Gibbons: Territoriality and Monogamy." Pp. 135-145 in *Primate Societies,* edited by Barbara Smuts, Dorothy L. Cheney, Robert M. Seyfarth, Richard Wrangham, and Thomas T. Struhsaker. Chicago: University of Chicago Press.

Leinonen, Lea, Ilkka Linnankoski, Maija-Liisa Laakso, and Reijo Aulanko. 1991. "Vocal Communication Between Species: Man and Macaque." *Language & Communication.* 11: 241-262.

Leinonen, Lea, Maija-Liisa Laakso, Synnöve Carlson, and Ilkka Linnankoski. 2003. "Shared Means and Meanings in Vocal Expression of Man and Macaque." *Logopedics Phoniatrics Vocology.* 28: 53-61.

Lenski, Gerhard E. 1966. *Power and Privilege: A Theory of Social Stratification.* Chapel Hill: University of North Carolina Press.

Leutenegger, Walter and James T. Kelly. 1977. "Relationship of Sexual Dimorphism in Canine Size and Body Size to Social, Behavioral, and Ecological Correlates in Anthropoid *Primates.*" *Primates.* 18: 117-136.

Linnankoski, Ilkka., Maija Laakso, Reijo Aulanko, and Lea Leinonen. 1994. "Recognition of Emotions in Macaque Vocalizations by Children and Adults." *Language & Communication.* 14: 183-192.

Levinson, David. (Editor in Chief.) 1991-1995. *Encyclopedia of World Cultures*. (10 Volumes.) Boston: G.K. Hall.

Lubinski, David, Camilla P. Benbow, Rose Mary Webb, and April Bleske-Rechek. 2006. "Tracking Exceptional Human Capital Over Two Decades." *Psychological Science*. 17: 194-199.

Lynam, Donald, Terrie E. Moffitt, and Magda Stouthamer-Loeber. 1993. "Explaining the Relation between IQ and Delinquency: Class, Race, Test Motivation, School Failure, or Self Control?" *Journal of Abnormal Psychology*. 102: 187-196.

Lynn, Michael and Barbara A. Shurgot. 1984. "Responses to Lonely Hearts Advertisements: Effects of Reported Physical Attractiveness, Physique, and Coloration." *Personality and Social Psychology Bulletin*. 10: 349-357.

Lynn, Richard, John Harvey, and Helmuth Nyborg. 2009. "Average Intelligence Predicts Atheism Rates Across 137 Nations." *Intelligence*. 37: 11-15.

Lynn, Richard. 1982. "IQ in Japan and the United States Shows a Growing Disparity." *Nature*. 297: 222-223.

Lynn, Richard. 1990. "The Role of Nutrition in the Secular Increases of Intelligence." *Personality and Individual Differences*. 11: 273-286.

Lynn, Richard. 1998. "In Support of the Nutrition Theory." Pp. 207-215 in *The Rising Curve: Long-Term Gains in IQ and Related Measures,* edited by Ulric Neisser. Washington DC: American Psychological Association.

Lynn, Richard and John Harvey. 2008. "The Decline of the World's IQ." *Intelligence.* 36: 112-120.

Malamuth, Neil M. 1996. "Sexually Explicit Media, Gender Differences, and Evolutionary Theory." *Journal of Communication.* 46: 8-31.

McGrew, W. C. 1992. "Culture in Nonhuman Primates?" *Annual Review of Anthropology.* 27: 301-328.

Lykken. 1992. "Genetic Influence on Risk of Divorce." *Psychological Science.* 3: 368-373.

Merrill, Maud A. 1938. "The Significance of IQ's on the Revised Stanford-Binet Scales." *Journal of Educational Psychology.* 29: 641-651.

Miller, Alan S. and John P. Hoffmann. 1995. "Risk and Religion: An Explanation of Gender Differences in Religiosity." *Journal for the Scientific Study of Religion.* 34: 63-75.

Miller, Alan S. and Satoshi Kanazawa. 2007. *Why Beautiful People Have More Daughters.* New York: Penguin.

Miller, Alan S. and Rodney Stark. 2002. "Gender and Religiousness: Can Socialization Explanations be Saved?" *American Journal of Sociology.* 107: 1399-1423.

Miller, Geoffrey F. 2000a. *The Mating Mind: How Sexual Choice Shaped the Evolution of Human Nature.* New York: Doubleday.

Miller, Geoffrey. 2000b. "Sexual Selection for Indicators of

Intelligence." Pp. 260-275 in *The Nature of Intelligence,* edited by Gregory R. Bock, Jamie A. Goode, and Kate Webb. New York: Wiley.

Miller, Geoffrey. 2009. *Spent: Sex, Evolution, and Consumer Behavior.* New York: Viking.

Miner, John B. 1957. *Intelligence in the United States: A Survey -- with Conclusions for Manpower Utilization in Education and Employment.* New York: Springer.

Mithen, Steven. 2005. *The Singing Neanderthals: The Origins of Music, Language, Mind and Body.* London: Weidenfeld & Nicholson.

Moffitt, Terrie E. 1990. "The Neuropsychology of Delinquency: A Critical Review of Theory and Research." *Crime and Justice: An Annual Review of Research.* 12: 99-169.

Moffitt, Terrie E., William F. Gabrielli, Sarnoff A. Mednick, and Fini Schulsinger. 1981. "Socioeconomic Status, IQ, and Delinquency." *Journal of Abnormal Psychology.* 90: 152-156.

Moffitt, Terrie E. and Phil A. Silva. 1988. "IQ and Delinquency: A Direct Test of the Differential Detection Hypothesis." *Journal of Abnormal Psychology.* 97: 330-333.

Moore, George Edward. 1903. *Principia Ethica.* Cambridge: Cambridge University Press.

Murphy, Raegan. 2011. "The Lynn-Flynn Effect: How to Explain it?" *Personality and Individual Differences.*

Murray, Charles. 1997. *What It Means to be a Libertarian: A Personal Interpretation.* New York: Broadway.

Murray, Charles. 2003. *Human Accomplishment: The Pursuit of Excellence in the Arts and Sciences, 800 B.C. to 1950.* New York: Perennial.

Mustanski, Brian S., Meredith L. Chivers, and J. Michael Bailey. 2002. "A Critical Review of Recent Biological Research on Human Sexual Orientation." *Annual Review of Sex Research.* 13: 89-140.

Nesse, Randolph M. 2001. "The Smoke Detector Principle: Natural Selection and the Regulation of Defensive Responses." *Annals of the New York Academy of Sciences.* 935: 75-85.

Nettl, Bruno. 1983. *The Study of Ethnomusicology: Twenty-Nine Issues and Concepts.* Urbana: University of Illinois Press.

Nijenhuis, Jan te. 2011. "The Lynn-Flynn Effect in Korea." *Personality and Individual Differences.*

Nizynska, Joanna. 2010. "The Politics of Mourning and the Crisis of Poland's Symbolic Language after April 10." *East European Politics and Societies.* 24: 467-479.

Orians, Gordon H. and Judith H. Heerwagen. 1992. "Evolved Responses to Landscapes." Pp. 555-579 in *The Adapted Mind: Evolutionary Psychology and the Generation of Culture,* edited by Jerome H. Barkow, Leda Cosmides, and John Tooby. New York: Oxford University Press.

Pendergrast, M. (1999). *Uncommon grounds: The history of coffee and how it transformed our world.* New York: Basic Books.

Pérusse, Daniel. 1993. "Cultural and Reproductive Success in Industrial Societies: Testing the Relationship at the Proximate and Ultimate Levels." *Behavioral and Brain Sciences.* 16: 267-322.

Pickford, Martin. 1986. "On the Origins of Body Size Dimorphism in *Primates*." Pp. 77-91 in *Sexual Dimorphism in Living and Fossil Primates,* edited by Martin Pickford and Brunetto Chiarelli. Florence: Il Sedicesimo.

Pinker, Steven. 2002. *The Blank Slate: The Modern Denial of Human Nature.* London: Penguin.

Plotnik, Joshua, Frans B. M. de Waal, and Diana Reiss. 2006. "Self-Recognition in an Asian Elephant." *Proceedings of the National Academy of Sciences.* 103: 17053-17057.

Profant, Judi and Joel E. Dimsdale. 1999. "Race and Diurnal Blood Pressure Patterns." *Hypertension.* 33: 1099-1104.

Reiss, Diana and Lori Marino. 2001. "Mirror Self-Recognition in the Bottlenose Dolphin: A Case of Cognitive Convergence." *Proceedings of the National Academy of Sciences.* 98: 5937-5942.

Reiss, Diana and Brenda McCowan. 1993. "Spontaneous Vocal Mimicry and Production by Bottlenose Dolphins *(Tursiops truncatus):* Evidence for Vocal Learning." *Journal of Comparative Psychology.* 107: 301-312.

Rentfrow, Peter J. and Samuel D. Gosling. 2003. The Do Re Mi's of

Everyday Life: The Structure and Personality Correlates of Music Preference." *Journal of Personality and Social Psychology*. 84: 1236-1256.

Ridley, Matt. 1993. *The Red Queen: Sex and the Evolution of Human Nature*. New York: Penguin.

Ridley, Matt. 1996. *The Origins of Virtue: Human Instincts and the Evolution of Cooperation*. New York: Viking.

Ridley, Matt. 1999. *Genome: The Autobiography of a Species in 23 Chapters*. New York: Perennial.

Roberts, Richard D. and Patrick C. Kyllonen. 1999. "Morningness-Eveningness and Intelligence: Early to Bed, Early to Rise Will Likely Make You Anything But Wise!" *Personality and Individual Differences*. 27: 1123-1133.

Romero, Gorge A. and Aaron T. Goetz. 2010. "Sexually Insatiable Women: Evidence for the Savanna-IQ Interaction Hypothesis with Pornography." Department of Psychology. California State University.

Ross, Callum F. 2000. "Into the Light: The Origin of Anthropoidea." *Annual Review of Anthropology*. 29: 147-194.

Rowe, David C. 1994. *The Limits of Family Influence: Genes, Experience, and Behavior*. New York: Guilford.

Sally, David. 1995. Conversation and cooperation in social dilemmas: A meta-analysis of experiments from 1958 to 1992. *Rationality and Society*. 7: 58-92.

Savage-Rumbaugh, Sue and Roger Lewin. 1994. *Kanzi: The Ape at the Brink of the Human Mind.* New York: Wiley.

Seielstad, Mark T., Eric Minch, and L. Luca Cavalli-Sforza. 1998. "Genetic Evidence for a Higher Female Migration Rate in Humans." *Nature Genetics.* 20: 278-280.

Shapiro, Robert Y. and Harpreet Mahajan. 1986. "Gender Differences in Policy Preferences: A Summary of Trends from the 1960s to the 1980s." *Public Opinion Quarterly.* 50: 42-61.

Shaw, Bernard. 1957. *Man and Superman.* New York: Penguin.

Shayer, Michael and Denise Ginsburg. 2009. "Thirty Years On – A Large Anti-Flynn Effect? (II): 13- and 14-Year-Olds. Piagetian Tests of Formal Operations Norms 1976-2006/7." *British Journal of Educational Psychology.* 79: 409-418.

Shayer, Michael, Denise Ginsburg, and Robert Coe. 2007. "Thirty Years On – A Large Anti-Flynn Effect? The Piagetian Test Volume & Heaviness Norms 1975-2003." *British Journal of Educational Psychology.* 77: 25-41.

Shepard, Roger N. 1994. "Perceptual-Cognitive Universals as Reflections of the World." *Psychonomic Bulletin & Review.* 1: 2-28.

Shin, Jae Chul, Hirohisa Yaguchi, and Satoshi Shioiri. 2004. "Change of Color Appearance in Photopic, Mesopic and Scotopic Vision." *Optical Review.* 11: 265-271.

Silventoinen, Karri, Sampo Sammalisto, Markus Perola, Dorret I.

Boomsma, Belinda K. Cornes, Chyana Davis, Leo Dunkel, Marlies de Lange, Jennifer R. Harris, Jacob V. B. Hjelmborg, Michelle Luciano, Nicholas G. Martin, Jakob Mortensen, Lorenza Nisticò, Nancy L. Pedersen, Axel Skytthe, Tim D. Spector, Maria Antonietta Stazi, Gonneke Willemsen, and Jaakko Kaprio. 2003. "Heritability of Adult Body Height: A Comparative Study of Twin Cohorts in Eight Countries." *Twin Research*. 6: 399-408.

Silverman, Irwin, Jean Choi, Angie Mackewn, Maryanne Fisher, Judy Moro, and Esther Olshansky. 2000. "Evolved Mechanisms Underlying Wayfinding: Further Studies on the Hunter-Gatherer Theory of Spatial Sex Differences." *Evolution and Human Behavior*. 21: 201-213.

Singh, Devendra. 1993. "Adaptive Significance of Waist-to-Hip Ratio and Female Physical Attractiveness." *Journal of Personality and Social Psychology*. 65: 293-307.

Singh, Devendra. 1994. "Is Thin Really Beautiful and Good? Relationship Between Waist-to-Hip Ratio (WHR) and Female Attractiveness." *Personality and Individual Differences*. 16: 123-132.

Singh, D. and S. Luis. 1995. "Ethnic and Gender Consensus for the Effect of Waist-to-Hip Ratio on Judgments of Women's Attractiveness." *Human Nature*. 6: 51-65.

Singh, D. and R. K. Young. 1995. "Body Weight, Waist-to-Hip Ratio, Breasts, and Hips: Role in Judgments of Female Attractiveness and Desirability for Relationships." *Ethology and Sociobiology*. 16: 483-507.

Smith, E. O. 1999. "Evolution, Substance Abuse, and Addiction."

Pp. 375-400 in *Evolutionary Medicine,* edited by Wenda R. Trevathan, E. O. Smith, and James J. McKenna. New York: Oxford University Press.

Smith, Robert L. 1984. "Human Sperm Competition." Pp. 601-59 in *Sperm Competition and the Evolution of Mating Systems,* edited by Robert L. Smith. New York: Academic Press.

Smuts, Barbara. 1985. *Sex and Friendship in Baboons.* New York: Aldine.

Spearman, C. (1904). General intelligence, objectively determined and measured. *American Journal of Psychology, 15,* 201-293.

Stanovich, Keith E., Anne E. Cunningham and Dorothy J. Feeman. 1984. "Intelligence, Cognitive Skills, and Early Reading Progress." *Reading Research Quarterly.* 19: 278-303.

Stigler, George J. and Gary S. Becker. 1977. "De Gustibus Non Est Disputandum." *American Economic Review.* 67: 76-90.

Sundet, Jon Martin, Dag G. Barlaug, and Tore M. Torjussen. 2004. "The End of the Flynn Effect? A Study of Secular Trends in Mean Intelligence Test Scores of Norwegian Conscripts During Half a Century." *Intelligence.* 32: 349-362.

Sundquist, James L. 1983. *Dynamics of the Party System,* Revised Edition. Washington DC: Brookings Institution.

Symons, Donald. 1979. *The Evolution of Human Sexuality.* Oxford: Oxford University Press.

Symons, Donald. 1990. "Adaptiveness and Adaptation." *Ethology and Sociobiology.* 11: 427-444.

Teasdale, Thomas W. and David R. Owen. 2005. "A Long-Term Rise and Recent Decline in Intelligence Test Performance: The Flynn Effect in Reverse." *Personality and Individual Differences.* 39: 837-843.

Thornhill, Randy. 1980. "Rape in Panorpa Scorpionflies and a General Rape Hypothesis." *Animal Behaviour.* 28: 52-59.

Thornhill, Randy and Nancy Wilmsen Thornhill. 1983. "Human Rape: An Evolutionary Analysis." *Ethology and Sociobiology.* 4: 137-173.

Thornhill, Randy and Craig T. Palmer. 2000. *A Natural History of Rape: Biological Bases of Sexual Coercion.* Cambridge: MIT Press.

Tooby, John and Leda Cosmides. 1990. "The Past Explains the present: Emotional adaptations and the structure of ancestral environments. *Ethology and Sociobiology,* 11, 375-424.

Tovée, Martin J. and Piers L. Cornelissen. 2001. "Female and Male Perceptions of Female Physical Attractiveness in Front-View and Profile." *British Journal of Psychology.* 92: 391-402.

Trivers, Robert L. 1972. "Parental Investment and Sexual Selection." Pp. 136-179 in *Sexual Selection and the Descent of Man 1871-1971,* edited by Bernard Campbell. Chicago: Aldine.

Turkheimer, Eric. 2000. "Three Laws of Behavior Genetics and What They Mean." *Current Directions in Psychological Science.* 9: 160-164.

Turner, Gillian. 1996a. "Finding Genes on the X Chromosome by Which Homo May Have Become Sapiens." *American Journal of Human Genetics.* 58: 1109-1110.

Turner, Gillian. 1996b. "Intelligence and the X Chromosome." *Lancet.* 347: 1814-1815.

Vallee, Bert L. 1998. "Alcohol in the Western World." *Scientific American.* 278 (6): 80-85.

van Beest, Ilja and Kipling D. Williams. 2006. "When Inclusion Costs and Ostracism Pays, Ostracism Still Hurts." *Journal of Personality and Social Psychology.* 91: 918-928.

van den Berghe, Pierre L. 1990. "From the Popocatepetl to the Limpopo." Pp. 410-431 in *Authors of Their Own Lives: Intellectual Autobiographies by Twenty American Sociologists,* edited by Bennett M. Berger. Berkeley: University of California Press.

Vanhanen, Tatu. 2003. *Democratization: A Comparative Analysis of 170 Countries.* New York: Routledge.

1964. "Tool-Using and Aimed Throwing in a Community of Free-Living Chimpanzees." *Nature.* 201: 1264-1266.

van Lawick-Goodall, Jane. 1968. "Tool-Using Bird: The Egyptian Vulture." *National Geographic.* 133 630-641.

Vitaterna, Martha Hotz, Joseph S. Takahashi, and Fred W. Turek. 2001. "Overview of Circadian Rhythms." *Alcohol Research and Health.* 25: 85-93.

Volk, Tony and Jeremy Atkinson. 2008. "Is Child Death the Crucible of Human Evolution?" *Journal of Social, Evolutionary, and Cultural Psychology.* 2: 247-260.

de Waal, Frans B. M. 1982. *Chimpanzee Politics: Power and Sex among Apes.* London: Jonathan Cape.

de Waal, Frans B. M. 1989. "Food Sharing and Reciprocal Obligations among Chimpanzees." *Journal of Human Evolution.* 18: 433-459.

de Waal, Frans B. M. 1992. "Appeasement, Celebration, and Food Sharing in the Two Pan Species." Pp. 37-50 in *Topics in primatology: Human origins,* edited by Toshisada Nishida, W. C. McGrew, and Peter Marler. Tokyo: University of Tokyo Press.

de Waal, Frans B. M. 1995. "Bonobo Sex and Society." *Scientific American.* 272 (3): 82-88.

de Waal, Frans. 1996. *Good Natured: The Origins of Right and Wrong in Humans and Other Animals.* Cambridge: Harvard University Press.

de Waal, Frans B. M., Lesleigh M. Luttrell, M. Eloise Canfield. 1993. "Preliminary Data on Voluntary Food Sharing in Brown Capuchin Monkeys." *American Journal of Primatology.* 29: 73-78.

Weiss, Alexander, Alicia Morales, and W. Jake Jacobs. 2003. "Place Learning in Virtual Space IV: Spatial Navigation and General Intelligence Appear Independent." Department of Psychology. University of Arizona.

Whitten, Jr., Norman E. 1976. *Sacha Runa: Ethnicity and Adaptation of*

Ecuadorian Jungle Quichua. Urbana: University of Illinois Press.

Wilbert, Johannes. 1991. "Does Pharmacology Corroborate the Nicotine Therapy and Practices of South American Shamanism?" *Journal of Ethnopharmacology.* 32: 179-186.

Wilson, Edward O. 1975. *Sociobiology: The New Synthesis.* Cambridge: Harvard University Press.

Wilson, Glenn and Qazi Rahman. 2005. *Born Gay: The Psychobiology of Sex Orientation.* London: Peter Owen.

Wilson, James Q. and Richard J. Herrnstein. 1985. *Crime and Human Nature: The Definitive Study of the Causes of Crime.* New York: Touchstone.

Wirls, Daniel. 1986. "Reinterpreting the Gender Gap." *Public Opinion Quarterly.* 50: 316-330.

Wolfgang, Marvin E., Robert M. Figlio, and Thorsten Sellin. 1972. *Delinquency in a Birth Cohort.* Chicago: University of Chicago Press.

Wolfle, Lee M. 1980. "The Enduring Effects of Education on Verbal Skills." *Sociology of Education.* 53: 104-114.

Wrangham, Richard W., W. C. McGrew, Frans B. M. de Waal, and Paul G. Heltne. 1994. *Chimpanzee Cultures. Cambridge:* Harvard University Press.

Wrangham, Richard and Dale Peterson. 1996. *Demonic Males: Apes and the Origins of Human Violence.* Boston: Mariner.

Wray, Alison. 1998. "Protolanguage as a Holistic System of Social Interaction." *Language and Communication.* 18: 47-67.

Wray, Alison. 2006. "Joining the Dots: The Evolutionary Picture of Language and Music." *Cambridge Archaeological Journal.* 16: 103-105.

Wright, Robert. 1994. *The Moral Animal: The New Science of Evolutionary Psychology.* New York: Vintage.

Yeudall, Lorne T., Delee Fromm-Auch, and Priscilla Davies. 1982. "Neuropsychological Impairment of Persistent Delinquency." *Journal of Nervous and Mental Diseases.* 170: 257-265.

Zagar, Robert and John D. Mead. 1983. "Analysis of Short Test Battery for Children." *Journal of Clinical Psychology.* 39: 590-597.

Zahavi, Amotz. 1975. "Mate Selection – Selection for a Handicap." *Journal of Theoretical Biology.* 53: 205-214.

Zahavi, Amotz and Avishag Zahavi. 1997. *The Handicap Principle: A Missing Piece of Darwin's Puzzle.* New York: Oxford University Press.

Zuberbühler, Klaus. 2002. "A Syntactic Rule in Forest Monkey Communication." *Animal Behaviour.* 63: 293-299.

Zuberbühler, Klaus. 2003. Natural semanticity in wild *Primates.* Pp. 362-367 in *Animal Social Complexity: Intelligence, Culture, and Individualized Societies.* edited by Frans B. M de Waal and Peter L. Tyack. Cambridge: Harvard University Press.

지능의 역설

우리가 몰랐던 지능의 사생활

개정판 1쇄 2020년 5월 8일
　　　　6쇄 2024년 3월 20일

지은이 가나자와 사토시
옮긴이 김준

표지디자인 별을 잡는 그물 양미정
본문디자인 이가민

펴낸곳 데이원
출판등록 2017년 8월 31일 제2021-000322호
연락처 070-7566-7406, dayone@bookhb.com
팩스 0303-3444-7406

지능의 역설 ⓒ 가나자와 사토시, 2020
ISBN 979-11-6276-652-1 (03180)

* 잘못된 책은 구입하신 서점에서 바꾸어 드립니다.
* 이 책의 출판권은 지은이와 펜슬프리즘(주)에 있습니다.
　내용의 전부 또는 일부를 재사용하려면 반드시 양측의 서면 동의를 받아야 합니다.
* 데이원은 펜슬프리즘(주)의 임프린트입니다.